Klassiker-Lektüren

Band 14

Arthur Schnitzler

Erzählungen und Romane

von

Michael Scheffel

ERICH SCHMIDT VERLAG

Bibliografische Information der Deutschen Bibliothek
Die Deutsche Bibliothek verzeichnet diese Publikation in der Deutschen Nationalbibliografie; detaillierte bibliografische Daten sind im Internet über dnb.ddb.de abrufbar.

Weitere Informationen zu diesem Titel finden Sie im Internet unter
ESV.info/978 3 503 15585 9

Umschlaggestaltung unter Verwendung einer Zeichnung
von Ferdinand Schmutzer
(Quelle: Zeitschrift „Moderne Welt", 1922).

ISBN 978 3 503 15585 9

Alle Rechte vorbehalten
© Erich Schmidt Verlag GmbH & Co. KG, Berlin 2015
www.ESV.info

Dieses Papier erfüllt die Frankfurter Forderungen
der deutschen Bibliothek und der Gesellschaft für das Buch
bezüglich der Alterungsbeständigkeit
und entspricht sowohl den strengen Bestimmungen der US Norm
Ansi/Niso Z 39.48-1992 als auch der ISO-Norm 9706.

Druck und Bindung: Difo-Druck, Bamberg

Inhaltsverzeichnis

Vorwort 7

1. Voraussetzungen 11
   1.1 Herkunft und Jugend 11
   1.2 Wien und die Frühe Moderne 18

2. Im Zeichen von Jung Wien oder: Anfänge des Erzählens im Spannungsfeld von Realismus, Naturalismus und Décadence (1886–1899) 26
   2.1 Der junge Autor und die drei Gattungen 26
   2.2 *Reichtum* (1891) 27
   2.3 *Sterben* (1894) 35
   2.4 *Die kleine Komödie* (1895) 44

3. Vom Fin de Siècle zum Ende des Kaiserreichs oder: Erzählungen der mittleren Schaffensphase (1900–1918) 49
   3.1 Biographischer und historischer Kontext 49
   3.2 *Frau Bertha Garlan* (1901) 53
   3.3 *Lieutenant Gustl* (1900) 60
   3.4 *Der blinde Geronimo und sein Bruder* (1900/1901) ... 68
   3.5 *Das Schicksal des Freiherrn von Leisenbohg* (1904) ... 72
   3.6 *Casanovas Heimfahrt* (1918) 80

4. Die Zeit der Republik oder: Späte Erzählungen (1919–1931) ... 89
   4.1 Biographischer und historischer Kontext 89
   4.2 *Fräulein Else* (1924) 93
   4.3 *Traumnovelle* (1925/1926) 101
   4.4 *Spiel im Morgengrauen* (1926/1927) 114

4.5 *Ich* (1968) 125

4.6 *Der Sekundant* (1932) 131

5. Ein „Spezialist der kleinen Form"? Oder: Schnitzlers Beiträge zur Gestalt des modernen Romans 140

    5.1 Zum literaturhistorischen und gattungstheoretischen Kontext von Schnitzlers Erzählen 140

    5.2 *Der Weg ins Freie* (1908) 143

    5.3 *Therese. Chronik eines Frauenlebens* (1928) 158

Hinweise zur Forschungsliteratur 173

Siglenverzeichnis 175

Literaturverzeichnis 178

Personenregister 192

Werkregister 195

Sachregister 197

Vorwort

Das vorliegende Buch ist als Einführung im mehrfachen Sinne gedacht. Es möchte den Schriftsteller Arthur Schnitzler (1862–1931) und die historischen Voraussetzungen seines Schaffens vorstellen, einen Überblick über sein Wirken und die entsprechende Forschung geben und eine Reihe von Analysen seiner Werke bieten. Um auf überschaubarem Raum möglichst gründliche und im Einzelfall auch innovative Lektüren von Schnitzlers Texten zu erlauben, geht das Buch einen Weg, der es von anderen einführenden Werken zu diesem Autor unterscheidet. Nicht Schnitzlers Gesamtwerk, nicht seine Aphorismen, Gedichte, medizinischen Schriften, Tagebücher oder Dramen, sondern eine sowohl die Breite seiner Themen als auch die Entwicklung des Autors dokumentierende Auswahl seiner Erzählwerke steht hier im Vordergrund. Dass sich mit dieser wie auch mit jeder anderen Form der Konzentration Vor- und Nachteile verbinden, liegt auf der Hand. Die erklärte Absicht ist jedenfalls, dass der Verzicht an Breite im Blick auf das Œuvre eines in unterschiedlichen Genres höchst erfolgreichen Schriftstellers einen Gewinn an Prägnanz ermöglicht. Neben Schnitzlers Sujets wird also insbesondere die sich von Stoff zu Stoff wandelnde, geradezu programmatische Vielfalt an narrativen Darstellungsformen eines Autors vorgeführt, dessen Modernität nicht zuletzt ausmacht, dass er neue Arten der Narration teils begründet, teils weiterentwickelt und vorangetrieben hat.

Was Schnitzlers Bild in der Öffentlichkeit, aber auch in Teilen von Literaturkritik und -wissenschaft angeht, so betrachtet man diesen Autor manchmal noch heute als den Vertreter einer eigenen Art von Österreichertum in der Kaiserzeit, verstanden als eine vergleichsweise sorgenfreie, längst verflossene Epoche, die im Fin de Siècle ihre Blütezeit erlebte. Der Vorstellung einer weit entrückten und tendenziell verklärten Zeit entspricht, dass man den Wiener Schriftsteller gelegentlich mit einem nur schmalen Katalog von sich wiederholenden, vordergründig harmlosen Motiven wie ‚Liebe', ‚Traum' und ‚Spiel' in Verbindung bringt. Schnitzler lebte und schrieb jedoch bis 1931, d. h., er war ein Zeitzeuge des Ersten Weltkriegs, der Auflösung der österreichisch-ungarischen Doppelmonarchie sowie der Gründung von „Deutschösterreich" und der „Republik Österreich" – und damit auch der verhängnisvollen Entwicklungen, die bald nach seinem Tod zur sogenannten Machtergreifung der Nationalsozialisten, dem „Anschluss" Österreichs an das Deutsche Reich, den Zerstörungen des Zweiten Weltkrieges und dem Holocaust führten. Tatsächlich hat Schnitzler die gesamte Epoche der Klassischen Moderne (ca. 1890–1930) von ihren Anfängen bis zu ihrem Ende literarisch äußerst produktiv und mit hoher Aufmerksamkeit für ihre Probleme und Widersprüche begleitet. Sein Werk weist dementsprechend einen großen thematisch-motivischen Reichtum auf und es verknüpft brennpunktartig eine Vielzahl diskursiver Stränge aus der Sozial-, Anthropologie-, Gender-, Denk- und Wissensgeschichte. Die Breite sowohl der Gegenstände und Formen seines Schreibens als auch die Vielgestaltigkeit seiner Bezüge auf die Fragen einer von Spannungen und Umbrüchen gezeichneten Zeit seien hier am Beispiel von Schnitzlers Erzählwerk zur Anschauung gebracht. Dabei sollen die ausführlicher behandelten Prosatexte nicht nur in ihrem historischen Horizont verortet werden. Über den Charakter einer allgemeinen Einführung hinaus möchte das vorliegende Buch die Faszination eines literarischen Œuvres vermitteln, das höchst unterhaltsam ist und das zugleich, wie Schnitzler seinerzeit formulierte, einen „Theil unsrer Cultur eigentümlich beleuchte[t]" (an Olga Waissnix, 26.2.1897; BR I, 314). In diesem Sinne deutlich werden sollte, dass es sich um nach wie vor ‚lebendige' Texte handelt, d. h. um Werke, die mit den Entwicklungen einer Gesellschaft auf dem Weg vom 19. in das 20. Jahrhundert auch wesentliche Voraussetzungen unserer heutigen Lebenswelt reflektieren und deren epochaler Beitrag zu einer besonderen Form von „psychologischer Literatur" (AB, 454 f.) bis heute kaum etwas von seiner Aktualität verloren hat.

Ein Wort noch zum Aufbau und zur Benutzung des Buches: Ein Einleitungskapitel stellt die biographischen und historischen Voraussetzungen für Schnitzlers Schreiben vor. Die folgenden Großkapitel sind den im Wesentlichen chronologisch nach Schaffensphasen geordneten Erzählungen sowie den beiden Romanen des Autors gewidmet. Jedes dieser Großkapitel bietet einleitend eine allgemeine Kontextualisierung in Gestalt von Ausführungen zum kulturhistorischen und biographischen Rahmen der jeweiligen Schaffensphase bzw. zum literaturhistorischen und gattungstheoretischen Hintergrund der Romane. Die folgenden Unterkapitel informieren über die Entstehung der im Einzelnen behandelten Erzähltexte, die wichtigen Details ihrer Druckgeschichte sowie über Aspekte der Forschung; sie kontextualisieren die Texte jeweils im Blick auf spezifische Einflüsse sowie ihren besonderen historischen und biographischen Hintergrund – und sie versuchen mit Hilfe von genauen, das Beschreibungsvokabular der aktuellen Erzählforschung nutzenden Lektüren weniger eine bestimmte, dieser oder jener methodologischen ‚Brille' verpflichtete Lesart zu erarbeiten als vor allem eine möglichst umfassende und aspektreiche philologische Grundlage zum Verständnis der Texte zu schaffen. Grundsätzlich bauen die einzelnen Großkapitel und Abschnitte aufeinander auf, lassen sich im Sinne einer schnellen Information aber auch getrennt voneinander lesen.

Hinter den Werktiteln genannte Jahreszahlen beziehen sich im Fall von allen nichtdramatischen Werken grundsätzlich auf den Erstdruck (Journal- bzw. Bucherstdruck), im Fall von dramatischen Werken auf das erste Erscheinen in der Öffentlichkeit; hier ist im Einzelfall also nicht der Erstdruck, sondern das Jahr der Uraufführung gemeint. Um Fußnoten zu vermeiden und den Haupttext so weit als möglich von bibliographischen Angaben zu entlasten, werden alle Nachweise dort nur in Kurzform geführt. Die Siglen werden im *Siglenverzeichnis* aufgelöst; die ausführlichen bibliographischen Angaben finden sich im *Literaturverzeichnis*; gezieltes Nachschlagen innerhalb des Bandes wird durch ein *Personen-, Werk- und Sachregister* erleichtert.

Die *Hinweise zur Forschungsliteratur* geben schließlich auf knappem Raum einen kommentierten allgemeinen Überblick über grundlegende Werke und weiterführende Literatur zu Arthur Schnitzler, seinem Werk und seiner Epoche.

Auch für das Entstehen dieses Buches waren hilfreiche Umstände nötig. Im Zusammenhang mit dem von der Union der deutschen Akademien der Wissenschaften geförderten Langzeitprojekt „Arthur Schnitzler: Digitale historisch-kritische Edition (Werke 1905 bis 1931)" (www.arthur-schnitzler.de) hat die Bergische Universität Wuppertal seit 2012 eine Forschungsstelle eingerichtet, der auch die Arbeit an diesem Buch etliche Erleichterungen verdankt – ganz abgesehen davon, dass die Möglichkeit der Mitwirkung in diesem großen internationalen Projekt sowie die vielen produktiven Gespräche mit Wolfgang Lukas und den Mitarbeitern der Forschungsstelle auch des Verfassers Blick auf Arthur Schnitzler, seine Texte sowie die Voraussetzungen und vielfältigen Wege ihrer Entstehung weiter entwickelt haben (und stetig weiter entwickeln). Großer Dank gebührt Bente Lang und Viola Walther für die zuverlässige Erledigung vieler Recherchen und mühsamer redaktioneller Arbeiten – und ganz besonders Christian Belz für seinen außerordentlichen Einsatz bei der sorgfältigen Durchsicht und Einrichtung des Manuskripts. Gedankt sei schließlich auch Frau Dr. Carina Lehnen vom Erich Schmidt Verlag für die Anregung zu diesem Buch, für ihre Geduld und Großzügigkeit sowie für die äußerst angenehme Form der Betreuung.

Wuppertal, im August 2015　　　　　　　　　　　　　　　　Michael Scheffel

1. Voraussetzungen

1.1 Herkunft und Jugend

Lebensbeginn und familiärer Hintergrund

Arthur Schnitzler wird am 15. Mai 1862 in der Jägerzeile 16 (kurz darauf in Praterstraße umbenannt) in der Leopoldstadt, dem zweiten Gemeindebezirk Wiens, als das erste Kind von Johann (1835–1893) und Louise Schnitzler (1840–1911) geboren. Seine noch jungen Eltern haben im Jahr davor, im Juni 1861 geheiratet; beide vertreten die liberalen Werte eines im Wesentlichen assimilierten Judentums, kommen aber aus jeweils unterschiedlichen sozialen Schichten. Seine Mutter, Louise Ludovica Markbreiter, ist in vergleichsweise wohlhabenden Verhältnissen aufgewachsen, sie ist die Tochter des aus einer Wiener Hofjuwelierfamilie stammenden renommierten Arztes Philipp Markbreiter (1810–1892) und der Ungarin Amalia Markbreiter (1815–1884), die als geborene Schey von Koromla einer baronisierten jüdischen Adelsfamilie entstammt. Sein Vater, Johann Schnitzler, hat sich dagegen aus einfachen Verhältnissen emporgearbeitet. Er ist der im heutigen Nagybajom, einem kleinen Ort im südwestlichen Ungarn geborene Sohn des Tischlers Joseph Zimmermann (1810–1864), später in „Schnitzler" umbenannt, und dessen Frau Rosalie Zimmermann, geb. Klein (gest. 1868). Johann wollte zuerst Dichter werden, entschied sich nach der Reifeprüfung aber für ein Studium der Medizin, das er in Budapest begann und in Wien fortsetzte, wo er sich schließlich als Laryngologe, d. h. Kehlkopfspezialist, niederließ und zu hohem Rang und großen Ehren gelangte. In den 1870er Jahren wurde er zum Universitätsprofessor, 1883 zum Regierungsrat ernannt, außerdem war er 1872 zunächst Mitbegründer und seit den 1880er Jahren Direktor der einen neuen Typus von öffentlichem, nicht konfessionsgebundenem Krankenhaus repräsentierenden und bald in ganz Europa als ein Vorbild geltenden „Allgemeinen Poliklinik Wien". Als Arzt und Wissenschaftler von internationalem Ansehen war er überdies Redakteur, Herausgeber und z. T. Mitbegründer bekannter medizinischer Zeitschriften wie der *Wiener Medizinischen Presse* oder der *Internationalen Klinischen Rundschau*.

Zwei Jahre nach Arthur bekommen seine Eltern ein zweites Kind, Joseph Emil, das noch am Tag seiner Geburt stirbt. Nach dem Umzug der kleinen, bald wohlsituierten Familie in die im Zentrum der Stadt gelegene Schottenbastei (I. Wiener Bezirk, Innere Stadt, an der Stelle des heutigen Burgtheaters) kommt am 13. Juli 1865 Arthurs Bruder Julius zur Welt (gest. 1939), der später Professor der Chirurgie und Primarzt, d. h. Chefarzt des Wiedner Krankenhauses in Wien werden sollte. Am 20. Dezember 1867 wird seine Schwester Gisela geboren (gest. 1953),

1. Voraussetzungen

die später Markus Hajek (1861–1941) heiraten sollte, ebenfalls ein bedeutender Mediziner und Professor für Laryngologie, zu dessen Patienten berühmte Zeitgenossen wie Sigmund Freud (1856–1939) und Franz Kafka (1883–1924) gehörten (detailliert zur Geschichte der Familie Schnitzler von Schnitzlers Großeltern bis zur Gegenwart vgl. Jacobi 2014).

Mehr als ein halbes Jahrhundert nach seiner Geburt, im Wesentlichen zwischen 1915 und 1918, schreibt Arthur Schnitzler eine Autobiographie, die fragmentarisch bleibt und erst mehrere Jahrzehnte nach seinem Tod (1931) unter dem Titel *Jugend in Wien* (1968) veröffentlicht wird. Sie beginnt mit folgender Erinnerung an den Anfang des eigenen Lebens:

> Zu Wien in der Praterstraße, damals Jägerzeile geheißen, im dritten Stockwerk des an das Hotel Europe grenzenden Hauses kam ich am 15. Mai 1862 zur Welt; und wenige Stunden später, mein Vater hat es mir oft erzählt, lag ich für eine Weile auf seinem Schreibtisch. Ob mir diesen für einen Säugling immerhin ungewöhnlichen Aufenthalt die Hebamme oder mein Vater selbst zugewiesen hatte, weiß ich nicht mehr; – jedenfalls gab die Tatsache immer wieder Anlaß zu einer naheliegenden scherzhaften Prophezeiung meiner schriftstellerischen Laufbahn, – eine Prophezeiung übrigens, deren Erfüllung er nur in bescheidenem Ausmaße und keineswegs in ungeteilter Freude erleben sollte. (JIW, 11)

Der längst erfolgreiche und vielfach geehrte Autor beschreibt im Rückblick auf seinen Eintritt in die Welt eine symbolträchtige Szene: Der neugeborene, nur wenige Stunden alte Säugling wird nicht ans Bett der Mutter, sondern auf den Schreibtisch des Vaters gelegt, der selbst kein Schriftsteller, sondern Arzt und Wissenschaftler ist. Innerhalb der Familie sagt man ihm daraufhin, aber eben nur scherzhaft, eine dichterische Laufbahn voraus, die er selbst dann tatsächlich einschlagen möchte. Das wiederum führt zu wiederholten Konflikten, denn der Vater ist ein überzeugter, durch und durch von seinem Beruf erfüllter Mediziner, der sich seinen ältesten Sohn in einem ernsthaften Sinn nicht als Schriftsteller, sondern als Arzt und Mediziner vorstellt. Und nicht nur das. Der Sohn von Professor Schnitzler steht auch deshalb unter einem großen Erwartungsdruck, weil er in seiner Familie von lauter bedeutenden Ärzten umgeben ist und sich die Interessen aller seiner nahen Verwandten in seltener Einmütigkeit auf den Beruf des Mediziners konzentrieren: „So steh ich zwischen einem berühmten Vater, einem tüchtigen, unendlich fleißigen Bruder, der Doctor der Medicin ist, einem künftigen Schwager, Dr. Markus Hajek, gleichfalls als Mediziner weit über dem Mittelmaß", so notiert Schnitzler im Spätsommer 1888 in sein Tagebuch, in dem er bis zum Ende seines Lebens konsequent sein Denken, Leben, Träumen und auch Lesen Tag für Tag verzeichnet (TB, 20.9.1888; zur besonderen Form und Bedeutung dieses Ego-Dokuments, das seinem Autor als Bewusstseinsdokument so kostbar war, dass er die abgeschlossenen Teile im Schließfach einer Bank verwahrte, vgl. Plener in HB). Die Spannung zwischen einer vorgezeichneten, von den Mitgliedern einer berühmten Arztfamilie gleichsam als selbstverständlich vorausgesetzten Laufbahn als Mediziner und dem schon früh gehegten Wunsch,

1.1 Herkunft und Jugend

sich als Schriftsteller zu betätigen, wird Schnitzlers Lebensweg über fast drei Jahrzehnte hinweg bestimmen (dazu und allgemein zum biographischen Hintergrund vgl. Farese 1999).

Kindheit und erste literarische Versuche

Bereits in seiner frühen Kindheit kommt Arthur Schnitzler auf unterschiedliche Weise mit der Welt des Theaters in Kontakt. Seine ersten „theatralischen Erlebnisse" (JIW, 19) reichen in die ersten Lebensjahre zurück, in denen er viel Zeit bei seinen Großeltern mütterlicherseits verbringt. Diese wohnen in den 1860er Jahren nur wenige Häuser von seinem Geburtshaus entfernt im Gebäude des Carltheaters (Praterstraße 31), wo er von einem Fenster der großelterlichen Wohnung aus verfolgen kann, wie die Schauspieler im Kostüm von den Garderoberäumen zur Bühne gehen und wo er auch erstmals einer Theateraufführung beiwohnt (vgl. ebd.). Schon der kleine Schnitzler empfindet aber auch großes Vergnügen am eigenen, dem „eigentliche[n] [...] Theaterspielen", wobei er sich in besonderer Weise hervortut und für das „mit kleinen Freunden und Freundinnen" oft und gern betriebene Stegreifspiel „beiläufig den Gang der Handlung" entwirft (ebd., 22). Über seinen Vater lernt er außerdem viele Schauspieler und Sänger persönlich kennen. Als ein auf Stimmprobleme spezialisierter Arzt behandelt Johann Schnitzler in erster Linie Angehörige von Sprechberufen, d. h. vor allem Bühnenkünstler, die ihn – nach einem 1868 erfolgten weiteren Umzug der Familie in die Giselastraße 11 (heute Bösendorferstraße, I. Wiener Bezirk, Innere Stadt) – in der im Wohnhaus der Schnitzlers angesiedelten Praxis besuchen und deren Auftritte er seinerseits mit Interesse verfolgt: „Ins Theater ging er oft und gern, schon seinen Patienten zuliebe, die er gelegentlich auch während der Vorstellung in der Garderobe zu besuchen und ärztlich zu behandeln pflegte" (ebd., 32). Auch die 1870 als Kinderfräulein eingestellte Bertha Lehmann, mit der Schnitzler später noch viele Jahre in losem Briefkontakt steht, fördert schon früh Arthurs Interesse an Literatur und Theater (vgl. ebd., 23–25).

Zu seinen beiden Geschwistern hat Arthur Schnitzler während der Kindheit ein „herzliches", wenn auch nicht „inniges" Verhältnis; im Blick auf die „seelische Grundstimmung" in der Familie spricht er später von einer gewissen bürgerlichen Beschränktheit in dem Sinne, dass hier „die Anerkennung für wichtiger galt als die Leistung und die Meinung der Welt höher gewertet wurde als die Selbsterkenntnis", und er erinnert sich:

> Bei aller Zärtlichkeit, deren wir uns von den Eltern zu erfreuen hatten, bei aller Sorgfalt, die auf unseren Unterricht – mehr auf diesen als auf unsere Erziehung im weiteren Sinn – verwendet wurde, war mein Vater nach Anlage, Beruf und Streben [...] doch so sehr von sich selbst erfüllt, ja auf sich angewiesen, und die Mutter in all ihrer hausfraulichen Tüchtigkeit und Übergeschäftigkeit hatte sich seiner Art und seinen Interessen so völlig und bis zur Selbstentäußerung angepasst, dass sie beide an der inneren Entwicklung ihrer Kinder viel weniger Anteil zu nehmen

1. Voraussetzungen

vermochten und dieser Entwicklung vor allem viel weniger echtes und befruchtendes Verständnis entgegenbrachten, als sie sich jemals einzugestehen auch nur fähig gewesen wären. (Ebd., 44 f.)

Wie das in gutbürgerlichen Familien im 19. Jahrhundert üblich war, besucht Arthur Schnitzler zunächst keine öffentliche Schule, sondern wird von verschiedenen Hauslehrern unterrichtet. Nach einem erneuten Umzug der Familie in eine in repräsentativer Lage auf dem Burgring 1 (I. Wiener Bezirk, Innere Stadt) gelegene Wohnung erfolgt im Herbst 1871 Schnitzlers Eintritt in die erste Lateinklasse des Akademischen Gymnasiums, das 1553 gegründete, älteste Gymnasium Wiens. Zu den vielen berühmten Schülern dieser Schule zählen neben Arthur und Julius Schnitzler unter anderem Franz Schubert (1797–1828), Johann Nepomuk Nestroy (1801–1862), Peter Altenberg (1859–1919), Richard Beer-Hofmann (1866–1945), Hugo von Hofmannsthal (1874–1929) und Lise Meitner (1878–1968). Während der Schulzeit verfasst er regelmäßig Gedichte und unterschiedliche Arten von Dramen, und der von seinen Kameraden bald „spöttisch Poeta laureatus" (ebd., 48) genannte Arthur zögert nicht, seine, im Rückblick betrachtet, durchaus bescheidenen literarischen Versuche auch in der Schule vorzutragen – wovon etwa die folgende Anekdote zeugt:

> Zum ersten Gedicht begeisterte mich ein Erlebnis, dessen Inhalt aus meinen Versen ohneweiters zu entnehmen ist, so daß ich diese, zumal es meine ersten sind als Chronist, keineswegs, wie man gleich merken wird, aus Eitelkeit hierhersetzen will. Sie lauten: ‚Figaros Hochzeit ist vorbei – Doch immer noch hört man Arthurs Geschrei – Er hat verloren seinen Hut – Mama ist außer sich vor Wut. – Doch endlich findet er ihn – Und bald liegt er ruhig im Bette drin.' Es erscheint begreiflich, daß der Erfolg dieses Poems, als ich es neben einem andern, ernsthafteren, ‚Sardanapal' betitelt, meinen israelitischen Kollegen vortrug, während die Katholiken Religionsstunde hatten, vieles zu wünschen übrigließ; und ich sollte die ersten Regungen von Schriftstellerneid kennenlernen, als gleich nach mir ein Kamerad mit selbstverfassten heiteren Gedichten erheblich größeren Anklang fand. (Ebd., 40)

Im Frühjahr 1875 verliebt sich der inzwischen Dreizehnjährige zum ersten Mal. Seine Liebe wird von Fanny („Fännchen"), der auf den Tag genau gleichaltrigen, ebenfalls einer jüdischen Familie entstammenden Nachbarstochter Franziska Reich (1862–1930), erwidert und zur großen, „echte[n] und rechte[n] Jugendliebe" (ebd., 63) stilisiert. Das „Liebespaar Arthur-Fanny" (ebd., 64) tritt denn auch in etlichen seiner Jugenddichtungen auf. Nachdem Fannys Familie umzieht und sich auch beide Elternpaare gegen die Beziehung aussprechen, trifft man sich jedoch nur noch heimlich an öffentlichen Orten oder tauscht Briefe aus (vgl. ebd., 62–64); nach einer bald folgenden, fast zweijährigen Pause treffen sich Arthur und Fanny im September 1878 wieder und nehmen ihre Liebesbeziehung erneut auf.

Mit fünfzehn Jahren sucht der junge Arthur erstmals eine größere Öffentlichkeit für seine literarische Produktion und bietet einige seiner Gedichte diversen Zei-

1.1 Herkunft und Jugend

tungen und Wochenblättern zur Veröffentlichung an. Der Erfolg bleibt jedoch mit gutem Grund aus, denn, so erinnert er sich,

> da ich meist ohne rechten Plan anfing, meine Feder laufen ließ, wie sie wollte, und von eigentlicher Arbeit nicht die Rede war, so pflegte ich bei der ersten erheblicheren Schwierigkeit innezuhalten und das Ding, an dem ich das augenblickliche Interesse verlor, ein für allemal beiseite zu legen. War ich auch begreiflicherweise nicht ohne Eitelkeit, so war ich doch von eigentlichem Ehrgeiz, jedenfalls von Zielbewußtheit oder Zielstrebigkeit, frei, und der Gedanke, jemals Schriftsteller von Beruf zu werden, lag mir damals und noch lange Zeit, ja in einem gewissen Sinn immer fern. (Ebd., 74)

Der Student der Medizin

Nach der am 8. Juli 1879 bestandenen Reifeprüfung, der sogenannten Matura, besucht Schnitzler im Rahmen einer familiären Maturareise gemeinsam mit seinem Vater einen medizinischen Kongress in Amsterdam und schreibt auf dessen Wunsch einen Reisebericht, den dieser in der *Wiener Medizinischen Presse* publiziert. Bald darauf beginnt Arthur Schnitzler mehr aus „Gewohnheit" denn aus Neigung das Studium der Medizin an der Universität Wien, wobei er in sein Tagebuch notiert: „Ich fühl' es schon, die Wissenschaft wird mir nie das werden, was mir die Kunst schon jetzt ist" (TB, 27.10.1879). Was „die Kunst" dem inzwischen Achtzehnjährigen bedeutet, zeigt die beachtliche Bilanz, die dieser kaum ein halbes Jahr später in seinem Tagebuch zieht: „Somit hab ich bis auf den heutigen Tag zu Ende geschrieben 23, begonnen 13 Dramen, soweit ich mich erinnere" (ebd., 25.5.1880). 1880 erhält Schnitzler eine Anstellung als Korrektor bei der medizinischen Zeitschrift seines Vaters, zugleich werden erstmals eines seiner Gedichte und ein Essay veröffentlicht: In der Münchner Zeitschrift *Der Freie Landbote* erscheinen im November 1880 das *Liebeslied der Ballerine* und der Aufsatz *Über den Patriotismus*. Einem Freund und Patienten seines Vaters, dem berühmten Schauspieler Adolf von Sonnenthal (1834–1909), überlässt der unterdessen knapp Neunzehnjährige im Frühjahr 1881 ein dreiaktiges Lustspiel zur Lektüre und erhält aus den Händen seines Vaters einen Brief Sonnenthals mit einem freundlich formulierten, aber letztlich vernichtenden Urteil über das Stück und seine Aussichten als Dramatiker. Anders als vom Vater erhofft, irritiert ihn diese Kritik jedoch in keiner Weise, denn noch am selben Tag beginnt er ein neues dramatisches Werk und notiert in sein Tagebuch: „Ein Mißerfolg soll mich nicht abschrecken" (ebd., 2.5.1881; vgl. auch JIW, 133 f.).

Zu den weiteren Entwicklungsschritten eines Sohnes aus gutbürgerlichem Hause zählt, dass Schnitzler den als lästig empfundenen Militärdienst in der für Abiturienten und Akademiker möglichen verkürzten, als Ausbildung zum Reserveoffizier angelegten Form als Einjährig-Freiwilliger im Garnisonsspital Nr. 1 in Wien absolviert, 1883 die Offiziersprüfung besteht, im Mai 1885 zum „Doktor der gesamten Heilkunde" promoviert wird und eine praktische Ausbildung zum Arzt beginnt. Ungeachtet dessen vermerkt er in seinem Tagebuch eine „Abneigung gegen die Medizin..." (TB, 1.5.1886) und ergänzt: „Es war eine Rieseneselei von mir – Mediziner zu werden, und es ist leider eine Eselei, die nicht mehr gut zu machen ist. [...] – oh ich möchte frei, ganz einfach: ich möchte reich und ein Künstler sein" (ebd., 9.5.1886). Diesem bislang noch weitgehend geheim gehaltenen Wunsch entspricht, dass Schnitzler beginnt, Gedichte, Prosaskizzen und Aphorismen in Zeitschriften zu veröffentlichen und dass er 1888 auf eigene Kosten den Einakter *Das Abenteuer seines Lebens* als Bühnenmanuskript publiziert. Gleichwohl setzt er ordnungsgemäß seine Ausbildung und Laufbahn als Mediziner im Schutz und im Schatten des Vaters fort: Auf Wunsch des Vaters unternimmt er Studienreisen nach Berlin, Paris und London, wird Assistenzarzt an der vom Vater geleiteten Wiener Poliklinik und vertritt seinen Vater gelegentlich in dessen Privatpraxis. Überdies veröffentlicht er nicht nur regelmäßig eine Reihe von medizinischen Artikeln und Rezensionen in der *Internationalen Klinischen Rundschau*, zu deren Redakteuren er inzwischen zählt, sondern auch die medizinische Schrift *Über funktionelle Aphonie und deren Behandlung durch Hypnose und Suggestion* (1889).

Die Rolle des gelehrigen Mediziner-Sohnes und aufstrebenden Arztes spielt Schnitzler allerdings mit zunehmender innerer Distanz, und sein tatsächlicher Interessenschwerpunkt verlagert sich weiter auf die Dichtung. An Olga Waissnix (1862–1897), die von ihm geliebte „schöne, mondäne, gebildete Wirtin des von Mitgliedern der oberen Schicht besuchten Hotels ‚Thalhof' in Reichenau bei Wien" (Scheible 1976, 40), schreibt er so z. B. im November 1888:

> Ich wohne wie früher, habe mich aber doch so quasi etabliert [...] und die Arbeit meiner Tage verkündet still und stolz, daß ich Doktor der gesammten Heilkunde bin. Ich laryngoskopire, hypnotisire und studire. Ab und zu erscheint sternschnuppenartig ein Patient [...]. In meiner Ordinationsstunde schreibe ich Lustspiele. (Waissnix-BW, 151)

Auf dem Weg zum Berufsschriftsteller

Im Mai 1889 beginnt Schnitzler, der schon wiederholt Liebesverhältnisse zu Mädchen aus einfachen Verhältnissen unterhalten hat, eine Liaison mit Marie „Mizi" Chlum (1867–1925), die sich als Schauspielerin „Glümer" nennt und für ihn einmal mehr „das Ideal des ‚süßen Mädels'" (TB, 13.7.1889) verkörpert (zur Lebensgeschichte von Marie Chlum vgl. Lacher 2014, 47–150). Insbesondere seine heftige Eifersucht auf die früheren Liebhaber Mizis fließen als die Eifersucht Fedor Denners auf das vergangene Liebesleben von Fanny Therens in sein erstes großes Bühnenstück *Das Märchen* ein – ein Stück, welches insgesamt wie eine Art Therapieversuch angelegt ist (vgl. TB, 30.11.1890), indem es das von Schnitzler persönlich durchlittene Gefühl der männlichen Eifersucht und des gekränkten Stolzes als Leitsujet aufgreift und objektiviert, d. h. kritisch hinterfragt und als ein

1.1 Herkunft und Jugend

epochentypisches Problem reflektiert. Dank dieser Fähigkeit zur Distanzierung von der eigenen Person und einer über die Jahre hinweg entwickelten Schreibdisziplin schafft Schnitzler mit diesem Stück sowie einer Reihe von weiteren Texten jetzt literarische Werke, die von einer größeren Öffentlichkeit wahrgenommen werden und die auch noch im Rückblick von Bedeutung sind. In seinem Tagebuch kann er dementsprechend im Februar 1891 verzeichnen: „Liter[arische] Anerkennung beginnt.–" (ebd., 5.2.1891).

Wenige Monate später wird mit *Das Abenteuer seines Lebens* erstmals ein Stück von ihm aufgeführt und bald vom renommierten Theater in der Josefstadt übernommen; 1893 erlebt das schon 1891 als Bühnenmanuskript publizierte *Märchen* seine Uraufführung am Volkstheater Wien. Die weibliche Hauptrolle des einen kleinen Theaterskandal provozierenden und deshalb nach nur zwei Aufführungen schon wieder abgesetzten „ganz neue[n] und moderne[n] Schauspiel[s]" (*Die Presse*, 2.12.1893, zit. n. Wagner/Vacha 1971, 92) spielt die berühmte Adele Sandrock (1863–1937), mit der Schnitzler über einige Monate hinweg ein leidenschaftliches Verhältnis unterhält (vgl. Wagner 1975). Wenig später trägt der gefeierte Theaterstar dazu bei, dass Schnitzler mit dem zwischen 1893 und 1894 geschriebenen und 1895 am Burgtheater in Starbesetzung (d. h. mit Adele Sandrock, Friedrich Mitterwurzer und Adolf von Sonnenthal in den Hauptrollen) uraufgeführten Stück *Liebelei* endgültig der Durchbruch gelingt. Mit diesem binnen kurzer Zeit auf vielen Bühnen gespielten Stück wird Schnitzler weit über die Grenzen Wiens hinaus bekannt und sein Erfolg als Schriftsteller erreicht bald eine neue Stufe: Im Herbst 1895 schließt Schnitzler mit dem aufstrebenden Verleger Samuel Fischer (1859–1934) einen „dann immer wieder erneuerten Generalvertrag für das Publikationsrecht auf alle seine Werke für die nächsten drei Jahre ab" (Podewski in HB, 55). Er wird damit zum Hausautor eines höchst dynamischen, 1886 gegründeten Verlages, der neben den Übersetzungen von Romanen berühmter ausländischer Autoren wie Zola (1840–1902), Tolstoi (1828–1910) und Dostojewski (1821–1881) die Werke führender Zeitgenossen wie Thomas Mann (1875–1955), Gerhart Hauptmann (1862–1946), Jakob Wassermann (1873–1934) und Hugo von Hofmannsthal verlegt. Im Berliner S. Fischer Verlag erscheinen die Zeitschriften- und Buchausgabe von Schnitzlers erstem großen Prosatext, der Novelle *Sterben* (1894/1895), sowie der Bucherstdruck von *Liebelei* (1896). Spätestens mit diesen beiden Werken und ihrer Rezeption durch Kritiker und Publikum hat sich Schnitzlers Jugendwunsch erfüllt und der Arztsohn hat sich von einem in der Literatur dilettierenden Mediziner zu einem nunmehr weithin beachteten, von den Tantiemen seiner Werke zunehmend gut lebenden Schriftsteller entwickelt.

Zum Kontext von Schnitzlers „künstlerische[m] Durchbruch" (Scheible 1976, 57) gehört, dass der Schatten des Vaters zumindest äußerlich verschwindet: Ende April 1893 erkrankt Professor Schnitzler an einer Wundrose im Gesicht und stirbt kurz darauf an einer Blutvergiftung. Noch im selben Jahr verlässt der vom Tod des Vaters tief betroffene Schnitzler nach fünfjähriger Tätigkeit als Assistenzarzt

1. Voraussetzungen

für immer die Poliklinik, verkauft seine ererbten Rechte an der vom Vater als Chefredakteur und Herausgeber geführten Zeitschrift *Internationale Klinische Rundschau* und praktiziert künftig selbst nur noch nebenbei in Privatordination. Auch nach außen ist der Wechsel von der Medizin als Brotberuf zu einem Leben als freier Schriftsteller nunmehr vollzogen.

1.2 Wien und die Frühe Moderne

Begünstigt wird Schnitzlers Weg zum viel beachteten Autor dadurch, dass er die literarische Szene des Fin de Siècle als Teil einer neuen Bewegung betritt. Die Grundlagen dieser Bewegung wiederum hängen eng mit einigen Besonderheiten der in vielfacher Hinsicht höchst produktiven Jahrhundertwendezeit, aber auch mit den spezifischen Voraussetzungen des Lebens in Schnitzlers Geburts- und Heimatstadt, der Metropole Wien, zusammen.

Wien in der Zeit des Fin de Siècle

In der zweiten Hälfte des 19. Jahrhunderts gibt es im deutschsprachigen Raum mit Wien und Berlin zwei großstädtische Zentren, die sich gegen Ende des Jahrhunderts zu zwei Brennpunkten einer Übergangszeit entwickeln. Im Einzelnen haben die beiden Metropolen allerdings ein durchaus verschiedenes Profil: Hier die aufstrebende, aber vergleichsweise traditionslose Hauptstadt des 1871 als Nationalstaat gegründeten, kulturell insgesamt homogenen Deutschen Reichs, dort die vom Katholizismus geprägte Hauptstadt eines Vielvölkerstaats, die über eine große Vergangenheit in Gestalt einer langen Tradition als Kaiserstadt und kulturelles Zentrum von internationalem Rang verfügt.

Mit der Niederlage Österreichs im sogenannten „Deutschen Krieg" gegen Preußen und den Norddeutschen Bund in der Schlacht bei Königgrätz am 3. Juli 1866 entscheidet sich, dass Österreich von einer Mitwirkung bei der Bildung des lang ersehnten deutschen Nationalstaates ausgeschlossen bleibt. Um den eigenen Nationalitätenkonflikten Rechnung zu tragen und zugleich seine Großmachtstellung gegenüber dem von Preußen angeführten Deutschen Reich zu behaupten, wird das Kaisertum Österreich 1867 im Rahmen eines „Ausgleichs" in die Doppelmonarchie Österreich-Ungarn umgewandelt. Aus institutioneller Sicht folgt daraus ein ebenso komplexes wie ungewöhnliches Staatsgebilde. Zu seinen Grundlagen zählt, dass die beiden konstitutionellen Monarchien Österreich und Ungarn im Sinne von zwei im Ansatz nunmehr autonomen Reichshälften jeweils eine eigene Regierung und einen Reichstag besitzen und nur das Heer, die auswärtige Politik und die Finanzen gemeinsam in drei „kaiserlich und königlichen" (k. u. k.) Ministerien verwalten. An der Spitze dieses gewaltigen, insgesamt fünfzehn ethnische Gruppen, zwölf Hauptsprachen und fünf Religionen versammelnden Vielvölkerstaats steht der über den einmalig langen Zeitraum von fast 68 Jahren hinweg in

1.2 Wien und die Frühe Moderne

Wien residierende Kaiser Franz Joseph I. (1830–1916), oder, so sein vollständiger Titel, der „Kaiser von Österreich, apostolischer König von Ungarn, König von Böhmen, Dalmatien, Kroatien, Slawonien, Galizien, Lodomerien, Illyrien, Jerusalem, Erzherzog von Österreich, Großfürst von Siebenbürgen, Großherzog von Toskana und Krakau, Herzog von Lothringen, von Salzburg, Steier, Kärnten, Krain". Diesem einer alten, letztlich vormodernen Zeit verhafteten Staatsoberhaupt sowie seinem Hofstaat und seiner Beamtenschaft gegenüber steht eine Gesellschaft, die sich mit zunehmender Geschwindigkeit in Richtung einer modernen, industriell geprägten bürgerlichen Leistungsgesellschaft verändert (auch wenn die Doppelmonarchie Österreich-Ungarn im Vergleich zu dem sich erheblich dynamischer entwickelnden Deutschen Reich in stärkerem Maße ein Agrarstaat bleibt). Im besonderen Fall Wiens führt das mit dieser Entwicklung verbundene, für ganz Europa typische Wachstum städtischer Ballungsräume dazu, dass sich die Bevölkerungszahl in den sechzig Jahren zwischen 1840 und 1910 vervierfacht: 1840 hat Wien 440.000 Einwohner, 1890 knapp eine Million, 1910 bereits mehr als zwei Millionen.

Zu den vielen Folgen einer auch als Verstädterung zu begreifenden Modernisierung des Lebens zählen Veränderungen der Voraussetzungen für die Wahrnehmung von Raum und Zeit, die sich unter das von Egon Friedell in seiner *Kulturgeschichte der Neuzeit* (1927–1931) geprägte Schlagwort vom „Heraufkommen eines neuen Tempos" (Friedell 1974, 1351; allgemein zur „Raum- und Landschaftserfahrung um 1900" vgl. Niefanger 1993, 9–24) fassen lassen. Die materiellen Grundlagen dafür schaffen eine Reihe von vor allem technischen Neuerungen. Dazu gehören die Erfindung und Entwicklung neuer Transportsysteme wie der Eisenbahn, der Straßenbahn und bald des Fahrrads, des Automobils sowie des Flugzeugs, aber auch die Entwicklung von Informationssystemen wie den durch die Erfindung der Rotationspresse möglich gewordenen Massenzeitungen und -zeitschriften, die Beschleunigung der Post (u. a. durch die Einrichtung von Rohrpostsystemen in den Städten), der Ausbau der Telegraphie sowie die Erfindung und schnelle Verbreitung des Telefons (1882 rund 400 Anschlüsse in Wien, 1910 knapp 20.000) und neuer Medien wie der Schallplatte und des Films.

Im Ergebnis führen die aus dem Prozess der Industrialisierung in der zweiten Hälfte des 19. Jahrhunderts erwachsenden Innovationsschübe vielfach zu einer Überforderung des Individuums in Gestalt einer mit dem Gefühl der „Ubiquität", der „Überall-Gleichzeitigkeit" und der Relativierung des eigenen Standorts verbundenen Desorientierung (Gaier 1990, 7). Im Blick auf den Straßenverkehr auf einem großstädtischen Platz heißt es so z. B. in einem Artikel in der Wiener *Neuen illustrierten Zeitung* von 1885 (Nr. 36):

> Sie stehen an der Mariahilfer Linie, und da können Sie in wenigen Minuten alles sehen, was sie sonst mühsam erst aus allen Bezirken zusammensuchen müssen. In wenigen Minuten, denn länger geht's nicht, länger halten Sie es nicht aus vor dem Lärmen und dem Gerassel der Wagen; selbst wenn ihre Nerven unempfindlich genug dazu sein sollten [...]. Denn das Gedränge ist gräßlich, und es kommt von

1. Voraussetzungen

allen Seiten. [...] Und dann noch die Menge der Gefährte! Der Fiaker, der hier mit Mühe den Trab seines Gespannes zügelt, der Omnibus, der den Sommerfrischen zustrebt, die beiden Tramway-Gesellschaften, deren Linien sich hier treffen. Es ist ein wahrhaft augenverwirrendes Tohu-wa-bohu, [...]. (zit. n. Hank 1984, 71)

Der hier angesprochene Standort des Betrachters, die „Mariahilfer Linie", verweist zugleich auf ein für die Stadt Wien spezifisches städtebauliches Phänomen: Gemeint ist ein in dieser Form neu geschaffener Platz, unweit dessen sich der schon 1858 eröffnete große Westbahnhof befindet und an dem die aus der Innenstadt in Richtung Westen hinausführende Mariahilfer Straße den alten, 1704 errichteten sogenannten Linienwall durchbricht. Zur Neugestaltung der wachsenden Stadt in der zweiten Hälfte des 19. Jahrhunderts gehört, dass man in den 1860er Jahren eine Gürtelstraße außerhalb dieses kreisförmig angelegten, militärisch längst sinnlosen Verteidigungswalls erbaut und die Linie selbst am Ende des Jahrhunderts einebnet. Ein Erlass von Kaiser Franz Joseph I. aus dem Jahr 1857 sah überdies die Schleifung des zweiten Verteidigungsrings, der weiter innen gelegenen, die Wiener Altstadt umschließenden Stadtmauer vor, an deren Stelle nun ein breiter Boulevard mit repräsentativen Bauten in Gestalt einer „Ringstraße" errichtet werden sollte. Anders als etwa in Paris, wo die alten mittelalterlichen Straßenzüge von neu errichteten, im Wesentlichen gerade aus dem Zentrum herausführenden Boulevards durchschnitten werden, entstehen als neue Hauptverkehrsadern des modernen Wien also eine vorgelagerte „Ringstraße des Proletariats" und ein die eigentliche Innenstadt mit der Hofburg kreisförmig umschließender Prachtboulevard. Dieser ist in Gestalt einer Art Aorta angelegt, an der entlang große Wohn- und Geschäftshäuser sowie die bedeutenden öffentlichen Gebäude von Stadt und Reich (so etwa das Kunsthistorische Hofmuseum, das Opernhaus, Burgtheater, Rathaus, Parlament und die Universität) neu errichtet werden – sodass sich auf und an dieser Straße schließlich alle wesentlichen administrativen und kulturellen Ereignisse konzentrieren. Auf diese Weise entsteht zugleich eine eigentümliche Ordnung der Stadt. „Was einst ein Gürtel militärischer Absonderung gewesen war", so erläutert Carl E. Schorske eine in dieser Deutlichkeit für die Stadt Wien typische Verbindung von räumlicher und sozialer Ordnung, „wurde nun zu einem Gürtel gesellschaftlicher Trennung" (Schorske 1982, 31). Mit anderen Worten: Der Aufteilung des städtischen Raums zwischen Innenstadt, den zwischen Ringstraße und der alten Linie liegenden, nunmehr in die Stadt integrierten „Vorstädten" und den jenseits der Linie liegenden Außenbezirken, die jetzt zur Vorstadt werden, entspricht eine klare Entmischung der sozialen Schichten. Im Stadtkern, also innerhalb des Rings, wohnen in unmittelbarer Nähe zu Hofburg und Stephansdom der alte Adel und die wohlhabenderen Geschäftsleute; an der Ringstraße die aristokratische und die neue großbürgerliche Oberschicht; zwischen Ring und ehemaligem Linienwall finden sich die eher bürgerlichen Viertel; jenseits des Linienwalls liegen die Vorstädte, wo die Proletarier und die ländliche Bevölkerung wohnen, und hier sind auch die Industrieanlagen, die schon Kaiser Franz II. (1768–1835) aus Angst vor sozialen Konflikten aus der Stadt fernhalten wollte.

Zur Neustrukturierung Wiens gehört weiterhin, dass man die vielen in der zweiten Hälfte des 19. Jahrhunderts neu gebauten Monumentalbauten allesamt im Zeichen des jeweils unterschiedliche historische Baustile zitierenden Historismus errichtet: das Rathaus so z. B. im Stil einer massigen Gotik, das Burgtheater im Stil des Frühbarock, die Universität im Stil der Renaissance und das Parlamentsgebäude im klassisch-griechischen Stil – womit man in der zeitgenössischen Gegenwart an die Verdienste ganz unterschiedlicher historischer Epochen der abendländischen Geschichte erinnern möchte (im Fall des Rathauses etwa an die Geburt der Stadt aus dem Geist der freien mittelalterlichen Stadtgemeinde; im Fall der Universitäten an die Geburt der neuzeitlichen Wissenschaften aus dem Geist der Renaissance; im Fall des Reichstags an den Geist der Polis in der griechischen Antike; vgl. ebd., bes. 35–43). Auf diese Weise verbinden sich in Wien das für die moderne Stadt typische Gefühl des Durcheinanders, ein in Stein gebauter Relativismus und eine klar gegliederte räumlich-soziale Ordnung. Eben diese spezifische Spannung, dieses auch städtebaulich zu greifende Nebeneinander von „augenverwirrende[m] Tohu-wa-bohu" und übersichtlicher, aber nicht zentralperspektivisch ausgerichteter Struktur, von Unübersichtlichkeit und Ordnung, von Alt und Neu ist ein wesentlicher Grund dafür, dass z. B. Robert Musil (1880–1942) eben nicht das vergleichsweise junge und dynamischere Berlin, sondern die Haupt- und Residenzstadt des Habsburger Vielvölkerstaats als einen „besonders deutliche[n] Fall der modernen Welt" (Musil 1976, 354) bezeichnet.

Wiener Moderne

> Es geht eine wilde Pein durch diese Zeit und der Schmerz ist nicht mehr erträglich. Der Schrei nach dem Heiland ist gemein und Gekreuzigte sind überall. Ist es das große Sterben, das über die Welt gekommen?
> Es kann sein, daß wir am Ende sind, am Tode der erschöpften Menschheit, und das sind nur die letzten Krämpfe. Es kann sein, daß wir am Anfange sind, an der Geburt einer neuen Menschheit, und das sind nur die Lawinen des Frühlings. Wir steigen ins Göttliche oder wir stürzen, stürzen in Nacht und Vernichtung – aber Bleiben ist keines.
> Daß aus dem Leide das Heil kommen wird und die Gnade aus der Verzweiflung, daß es tagen wird nach dieser entsetzlichen Finsternis und daß die Kunst einkehren wird bei den Menschen – an diese Auferstehung, glorreich und selig, das ist der Glaube der Moderne. [...]
> Die Moderne ist nur in unserem Wunsche und sie ist draußen überall, außer uns. Sie ist nicht in unserem Geiste. Sondern das ist die Qual und die Krankheit des Jahrhunderts, die fieberische und schnaubende, daß das Leben dem Geiste entronnen ist. Das Leben hat sich gewandelt, bis in den letzten Grund, und wandelt sich immer noch aufs neue, alle Tage rastlos und unstät. Aber der Geist blieb alt und starr und regte sich nicht und bewegte sich nicht und nun leidet er hilflos, weil er einsam ist und verlassen vom Leben. (Bahr 2013a, 3 f.)

1. Voraussetzungen

Diese Sätze finden sich gegen Anfang eines Artikels, der am 1. Januar 1890 in der ersten Nummer der von dem jungen Wiener Eduard Michael Kafka (1864–1893) neu gegründeten österreichischen „Monatsschrift für Literatur und Kritik" mit dem programmatischen Titel *Moderne Dichtung* erscheint. Der Artikel selbst trägt die einprägsame Überschrift „Die Moderne", sein Autor ist der ebenfalls noch junge Kulturjournalist, Essayist und Schriftsteller Hermann Bahr (1863–1934), ein Kosmopolit, der den manifestartigen Text, wie die Ortsangabe in der Überschrift verkündet, in Madrid geschrieben hat – nachdem er zuvor u. a. in Berlin und für immerhin rund ein Jahr in Paris gelebt hatte. Hier, in der seinerzeit als Hauptstadt Europas geltenden Metropole, war Bahr mit den führenden Schriftstellern seiner Zeit in Kontakt gekommen und konnte die sich in Paris schon seit etwa Mitte der 1880er Jahre abzeichnende Ablösung des u. a. von Émile Zola (1840–1902) vertretenen Naturalismus durch den Ästhetizismus von Autoren wie dem Zola-Schüler Joris Karl Huysmans (1848–1902) oder auch Stéphane Mallarmé (1842–1898) verfolgen.

Bahrs Text, der seinerzeit viel Echo fand und den z. B. Otto Julius Bierbaum (1865–1910) „ein genial pathetisches Impromptu", einen „Raketenprasselregen untermischt mit Kanonenschlägen" nannte (zit. n. Wunberg 1981, 28), zeichnet sich nicht eben durch gedankliche Klarheit und Begriffsschärfe aus. Gleichwohl lässt sich ihm etwa Folgendes entnehmen: Bahr charakterisiert die zeitgenössische Gegenwart als eine Zeit der Verunsicherung, da hier in dramatischer Weise auseinanderklaffe, was er mit zwei um die Jahrhundertwende ebenso populären wie vieldeutigen Begriffen das „Leben" und den „Geist" nennt. Im Einzelnen diagnostiziert Bahr eine Art Entfremdung zwischen den Verhältnissen des „Lebens", die sich in einem steten und dynamischen Wandel befänden, und einem menschlichen Bewusstsein, das einer alten, weniger dynamischen Zeit entstamme und das von den Verhältnissen in der Gegenwart überfordert sei – wobei die wachsende Distanz von „Leben" und „Geist" zu großem „Schmerz" und dem Wunsch nach Erlösung, dem Warten auf einen „Heiland" führe.

Eine solche Diagnose der Gegenwart als Krisenzeit, als, wie Robert Musil in seinem großen Roman *Der Mann ohne Eigenschaften* (1930–1932) später schreiben wird, „Durchgangszeit" (Musil 1967, 215), teilt Bahr mit zahlreichen Zeitgenossen (zur historischen Einordnung vgl. Wunberg 1981, bes. 28–34; allgemein auch Wunberg 1998). Anders als viele Zeitgenossen formuliert Bahr aber nicht nur eine Diagnose, sondern auch schon die Vorstellung von einer Therapie. So erläutert er im weiteren Verlauf seines Textes:

> Es ist nicht wahr, daß es große Thaten braucht und einen gewaltigen Messias. Es braucht nur schlichte und einfältige Liebe zur Wahrheit. Nur der hochmütige Stolz werde gejätet, der mit Verstand den Sinnen widerstehen will.
> Draußen, in dem Gewordenen von heute ist die Erlösung. Drin, in dem Überlieferten von gestern, ist der Fluch. Wir wollen wallfahrten aus der engen, dumpfen Klause nach den hellen, weiten Höhen, wo die Vögel singen, Pilgrime der Sinne.

1.2 Wien und die Frühe Moderne

Ja, nur den Sinnen wollen wir uns vertrauen, was sie verkündigen und befehlen. Sie sind die Boten von draußen, wo in der Wahrheit das Glück ist. Ihnen wollen wir dienen. (Bahr 2013a, 5)

Mit anderen Worten: Bahr appelliert, nicht weiter passiv zu bleiben und auf die Rettung durch einen Messias zu warten, sondern schlicht die eigene Einstellung zum Leben zu ändern, d. h. das, was er „Verstand" nennt, zurückzunehmen und stattdessen im Zeichen einer „schlichte[n] und einfältige[n] Liebe zur Wahrheit" auf die menschlichen Sinne als Vermittler zwischen (neuem) Außen und (altem) Innen, zwischen Welt und Subjekt zu setzen. Was aber bedeutet „Wahrheit" in diesem Zusammenhang? Hier lässt Bahr seine Ausführungen in die Formulierung münden: „Wir haben kein anderes Gesetz als die Wahrheit, wie jeder sie empfindet. Der dienen wir" (ebd., 7). Diese Formulierung ist insofern aufschlussreich für eine neue Art von Denken, als Bahr einerseits im Geiste von Positivismus und Naturalismus von einem ‚Gesetz der Wahrheit' spricht, er sich andererseits aber nicht unmittelbar auf eine äußere Wirklichkeit bezieht. Mit der Wendung „Wahrheit, wie jeder sie empfindet" wird die Vorstellung einer intersubjektiv feststehenden, weil vom erkennenden Subjekt unabhängigen objektiven Wahrheit nunmehr deutlich relativiert (zum entsprechenden geistesgeschichtlichen Hintergrund vgl. Smerilli 2009, bes. 7–12). Im Unterschied zu dem in der zweiten Hälfte des 19. Jahrhunderts verbreiteten Weltbild der positivistischen Naturwissenschaften ist Bahrs ‚Wahrheit' also ausdrücklich an die Empfindung des Einzelnen geknüpft und damit sowohl subjektiv als auch an den Augenblick gebunden. Das wiederum hat Folgen auch für Bahrs Konzept einer neuen Kunst. Nach Bahr soll auch sie Wahrheit und Empfindung zusammen denken, den Akzent von der äußeren in eine innere Wirklichkeit verlagern und die Vermittlung von außen nach innen über Sinne und Empfindung als ihr eigentliches Ziel betrachten. Es handle sich nunmehr darum, so schreibt Bahr, eine äußere Wirklichkeit „[...] in die Seele [einzuführen] – der Einzug des auswärtigen Lebens in den innern Geist, das ist die neue Kunst" (Bahr 2013a, 6).

Verlagerung von außen nach innen, Betonung der Bedeutung von Empfindung und Sinnen, von Nerven, Stimmung und Seele und insofern der notgedrungen augenblickshaften Erfahrung einer als dynamisch empfundenen Wirklichkeit – das sind Stichworte, die sich auch bei anderen Denkern gegen Ende des Jahrhunderts finden lassen und die in dieser allgemeinen Form nicht nur in Wien den Ansatz einer neuen Art von Kunst in einer schon von den Zeitgenossen selbst als ‚modern' verstandenen, ‚nachrealistischen' Epoche prägen. Diese im Zeitraum zwischen etwa 1890 und 1918 anzusiedelnde Epoche, für deren im Detail durchaus unterschiedliche Strömungen man, mit jeweils verschiedenen Akzentuierungen, u. a. die Bezeichnungen ‚Fin de Siècle', ‚Décadence', ‚Impressionismus', ‚Symbolismus', ‚Ästhetizismus' oder ‚Jugendstil' findet, sei hier mit dem neutralen Oberbegriff ‚Frühe Moderne' benannt und als Teil der sogenannten Klassischen Moderne verstanden. Und im Anschluss an den Versuch, im deutschsprachigen Raum weiterhin im Blick auf das jeweilige geographische Zentrum der im Ansatz vergleichbaren Bewegungen zu unterscheiden und so etwa von einer ‚Züricher Moderne', einer ‚Münchner Moderne' und einer ‚Berliner Moderne' zu sprechen, sei die Literatur, die zum einen den allgemeinen Charakteristika der ‚Frühen Moderne' entspricht und die zum anderen ab etwa 1890 in Wien entsteht, unter den Begriff der ‚Wiener Moderne' gefasst.

Jung Wien

„Das ist ein Überwinder / Mit leichtem und keckem Sinn, / Man nennt ihn sogar den Erfinder / der jungen Schule von Wien" – so heißt es 1897 in einer zeitgenössischen Karikatur des Wiener Zeichners Theodor Zasche (1862–1922), die Hermann Bahr in der Tracht einer Hebamme mit den ‚neu' geborenen Autoren Arthur Schnitzler und Hugo von Hofmannsthal im Arm zeigt (vgl. z. B. Wunberg 1981, 289). Tatsächlich ist Hermann Bahr schon für die Zeitgenossen weniger als Autor, denn als Wortführer und vor allem Popularisator einer Wiener Avantgarde-Bewegung von Bedeutung, die sich aus heutiger Sicht als Teil der Wiener Moderne verstehen lässt und die seinerzeit als ‚Jung Österreich', das ‚Junge Wien' oder schlicht ‚Jung Wien' bezeichnet wurde. Zu dieser Bewegung und ihrem Umfeld gehören neben Hermann Bahr, Arthur Schnitzler und Hugo von Hofmannsthal etwa Peter Altenberg, Leopold von Andrian (1875–1951), Richard Beer-Hofmann, Felix Salten (1869–1945) und Jakob Wassermann (1873–1934). Ein regelmäßiger Treffpunkt dieser und anderer Autoren und Künstler ist in den frühen 1890er Jahren das gegenüber dem alten Burgtheater und der Hofburg gelegene, bald spöttisch „Café Größenwahn" genannte Wiener Café Griensteidl, aber man unternimmt auch gemeinsame Spaziergänge und Radtouren, tauscht sich per Brief und ‚pneumatischer Post', d. h. Rohrpost aus, veranstaltet Lesungen in verschiedenen Wohnungen, vorzugsweise bei Beer-Hofmann und Schnitzler, und diskutiert die eigenen Werke. Als zentrale Publikationsorgane fungieren die jeweils nur für einen kurzen Zeitraum erscheinenden Zeitschriften *Moderne Dichtung* (1890) bzw. ihre Nachfolgerin *Moderne Rundschau* (1891) und schließlich die von Hermann Bahr mitbegründete „Wiener Wochenschrift für Politik, Volkswirtschaft, Wissenschaft und Kunst" *Die Zeit*. Mit großer Emphase erklärt man sich – um mit den von Hermann Bahr verbreiteten Schlagworten zu sprechen – für ‚modern' und will den wissenschaftsgläubigen Naturalismus mit Hilfe einer sich auf die Darstellung von Sinneseindrücken und Bewusstseinsvorgängen konzentrierenden neuen ‚Nerven-Kunst' überwinden (vgl. Bahr 2013c). Dabei gehört es zu den Überzeugungen dieser vom Erkenntnisskeptizismus Friedrich Nietzsches (1844–1900) und dem Empiriokritizismus des Physikers Ernst Mach (1838–1916) geprägten jungen Generation, dass es – wie in dem oben zitierten Manifest Hermann Bahrs von 1890 bereits angedeutet – keine objektiven Wahrheiten gibt und dass auch das Subjekt, wie Bahr im Anschluss an Machs *Beiträge zur Analyse der Empfindungen* (1886) schlagwortartig formuliert, „unrettbar" ist, weil es keine kohärente Einheit, sondern vielmehr eine Art fließenden ‚Komplex' von sich stets wandelnden Empfindungen darstellt (vgl. Bahr 2011, bes. 34–36).

Mit der Gruppe von Jung Wien teilt der junge Autor Schnitzler sowohl die erklärte Aufmerksamkeit für die Innenwelt des Menschen als auch die Kritik am dogmatischen Wahrheitsbegriff der zeitgenössischen positivistischen Wissenschaft. Allerdings in einem besonderen Sinn. Denn im Unterschied zu seinen dem Ästhetizismus huldigenden Künstlerfreunden bleibt der als Mediziner-Sohn und Arzt ja zwangsläufig naturwissenschaftlich geschulte Schnitzler ein Skeptiker, der ein im Ansatz aufklärerisches Ideal vertritt. „Wir sind so rasch mit dem Systemisiren bei der Hand; wir bringen aber eigentlich viel öfter Ordnung in unsere Gedanken als in die Sachen", schreibt „Dr. Arthur Schnitzler" schon 1891 in der Fachzeitschrift *Internationale Klinische Rundschau* und ergänzt „Wir warten auf die Wahrheit und bekommen wohl bestenfalls nur eine neue Schablone? – Dies ist nun einmal der Weg, den wir gehen. Das letzte Bestreben, die Wahrheit zu finden, müssen wir für eine Zeit als die Wahrheit selbst gelten lassen" (MS, 234). Tatsächlich relativiert auch Schnitzler das Ideal der Wahrheit, aber er tut das nur insoweit, als er zeit seines Lebens jeden Anspruch auf absolute Wahrheit verwirft. Die unaufhörliche Suche nach Wahrheit jenseits von Dogmen und Systemen, „das letzte Bestreben, die Wahrheit zu finden", betrachtet er dagegen als ein wesentliches Ziel des menschlichen Denkens und Handelns – und damit auch des eigenen, konsequent als Erkundung der „psychischen Realitäten" angelegten Schreibens (PSY, 283).

Für Schnitzler hat der rege Austausch mit seinen Dichterkollegen denn auch durchaus fruchtbare Folgen, die entsprechenden Kontakte erleichtern und befördern seine Positionierung im literarischen Feld der Zeit, und mit einigen der Autoren von Jung Wien verbinden ihn lebenslange Freundschaften (im Einzelnen dazu vgl. Orth in HB, 18–27). Sein Zugehörigkeitsgefühl zur Gruppe von Jung Wien hält jedoch nicht lange an. Im Oktober 1891 notiert er noch mit gewissem Stolz „Loris [i.e. Hugo von Hofmannsthal], Salten, Beer-Hofmann und ich werden nemlich schon als Clique betrachtet" (TB, 9.10.1891). Schon im Folgejahr aber wendet er sich vom Café und der Gruppe selbst ab: „Vertrage Griensteidl nicht; die Atmosphäre […] deprimirt mich" (ebd., 20.2.1892); und an Richard Beer-Hofmann schreibt er am 11. März 1892: „Loris schreibt viel, Salten schreibt wenig. Die andern seh ich gar nicht; das Café Grienstaidl existirt für mich nicht mehr. – […] Ich will versuchen, ein Virtuose der Einsamkeit zu werden" (Beer-Hofmann-BW, 34 f.).

2. Im Zeichen von Jung Wien oder: Anfänge des Erzählens im Spannungsfeld von Realismus, Naturalismus und Décadence (1886–1899)

2.1 Der junge Autor und die drei Gattungen

Schon lange vor seinem ersten öffentlichen Auftritt auf der literarischen Bühne des Fin de Siècle hat Schnitzler regelmäßig literarische Texte geschrieben und ab dem Alter von etwa zehn Jahren offenbar gleichermaßen Gedichte, Prosa und Dramen verfasst (zu seinen frühen, in aller Regel nicht erhaltenen literarischen Versuchen vgl. JIW, bes. 45–49). Und auch zu seiner weiteren Entwicklung vom Arzt zum Berufsschriftsteller gehört, dass er sich auf unterschiedliche Weise in allen drei ‚Großgattungen', d. h. Lyrik, Epik und Dramatik, betätigt. Seine erste Veröffentlichung ist ein auf Anregung des Vaters geschriebener kleiner Reisebericht in Gestalt eines „Stimmungsbildes" vom Schiffsausflug während eines medizinischen Fachkongresses, der 1879 in der von seinem Großvater Philipp Markbreiter gegründeten und unterdessen von Johann Schnitzler herausgegebenen *Wiener Medizinischen Presse* unter dem Titel „Von Amsterdam nach Ymuiden" erscheint (vgl. Fliedl 2005, 103 f.; MS, 63–67). Mit der Publikation „einer Art von philosophischem Dialog über – richtiger gegen – den Patriotismus" (JIW, 104) und eines Gedichtes gibt Schnitzler 1880 sein literarisches Debüt (*Über den Patriotismus* und *Liebeslied der Ballerine*, veröffentlicht in der konservativ-klerikalen Münchner Zeitschrift *Der freie Landbote*, 13.11.1880; zu den Hintergründen der durch einen Freund ermöglichten Publikation vgl. JIW, 103); ab 1886 veröffentlicht er einerseits regelmäßig medizinische Rezensionen und Fachartikel (vgl. MS) und andererseits weitere Gedichte sowie erstmals Aphorismen und kleine Prosastücke; 1888 wird der Einakter *Das Abenteuer seines Lebens* noch auf eigene Kosten als Bühnenmanuskript publiziert und 1891 als sein erstes Theaterstück in Wien uraufgeführt.

Wenn Schnitzler zu Beginn des Jahres 1891 stolz verzeichnen kann, dass seine „literarische Anerkennung beginnt" (TB, 5.2.1891), dann ist diese Anerkennung auch dem eigenen Verständnis nach allerdings von Anfang an nicht zu gleichen Teilen auf alle Bereiche seiner noch sehr überschaubaren literarischen Veröffentlichungen verteilt. Nicht zuletzt infolge des Kontakts und des selbstkritischen Vergleichs mit dem auch von Schnitzler als „geborene[s] Genie" (vgl. Zweig 1981, 65) betrachteten Ausnahmetalent Hugo von Hofmannsthal sowie den anderen Autoren von Jung Wien beurteilt Schnitzler den Wert seiner Lyrik eher skeptisch und empfindet hier zeitlebens ein Gefühl der Unterlegenheit. „Ich stehe hinter den andern […] lyrisch stark zurück", vermerkt er schon früh im Tagebuch

(TB, 15.10.1891). Als Lyriker wird Schnitzler auch später keine wirkliche Anerkennung finden (vgl. Trilcke in HB, 260–262; Perlmann 1987a, 29–31); was dagegen sein übriges, nicht-lyrisches Œuvre angeht, so ist die Resonanz mit Beginn seiner literarischen Publikationen im Wesentlichen positiv und auch in etwa gleich auf die zwei ‚Großgattungen' verteilt. Schon der junge Autor Schnitzler gilt nicht nur als ein viel versprechender Dramatiker, sondern auch als Prosaist und vor allem talentierter Erzähler.

Bei den ersten Prosatexten, die Schnitzler zwischen 1886 und 1889 zunächst mehrheitlich in dem Wiener „Unterhaltungsblatt für die Familie" *An der Schönen Blauen Donau* publiziert, handelt es sich zunächst um eine Reihe von kurzen Erzählungen. Vordergründig haben sie das „wohlvertraute Lied" von „Lieb' und Spiel und Tod" (AB, 17), d. h. in diesem Fall zeittypische Themen wie die Bedeutung von Kunst und Künstlertum (z. B. *Er wartet auf den vazierenden Gott*, 1886), die Vergänglichkeit der Liebe (z. B. *Amerika*, 1889) sowie das spannungsvolle Verhältnis von Leben und Tod (z. B. *Der Andere*, 1889) zum Gegenstand. Dabei entsprechen schon diese frühen Texte insofern dem Geist der von Hermann Bahr im Kontext von Jung Wien proklamierten „neue[n] Kunst" (Bahr 2013a, 6) im Sinne einer *Überwindung des Naturalismus* (1891), als sie auf jeweils eigene Weise eine ‚innere Wirklichkeit' gestalten. Aber nicht nur deshalb sind diese in Buchform zumeist erst postum in der Sammlung *Die kleine Komödie* (1932) publizierten und auch von der Forschung bis heute vergleichsweise wenig beachteten Erzählungen nur scheinbar schlicht. In Wirklichkeit erprobt der als Autor noch junge Schnitzler hier auf kleinem Raum gleichsam spielerisch nicht nur die Gestaltung unterschiedlicher Charaktere, Figurenkonstellationen und Handlungsmodelle, sondern auch verschiedene Darstellungs- und Kompositionsformen von Geschichten. Ein frühes Beispiel dafür, wie er bei dieser Gelegenheit Stilelemente von Realismus, Naturalismus und Décadence zu einem eigenen Ganzen zu verbinden trachtet, ist Schnitzlers erster längerer Prosatext, die Erzählung *Reichtum*.

2.2 *Reichtum* (1891)

Schnitzlers erste mehrere Kapitel umfassende Erzählung entstand im Sommer 1889 und erschien 1891 unter dem Titel *Reichtum* in einem der zentralen Publikationsorgane von Jung Wien, der als Nachfolgerin der *Modernen Dichtung* angetretenen Wiener Zeitschrift *Moderne Rundschau*. Schnitzler war mit dieser von der Zeitschrift offenbar vorschnell gedruckten Fassung allerdings unzufrieden. So schreibt er am 11. September 1891, unmittelbar nach Veröffentlichung des ersten Teils der in Fortsetzungen abgedruckten Erzählung, an Hugo von Hofmannsthal: „der Anfang vom Reichtum ist abscheulich – Sie kennen ja die Moderne Rundschau! – plötzlich wurde das Ding gesetzt, obwohl es ausgemacht, dass die ersten Capitel vorher verändert werden müssten. Jedenfalls änder' ich das für den Separatabdruck" (Hofmannsthal-BW, 13). Wie in seinem Brief angekündigt, überar-

2. Anfänge des Erzählens

beitet Schnitzler die ersten drei Kapitel der Erzählung dann unmittelbar darauf für den zweiten, als zusammenhängender Einzeldruck gestalteten sogenannten „Separatabdruck", der noch 1891, gedruckt von Carl Steinhardt in Wien, erscheint. Im Ergebnis gibt es damit zwei unterschiedliche Fassungen des Textes, die sich nicht in der erzählten Geschichte, wohl aber in der Form ihrer Darstellung erheblich unterscheiden.

Plot

Karl Weldein, der einst Kunstmaler hatte werden wollen, lebt als einfacher Anstreicher mit einer als Näherin arbeitenden Ehefrau und einem kleinen Sohn in ärmlichen Verhältnissen am Rand von Wien. Er trinkt und ist dem Glücksspiel zugeneigt. Eines Tages beobachten ihn zwei Adelige, der Graf Spaun und der Freiherr von Reutern, zufällig im Wirtshaus beim Kartenspiel und verhelfen ihm mit etwas Geld dazu, eine Pechsträhne zu überwinden und einen bescheidenen Gewinn zu erzielen. Aus einer plötzlichen Laune heraus fassen sie daraufhin die Idee zu einer Art „Karnevalsscherz" (ES I, 49). Frisch frisiert und in einen „eleganten Gesellschaftsanzug" (ebd.) gekleidet ermöglichen sie Weldein den Zutritt zum Spielsaal ihres vornehmen Klubs, wo sie ihn als einen zu Besuch weilenden reichen Freund aus Amerika ausgeben. Weldein setzt seine im Wirtshaus begonnene Glückssträhne fort und gewinnt im Verlauf der Nacht ein großes Vermögen, das er auf dem Weg nach Hause in volltrunkenem Zustand unter einer Brücke vergräbt.

Am nächsten Morgen kann er sich wohl an die Vorgänge der Nacht, nicht aber an den Ort seines Verstecks erinnern. Da seine verzweifelte Suche vergeblich bleibt, lebt er im Bewusstsein, eigentlich reich zu sein, fortan weiter in Armut; in den folgenden Jahren stirbt seine Frau, sein Sohn Franz wächst heran und zeigt seinerseits Neigungen zum Malen, zum Spiel und zum Trinken; dabei übertrifft er seinen Vater insofern, als er offenbar über mehr künstlerische Begabung verfügt, die sich allerdings auf ein spezielles Genre, nämlich die Darstellung von Spielern und Trinkern beschränkt. Franz erlangt gleichwohl ein gewisses Ansehen, und einer der beiden seinerzeit an dem ‚Scherz' mit seinem Vater beteiligten Adeligen, Graf Spaun, beginnt, ihn und seine Malerei zu fördern. Als der Vater davon erfährt und den das Atelier seines Sohns besuchenden Grafen überdies aus der Ferne erkennt, überkommen ihn die Erinnerungen an sein mit dieser Person verbundenes Erlebnis, woraufhin er schwer erkrankt. In seiner Todesnacht fällt ihm plötzlich der Ort des Verstecks wieder ein, er verrät dem an seinem Sterbebett wachenden Sohn sein Geheimnis und fleht ihn an, sofort das Geld zu holen. Als dieser mit dem tatsächlich noch an der erinnerten Stelle vergrabenen Schatz zurückkehrt, ist der Vater jedoch bereits gestorben.

Weil Franz Weldein glaubt, das große Gemälde einer Spielszene nur dann vollenden zu können, wenn er die dort dargestellte „Begeisterung" (ebd., 73) einmal selbst empfindet, bittet er unmittelbar darauf den Grafen, das seinerseits über Nacht gewonnene Vermögen einsetzen und im Spielsaal des Klubs

2.2 Reichtum

für einen Abend von der Rolle des Beobachters in die des Spielers wechseln zu dürfen. Die Bitte wird ihm gewährt und trotz wiederholter Warnungen des Grafen verspielt er in wenigen Stunden das gesamte, soeben erst wieder gefundene Geld des Vaters. Er verliert offenbar den Verstand, eilt erneut zum Ort des Verstecks, hält Sand und Steine für Geld und Gold, läuft zum Klub zurück, um dort weiter zu spielen, erkennt dann zur Erleichterung des immer hinter ihm herlaufenden Grafen zwar seinen Irrtum, schlüpft im Gegenzug nunmehr aber vollkommen in die Rolle seines Vaters. Am Ende scheint Franz zum Entsetzen des Grafen auch die Züge des alten Weldein anzunehmen, der „leise wimmert[]: Mein Sohn, mein armer Sohn!" (ebd., 78).

Betrachtet man das erzählte Geschehen, so finden sich zahlreiche Parallelen, aber auch Besonderheiten im Vergleich zu den zeitgenössischen Bewegungen von Realismus, Naturalismus und Ästhetizismus bzw. Décadence. Im Unterschied zur Tradition des deutschsprachigen sogenannten ‚poetischen Realismus', der das vordergründig Hässliche vermeiden und das sozial Randständige ausklammern wollte, ist der Protagonist ein Mann, der mit seiner Familie am unteren Rand der Gesellschaft in Armut lebt. Dabei ist der soziale Ausschnitt der erzählten Welt insofern im Sinne des Naturalismus erweitert und auch perspektiviert, als es sich bei dem Protagonisten zwar nicht um einen idealtypischen Proletarier, aber doch um einen einfachen Handwerker handelt, der überdies willensschwach ist und trinkt und spielt. Auch die für den Naturalismus prägenden Konzepte der Vererbung und des Determinismus scheinen grundlegend für die erzählte Geschichte: Der Sohn erbt vom Vater offenbar sowohl die Trink- und Spielsucht als auch das Maltalent und dessen Beschränkung. „Einige Male", so heißt es im Text der Erzählung, „sagte der Vater: ‚Daß du nur solche Dinge malen kannst, daran bin ich schuld. Mein ganzes Blut ist vergiftet, ja, vergiftet'" (ebd., 61). Überdies wiederholt der Sohn scheinbar die Geschichte des Scheiterns seines Vaters, sodass die nach dem Modell eines Kreises angelegte Erzählung wie so viele Werke des Naturalismus im Elend beginnt und im Elend endet. Bei näherem Hinsehen sind die drei für das Welt- und Menschenbild des Naturalismus eines Émile Zola und seine Geschichten so wichtigen Parameter ‚race' (d. h. die genetische Abstammung und Disposition der handelnden Charaktere), ‚milieu' (d. h. ihre soziale Herkunft und Sozialisation sowie die Umwelt, in der sie leben) und ‚moment' (d. h. der historische Augenblick ihres Aufwachsens bzw. Handelns) für die in *Reichtum* erzählte Geschichte allerdings nur von begrenzter Bedeutung. Über die Herkunft und Sozialisation von Karl Weldein, ja überhaupt die Vorgeschichte seines Lebens erfährt man ebenso wenig wie etwa über das Datum seiner Geburt, den Zeitpunkt der erzählten Handlung (bezeichnenderweise ist in der zweiten Fassung der Hinweis „vor fünfundzwanzig Jahren", Urbach 1974, 84, aus der ersten Fassung gestrichen), den Ort und die Einrichtung seiner in einer beliebigen „Vorstadtgasse" (ES I, 54) angesiedelten Wohnung oder etwa auch die Bedingungen der Arbeit, die ihm seine kärgliche Existenz ermöglicht (ist er z. B. selbständig oder angestellt – und wenn ja bei wem?). Auch der Körperbau und das Aussehen der Figuren, die in den Texten eines Zola oder Gerhart Hauptmann in aller Regel ausführlich beschrieben werden, weil sie als symptomatisch für bestimmte Charaktertypen gelten, bleiben in Schnitzlers Erzählung weitgehend unbestimmt. Berücksichtigt man diese und verschiedene andere, auch für die Literatur des Realismus ungewöhnliche Leerstellen in der erzählten Geschichte (so bleibt z. B. in der zweiten Fassung offen, woran genau der Vater als Maler gescheitert ist), ihren z. T. wunderbaren Gehalt (zu dem u. a. die Wiederholung einer schicksalhaften Nacht im Leben von Vater und Sohn sowie die scheinbare Verwandlung des Sohnes am Ende der Erzählung zählen) sowie die Tatsache, dass die schicksalhaften Ereignisse im Leben von Vater und Sohn jeweils von ‚Helferfiguren' (vgl. Martínez/Scheffel 2012, 130–132) ermöglicht werden, so enthält die Erzählung auch Elemente eines Märchens. Ihre märchenhaften Züge, bestimmte Aspekte ihres Personals, das zwei auf verschiedene Weise scheiternde Künstlerfiguren und zwei sich einen ‚Karnevalsscherz' mit verhängnisvollen Folgen erlaubende Aristokraten umfasst, das Thema des Spiels sowie die vor allem mit der Geschichte des Sohnes verbundene Frage nach dem Verhältnis von Kunst und Leben schaffen überdies eine gewisse Nähe zu den literarischen Themen von Décadence und Ästhetizismus.

Warum hat Schnitzler den Anfang der ersten Fassung seiner Erzählung als „abscheulich" bezeichnet und noch einmal grundlegend verändert? Die Art und Weise seiner Arbeit am Text ist aufschlussreich. Trotz des nach wie vor offensichtlichen Anschlusses an unterschiedliche literarische Strömungen der zeitgenössischen Gegenwart zeigt sie eine Entwicklung des noch jungen Autors hin zu einer eigenen Form des Erzählens.

Grundsätzlich betreffen die Änderungen von der ersten zur zweiten Fassung im Wesentlichen nicht das ‚Was' des erzählten Geschehens (d. h. die Ebene der ‚histoire'), sondern das ‚Wie' seiner Darstellung (d. h. die Ebene des ‚discours'; zu den Details dieser erzähltheoretischen Unterscheidung vgl. ebd., 22–28) – dies allerdings in entscheidender Weise. Die erste Fassung (wiederabgedruckt in Urbach 1974, 84–93) präsentiert die Geschichte ganz in der Tradition des realistischen Erzählens: Ähnlich wie z. B. viele Erzähltexte Theodor Fontanes (1819–1898) beginnt der Text in medias res mit einer Szene, die „zwei junge adelige Herren" zeigt, die „an einem schönen Frühlingsabende vor fünfundzwanzig Jahren in den Straßen der Residenz hin und her" spazieren (ebd., 84). Von hier ausgehend wird das folgende Geschehen in den ersten beiden Kapiteln der Erzählung im Wesentlichen in der Form der szenischen Erzählung zeitdeckend und ohne chronologische Umstellungen entfaltet: Der zufällige Besuch eines Wirtshauses in der von den beiden jungen Herren als eine „andere Welt" (ebd.) empfundenen Vorstadt; die Beobachtung eines Karten spielenden, den beiden Herren noch unbekannten Mannes und seine Unterstützung mit vergleichsweise wenig Geld; ein erstes, in direkter Rede dargestelltes Gespräch mit dem sich als Karl Weldein vorstellenden Spieler sowie die im weiteren Verlauf gefasste „lustige Idee" (ebd., 90), ihn sein Spiel in großem Rahmen noch in derselben Nacht fortsetzen zu lassen; Weldeins Auftritt als frisch frisierter und in einen geliehenen Frack gekleide-

2.2 Reichtum

ter Freund aus Amerika im Spielsaal des Klubs; seine unheimliche Glückssträhne, sein vom Grafen Spaun mit sanftem Zwang herbeigeführter Abschied aus den Räumen des Klubs; sein Torkeln durch eine „unbekannte Gasse" (ebd., 92) sowie die im trunkenen Zustand gefasste Idee, das Geld irgendwo zu verstecken. Dann folgt eine Ellipse und das dritte Kapitel der Erzählung setzt mit dem Beginn des nächsten Morgens und dem Aufwachen von Karl Weldein ein.

Für die zweite Fassung der Erzählung streicht Schnitzler die beiden ersten Kapitel und damit auch jede Form der Mitsicht mit den beiden jungen Adeligen sowie der Außensicht auf Karl Weldein. Die Ereignisse des Abends und der Nacht werden jetzt nicht mehr szenisch in der Chronologie ihres Geschehens präsentiert, sondern nur noch in Gestalt eines Rückblicks, einer Analepse, vergegenwärtigt. Diese wiederum ist eng mit der Wahrnehmung von Weldein verknüpft. In diesem Sinne setzt die Erzählung in der zweiten Fassung direkt mit einem Blick auf den „frühmorgens" (ES I, 47) aufwachenden Weldein ein und führt dann dessen mühsame Erinnerungsarbeit vor. Von Anfang an dominiert nun also eine Form der Mitsicht mit dem Protagonisten, die durch den Darstellungsmodus einer internen Fokalisierung (vgl. Martínez/Scheffel 2012, 66–70) ermöglicht und im Wesentlichen in Gestalt der die unterschiedlichen Sprech- bzw. Wahrnehmungsorte von narrativer Instanz und erlebender Figur verbindenden erlebten Rede (vgl. ebd., 209) sprachlich umgesetzt wird. Dementsprechend heißt es nun wenige Sätze nach dem Beginn der Erzählung:

> Plötzlich sprang Weldein aus dem Bette. Er stand da in Frack und mit weißer Krawatte; […]. Dann setzte er sich auf den Bettrand, schlug die Beine übereinander und dachte nach… Er musste sich allmählich besinnen. Daß es kein Traum gewesen, das stand nun fest; wie wäre er sonst in diesem Anzug ins Bett gekommen? Es war also Leben und Wahrheit.
> Und er sah sich wieder in jenem Wirtshaus, wo das Abenteuer begonnen hatte. Er sah sich mit jenen ärmlich gekleideten Leuten an einem Tische sitzen und Karten spielen, […]. (ES I, 47)

Was Hermann Bahr in seinem Manifest „Die Moderne" (1890) von einer „neue[n] Kunst" theoretisch fordert, nämlich „de[n] Einzug des auswärtigen Lebens in den innern Geist" (Bahr 2013a, 6), das setzt Schnitzler im Rahmen seiner Erzählpraxis, d. h. seiner wohl Ende 1891 vorgenommenen Überarbeitung der ersten Fassung von *Reichtum*, also konsequent um – wobei nicht zuletzt dank der persönlichen Kontakte im Kontext der Gruppe von Jung Wien auch ein unmittelbarer Einfluss von Bahr auf Schnitzler zu vermuten, im Einzelnen allerdings nicht zu belegen ist. So oder so lässt sich aber festhalten, dass beide Autoren dem Geist einer neuen Zeit entsprechen, die sich verstärkt für die Innenwelt des Menschen und die an den Augenblick gebundene Erfahrung einer als zunehmend dynamisch und fragil empfundenen Lebenswirklichkeit interessiert. Der reife Erzähler Schnitzler wird von Literaturhistorikern im Nachhinein als „Meister psychologischen Erzählens" (Sprengel 1998, 283) und Prototyp für den Prozess einer „Verinnerung" (vgl. Zenke 1976, bes. 15–19) oder auch „Figuralisierung" (Schmid 2008, 193) des

2. Anfänge des Erzählens

Erzählens in der Klassischen Moderne (Kiesel/Wiele 2011, bes. 260–262) gewürdigt. Im Ansatz, so ist zu ergänzen, gilt das auch schon für den noch jungen Erzähler, dessen Entwicklung hin zu einer konsequenten Form von „Verinnerung" sich am Beispiel der Überarbeitung von *Reichtum* gleichsam in actu verfolgen lässt.

Berücksichtigt man den Fortgang der Erzählung im dritten Kapitel der ersten Fassung, so ist die Umarbeitung des Anfangs im Sinne einer Präsentation von äußeren Ereignissen als innerer Vorgang auch ästhetisch folgerichtig. Denn zwischen drittem und viertem Kapitel dominiert schon in der ersten Fassung eine Darstellung aus der Innensicht: Die verzweifelte Suche Weldeins nach dem nächtlichen Versteck wird hier im Modus der internen Fokalisierung und in einer Form von erlebter Rede vergegenwärtigt, die passagenweise auch direkt zitierte Gedankenrede mit Ansätzen zur Form des inneren Monologs enthält, so z. B.

> Sein Kopf war freier, und er begann von neuem nachzusinnen. ‚Es ist wohl Mittag vorbei, und gestern war ich ein armer Schlucker… Es kommt darauf an, nun ja, natürlich, darauf kommt es an, daß ich ruhig genug werde, um mich an alles zu erinnern. Unsinn! Erinnern muß ich mich am Ende… Jetzt ist's zu heiß… man kann nicht nachdenken, wenn einem die Mittagssonne auf den Schädel brennt… […].'
> (ES I, 53)

Ein weiterer Effekt der Überarbeitung ist, dass mit der konsequenten Umstellung auf die Innensicht einerseits zunächst in der Schwebe bleibt, ob es sich bei Weldeins zu Beginn erinnertem, doch recht wunderbar wirkendem nächtlichen Erlebnis um eine objektive Tatsache handelt (hat er wirklich erlebt, woran er sich erinnert oder auch nur zu erinnern glaubt?), und andererseits von Anfang an deutlich wird, dass das nächtliche Erlebnis für Weldein selbst jedenfalls eine Bewusstseinstatsache darstellt. Und eben deshalb, weil er es subjektiv so empfindet und in Gedanken über die Jahre hinweg als das „tollste Unglück, das je einem Menschen widerfahren war" (ebd., 58) versteht, wandelt sich sein Leben weiter zum Schlechten – obwohl es äußerlich, seinen ‚objektiven' Bedingungen nach, doch unverändert bleibt und auch niemand aus seinem persönlichen Umfeld um sein Erlebnis und seine Gedanken und Empfindungen weiß.

Im Rahmen der sehr überschaubaren Forschung zu *Reichtum* hat man festgestellt, dass die Erzählung durch eine „Wiederholungsstruktur" geprägt ist, „die sowohl in den Eigenschaften der Figuren (Vater und Sohn waren/sind/werden Maler, Trinker und Glücksspieler) als auch in der Wiederkehr von Figuren (Graf Spaun) und Ereignissen (das Spiel, die Suche nach dem versteckten Geld), sowie in ähnlichen bildhaften Projektionen […] erkennbar wird" (Orosz in HB, 170). Dabei ist diese Struktur umfassender als bislang herausgearbeitet wurde – und die Überarbeitung des Textes ist auch in dieser kompositorischen Hinsicht von Belang. Tatsächlich ist die Erzählung wie eine Variation über das Thema der Wiederholung angelegt. In diesem Sinne hebt Schnitzler die Bedeutung der Erinnerungsarbeit von Weldein in der zweiten Fassung dadurch hervor, dass er sie unmittelbar an

2.2 Reichtum

den Anfang seiner Erzählung stellt und den Umfang des Erinnerten um die Ereignisse am Abend und in der Nacht vor dem Verstecken des Schatzes ergänzt. Mit diesem knappen Rahmen ist nun deutlicher profiliert, was einen Höhepunkt der Erzählung bildet und was in einer packenden, das gesamte zweite Kapitel (bzw. das vierte Kapitel der ersten Fassung) umfassenden Passage detailliert dargestellt wird: Weldeins verzweifelter Versuch, sich an den genauen Platz seines Verstecks zu erinnern, indem er seine Wohnung verlässt und nach stundenlanger vergeblicher Suche am vermuteten Ort schließlich den nächtlichen Gang von Anfang an zu wiederholen trachtet. So nimmt er sich nach einem mit Suchen und Trinken verbrachten Tag vor, in der Nacht noch einmal zum Klubhaus zu gehen und zur selben Stunde wie in der Nacht davor vom Klubhaus aus aufzubrechen. Als er vor dem Gebäude steht, heißt es dementsprechend:

> Das Herz klopfte ihm [...]. Es kam ihm wie etwas Riesiges vor, wie eine steinerne Macht. Es schaute ihn an, wie er es anschaute... Die strahlenden Fenster waren hundert glühende Augen, die ihn verschlangen. Und der Augenblick trat ihm wieder ins Gedächtnis... Der große Augenblick, in dem er die Bank sprengte und ein Gleichberechtigter war unter all den vornehmen Herren, die mit ihm am selben Tische saßen... Da oben, ja... Das waren die Fenster. Und jetzt fort... noch einmal, noch einmal das Geld gewinnen!
> Er ging bedächtig... er bog um die Ecke... die lange, lange Straße... weiter, noch weiter... links... er versuchte an nichts zu denken... so... gut. Da muß es gewesen sein... und jetzt wieder eine andere Straße... gut... hier war es... denn hier zog es ihn weiter... so... und nun... ja... dort... es rauschte... es rauscht... wahrhaftig... was ist das... ah, der Fluß... war es hier vielleicht... gewiß... nein... ja!
> Da stand er... Vor ihm, leise schäumend, glitzernd von den Laternen, die an seinen Ufern stehen, der Strom, der die Stadt durchschneidet. (ES I, 55)

Minutiös wird hier in einer mit der Distanz zum Erzählten bzw. Erinnerten spielenden und mit einem Wechsel der Tempora von Präteritum zu Präsens („es rauschte... es rauscht") verbundenen Mischform aus erlebter Rede und innerem Monolog sprachlich erfasst, wie Weldein zu wiederholen versucht, was sich mangels Erinnerung nicht mehr wiederholen lässt. Die Konsequenz seiner vergeblichen Suche nach dem scheinbar für immer verlorenen Augenblick ist, dass am Ende der zweiten Nacht eben nicht der ersehnte „Anfang eines neuen Lebens" (ebd., 50), sondern eine andere Art von Wiederholung, nämlich der Weg zurück in seine Wohnung und das „alte Elend" (ebd., 57) folgt.

Im Verhältnis von Vater und Sohn setzt sich das Spiel mit der Figur der Wiederholung in besonderer Weise fort. „Der junge Weldein wollte Maler werden, und sein Vater war stolz darauf. Er mag erreichen, was mir nicht geglückt ist, dachte er" (ebd., 59). Der Sohn erreicht jedoch eine gewisse künstlerische Qualität und auch Reputation als Maler allein dadurch, dass er das sein eigenes Leben und das des Vaters prägende Thema malend wiederholt, indem er „Trinker und Spieler" porträtiert, wobei ihm „der Ausdruck der Leidenschaft in den Gesichtern" am besten gelingt (ebd., 61). Seinen endgültigen Durchbruch als Künstler erhofft er

2. Anfänge des Erzählens

sich zudem ausgerechnet von einem großen Bild, das den Spielsaal des adeligen Klubs zeigt, in dem der Vater einst ein Vermögen gewann und in den er seinerseits von Graf Spaun eingeführt wurde. Für die Vollendung dieses Bildes, so glaubt der Sohn, fehlt ihm allein die entsprechende Erfahrung. So sagt er schon vor dem Tod des Vaters „vor sich hin", als es mit den Vorarbeiten nicht so recht vorangehen will: „Ja, wenn ich mich hinsetzen könnte mitten unter die Leute und mitempfinden, was sie empfinden [...] Dann könnt' es ein Bild geben!" (ebd., 66). Nach dem Tod des Vaters betrachtet der Sohn sein unerwartetes Erbe als Chance, sich genau diesen Wunsch zu erfüllen und damit die Voraussetzungen für seinen Durchbruch als Maler zu schaffen. Am Ende gelingt ihm jedoch kein überzeugendes Werk, sondern allein die Fortsetzung einer Wiederholung des Scheiterns. Dabei gibt es allerdings einen wichtigen Unterschied zwischen Vater und Sohn und „an die Stelle des ‚naturalistischen' Schicksals der Nicht-Überwindbarkeit des eigenen sozialen Milieus" tritt bei Schnitzler „die ganz individuelle Unfähigkeit des Sohnes" (Lukas 1996, 236): Der Sohn verspielt das Geld, das der Vater im Spiel gewann und nicht wirklich, sondern nur mangels eigener Erinnerung für zwanzig Jahre verlor – und statt den Verlust des wiedergefundenen Geldes im Schaffen eines Kunstwerks nunmehr produktiv zu überwinden, wiederholt er die Vergangenheit, indem er in die Rolle des verstorbenen Vaters verfällt und Mitleid mit sich selbst empfindet. Die angestrebte Verschmelzung des Künstlers mit seinem Sujet, die eine persönliche Entwicklung und ein großes Bild ermöglichen sollte, führt im Ergebnis also nicht nur zum endgültigen Verlust jeder Hoffnung auf „Reichtum" und „Glück" (ES I, 71), sondern endet in einer Art selbstreflexiven Schleife, die eine Durchbrechung des Prinzips der Wiederholung durch die erhoffte Individuation als Künstler verhindert. Während es zum Unglück des Vaters gehört, dass er einen vergangenen Augenblick nicht wiederholen kann, scheitert der Sohn, weil er nur wiederholt und nichts Neues schafft.

Der mit Schnitzler befreundete, aber zu diesem immer auch in einem gewissen Konkurrenzverhältnis stehende Hugo von Hofmannsthal hat *Reichtum* anlässlich einer Laudatio zu dessen sechzigstem Geburtstag ausdrücklich hervorgehoben. Im Rückblick auf Schnitzlers literarisches Schaffen bemerkt er 1922, dass „einige seiner kleinen Kunstwerke – Erzählungen oder Dramen – [...] als die größten erscheinen", und er spricht von dem „erstaunliche[n] Gedanke[n], dass der junge Schnitzler mit *Reichtum*, „eine[r] kurze[n], in ihrer Art vollkommen reife[n] und meisterhafte[n] Erzählung" „vom ersten Tage an" als ein „Künstler" hervorgetreten sei (Hofmannsthal 1979, 163 f.). Dieses Lob ist in gewisser Weise vergiftet, denn es vernachlässigt Schnitzlers weitere Entwicklung und spielt eine seiner frühesten Erzählungen gegen viele der später entstandenen, in mehrfacher Hinsicht ‚gewichtigeren' Werke aus. Abgesehen davon aber enthält es einen wahren Kern: Berücksichtigt man das Sujet und die Form dieser Erzählung, so hat Schnitzler mit *Reichtum* jedenfalls einen ebenso spannenden wie kunstvoll komponierten Text vorgelegt, der grundlegende Ansätze zu einem eigenen Erzählstil enthält und einen wichtigen Schritt in seiner Entfaltung als Künstler bedeutet.

Nimmt man den biographischen Kontext des Textes hinzu, so gilt in diesem Rahmen überdies das Gegenteil von dem, was Schnitzler in seiner Fiktion vorführt: Der junge Schnitzler entkommt dem Prinzip der Wiederholung und erreicht sowohl künstlerische Eigenständigkeit als auch eine gewisse Distanz gegenüber den Erwartungen des eigenen Vaters und seiner Familie, indem er in einer literarischen Fiktion das Drama der Nicht-Individuation eines Künstlers und das Scheitern eines Vaters und seines Sohns gestaltet. Sowohl der unmittelbare autobiographische Bezug des eigenen Schreibens als auch die mit einem Prozess der Objektivierung und inneren Distanzierung verbundene Bearbeitung persönlicher Erlebnisse im Rahmen der Fiktion bleibt eine grundlegende Voraussetzung vieler weiterer Werke Schnitzlers.

2.3 *Sterben* (1894)

Während *Reichtum* sowohl in literaturhistorischen Darstellungen als auch der Schnitzler-Forschung insgesamt erstaunlich wenig Beachtung findet, gilt die Novelle *Sterben* üblicherweise als Schnitzlers eigentliches Prosadebüt und als sein erstes bedeutendes Werk als Erzähler. Das ist eine vereinfachende Sichtweise, denn der eigenständige Erzähler tritt schon früher hervor und entwickelt sich tatsächlich Text für Text – abgesehen davon, dass Schnitzler in den frühen 1890er Jahren außerdem noch die kürzeren Erzählungen *Die drei Elixiere* (1894), *Die Braut* (1932, aus dem Nachlass) und *Der Sohn. Aus den Papieren eines Arztes* (1892) schreibt und z. T. auch veröffentlicht. Zumindest im Blick auf den Umfang des Textes und seine zeitgenössische Resonanz ist aber doch richtig, dass es sich bei *Sterben* um das erste ‚große' und erfolgreiche Erzählwerk seines Autors handelt – abgesehen davon, dass es Schnitzlers erster Erzähltext ist, der selbständig in Buchform erscheint.

Eine Skizze für das Sujet der zunächst unter dem Titel „Naher Tod" entworfenen Erzählung reicht in das Jahr 1891 zurück, also das Jahr, in dem Schnitzler *Reichtum* noch einmal überarbeitet. Ausgearbeitet hat Schnitzler den Text zwischen Februar und Juli 1892 („Außerdem schreibe ich slowly, langsam an meiner Novelle", vermeldet er am 11. März 1892 an Richard Beer-Hofmann; BR I, 121 f.), wobei er noch im selben Jahr bei der Re-Lektüre des Manuskripts durchaus unzufrieden ist. Im Tagebuch notiert er selbstkritisch: „Werde glaube ich manches streichen müssen. Auf mich selbst blieb es fast wirkungslos; bisher hielt ichs für besser" (TB, 2.10.1892; detailliert zu Entstehungsgeschichte und Textzeugen vgl. STE/HKA, bes. 1–14). Den aus seiner Sicht fertigen Text bietet Schnitzler vergeblich der renommierten *Frankfurter Zeitung* zur Veröffentlichung an. So schreibt er am 7. April 1893 an Olga Waissnix:

> Das letzte, was ich vollendete, ist eine Novelle, traurig wie das Sterben; die hab ich der Frankfurter Zeitung eingeschickt. Ich erhielt einen Brief, in dem es schlechtweg heißt, daß man ‚außer Landes gehen müßte, um einen Vergleich zu

finden, Tolstoi zum Beispiel, erschütternd, höchste künstlerische Wahrheit' u.s.w. – aber eine Zeitung könne so traurige Dinge nicht bringen; man wäre ‚glücklich', mir bei der Buchausgabe ‚behilflich' zu sein. – Ich bat um eine Empfehlung für einen Verleger – keine Antwort! – (BR I, 183 f.)

Das Schweigen der Frankfurter Redaktion ist offensichtlich symptomatisch. Denn der Versuch des noch jungen Autors, seine Novelle vom heimischen Schreibtisch „an die Oeffentlichkeit zu befördern" (an Theodor Herzl, 5.7.1894; ebd., 228), gestaltet sich auch im weiteren Verlauf ausgesprochen zäh (vgl. dazu auch STE/HKA, 6 f.). Wenige Monate später, am 11. Dezember 1893, bemerkt Schnitzler in einem Brief an Olga Waissnix voller Sarkasmus:

> Freuen Sie sich auf meine Novelle, die ‚Sterben' heißt, seit mehr als einem Jahr fertig ist, seit Monaten u Monaten in verschiedenen Zeitungsredactionen herumkugelt und spätestens in sieben Jahren erscheinen wird. – (BR I, 222)

Sieben Jahre hat Schnitzler dann doch nicht warten müssen. Einen prominenten und an seiner Zukunft als erfolgreicher Autor entscheidend beteiligten Verleger findet er schon wenige Monate später weit außerhalb der Grenzen von Wien: Samuel Fischer nimmt *Sterben* im März 1894 an – allerdings mit der Vermutung, dass die Novelle „des herben Stoffes wegen nicht viel Käufer finden" werde (6.3.1894; Fischer-BW, 52), und unter der für Schnitzler demütigenden Bedingung, dass er das Recht zum Zeitschriftenvorabdruck ohne Honorar bekommt (vgl. ebd. und Schnitzlers Brief an Theodor Herzl vom 6.4.1895; BR I, 255). In seinem noch jungen, aber die literarische Produktion der zeitgenössischen Gegenwart bereits prägenden Berliner S. Fischer Verlag erscheint der Text zwischen Oktober und Dezember 1894 in der führenden Literaturzeitschrift *Neue Deutsche Rundschau*, der unmittelbaren Nachfolgerin der als Leit-Organ des deutschsprachigen Naturalismus geltenden *Freien Bühne* (in der 1892 schon Schnitzlers kleine Erzählung *Der Sohn. Aus den Papieren eines Arztes* erschienen war); im November 1894, noch vor Ende des Vorabdrucks, wird die auf 1895 vordatierte Bucherstausgabe publiziert, „von der Literaturkritik eifrig besprochen" und schnell auch ein „buchhändlerischer Erfolg" mit zahlreichen Neuauflagen (STE/HKA, 7; dort auch die entsprechenden Nachweise). Berücksichtigt man den Ort der Publikation, so bedeutet die Drucklegung von *Sterben* auch aus institutioneller Sicht den endgültigen Durchbruch des Erzählers Schnitzler im Feld der deutschsprachigen Literatur – was der Verleger Samuel Fischer seinem jungen Autor seinerzeit denn auch in kühlem Ton vorhielt, als dieser sich noch einmal über die Nichthonorierung des Vorabdrucks beschwerte: „Wir halten unsere Zeitschrift", so schrieb er am 15. Juni 1895 an Schnitzler,

> seit Jahren mit großen Opfern an Zeit und Geld und bilden uns ein, für die moderne Production damit sehr viel gethan zu haben. Ihr Roman Sterben hat seinen litterarischen Erfolg unserer Zeitschrift zu verdanken, sonst wäre er noch heute in jenen Kreisen, die den Ton angeben unbekannt. (Fischer-BW, 55)

Keine positive Resonanz fand der Text übrigens bei Hugo von Hofmannsthal, der Schnitzler gegenüber gar von „einem so dürren quälenden Buch [...]" sprach, „wie es deren eigentlich keine geben dürfte" (8.12.1903; Hofmannsthal-BW, 179). Zumindest eine gewisse Skepsis gegenüber dem eigenen Werk hat auch Schnitzler selbst über dessen Veröffentlichung hinaus beibehalten (vgl. z. B. seine Briefe an Theodor Herzl vom 30.11.1894 und an Victor Klemperer vom 4.2.1911; BR I, 238 f. u. 654), *Sterben* später aber gleichwohl als einzige seiner frühen Erzählungen in die erste Gesamtausgabe seiner Werke von 1912 (wie auch in alle späteren zu Lebzeiten veranstalteten Gesamtausgaben) aufgenommen.

Im Unterschied zum durchaus komplizierten, nicht einfach zu resümierenden ‚Plot' von *Reichtum* lässt sich zumindest die äußere Handlung von *Sterben* schnell zusammenfassen.

Plot

Im Mittelpunkt der Geschichte steht ein im zeitgenössischen Wien lebendes junges Liebespaar, Felix und Marie. Der Beginn der erzählten, einen Zeitraum von rund sechs Monaten umfassenden Handlung ist auf den Mai 1890 datiert (vgl. STE, 1 u. 25): Felix, der sich seit einiger Zeit wiederholt „matt" (ebd., 6) fühlte und der seinem Hausarzt und Freund Alfred misstraut, hat Professor Bernard, einen renommierten Arzt, konsultiert und von diesem erfahren, dass er eine schwere Krankheit und wohl nur noch ein Jahr zu leben hat. Felix teilt diese Diagnose seiner Geliebten mit und die Reaktionen der beiden Liebenden auf das „Unbegreifliche[]" (ebd., 10) bestimmen den weiteren Verlauf des Erzählten. Am Anfang erklärt Marie ihre feste Absicht, nicht ohne Felix weiterleben und daher gegebenenfalls gemeinsam mit ihm sterben zu wollen, was Felix wiederum entschieden von sich weist. Aus Rücksicht auf seinen gesundheitlichen Zustand reisen die beiden auf Alfreds Rat „ins Gebirge" (ebd., 18), wo sie den Sommer in einem „kleine[n] Häuschen hart am See" (ebd., 20) verbringen; im Spätsommer kehren sie nach einem mehrtägigen Zwischenaufenthalt in Salzburg zurück nach Wien, von wo sie auf Wunsch von Felix, dem es immer schlechter geht und der sich „in den Süden, in den Frühling" sehnt (ebd., 82), im Herbst noch einmal nach Meran aufbrechen, um dort eine kleine Villa anzumieten. Mit fortschreitender Krankheit haben sich die beiden Liebenden allerdings voneinander entfremdet und ihre Wünsche und Bedürfnisse haben sich in gegensätzliche Richtungen entwickelt: Einerseits löst sich die Felix aufopferungsvoll pflegende Marie innerlich immer mehr von dem Todkranken und sehnt sich nach einem Leben in Freiheit, andererseits klammert sich Felix immer enger an Marie und erwartet zunehmend ernsthaft, dass sie das Versprechen eines gemeinsamen Todes einlöst. Nur kurze Zeit nach ihrer Ankunft in Meran zieht der stark geschwächte Felix seine Geliebte eines Abends an sich und versucht sie in einem Akt der Verzweiflung zu erwürgen. Marie flieht aus dem Haus und als sie bald darauf mit dem zu Besuch herbei gereisten Alfred zurückkehrt, finden die beiden den vor dem Gartenfenster seines Krankenzimmers tot auf dem Boden liegenden Freund.

Wie *Reichtum* weist auch *Sterben* vordergründige Parallelen zum Naturalismus auf. In diesem Fall liegen sie allerdings nicht im sozialen ‚Setting' der Geschichte: Felix ist kein Handwerker, der im Elend vegetiert, sondern ein Bürger, der sich, wie die wenig konkreten Angaben im Text der Erzählung vermuten lassen, zuweilen als Dichter oder Privatgelehrter betätigt, vage vom Gelingen eines „Meisterwerk[s]" (ebd., 86) träumt und der ansonsten frei von materiellen Sorgen von einem „Vermögen" (ebd., 95) lebt; und während sich der soziale Stand von Felix zumindest ansatzweise bestimmen lässt, bleiben Herkunft, Vorgeschichte, möglicher Beruf und sozialer Stand der jedenfalls ohne jeden äußeren Zwang mit Felix zusammenlebenden Marie vollkommen offen. Nicht also die Figuren und ihr Milieu, wohl aber Ansatz und Aufbau der erzählten Geschichte scheinen den Regeln des Naturalismus auf den ersten Blick zu entsprechen. Denn Schnitzler hat seinen Text wie ein Experiment angelegt. Im Einzelnen folgt seine ‚nouvelle expérimentale' allerdings nicht wirklich dem, was Émile Zola in seinem berühmten, eine Reihe von Artikeln versammelnden Manifest *Le roman expérimental* (1880) von der von ihm im Sinne einer Fortsetzung der positivistischen Wissenschaft mit anderen Mitteln verstandenen Literatur gefordert hatte (und worauf die Namensidentität der fiktiven Figur des Professor Bernard mit dem berühmten französischen Professor und Begründer der experimentellen Physiologie, Claude Bernard, 1813–1878, vordergründig verweist). Denn auch wenn Schnitzler die Entwicklung seiner Figuren „nüchtern und ohne metaphysische Deutung mit einer Fülle von Einzelbeobachtungen" präsentiert, richtet sein Interesse sich auch im Fall von *Sterben*, „anders als das der Naturalisten […] nicht auf Vererbung, Umwelt, Gesellschaft und körperlichen Verfall, sondern auf die Psyche" (Pietzker 2007, 33).

Nicht als äußeres Ereignis sind Krankheit und Tod in *Sterben* von Bedeutung. Schnitzler folgt dem naturalistischen Prinzip der Fallgeschichte, legt seine Erzählung aber wie ein psychologisches Experiment an, indem er die erzählte Geschichte genau in dem Augenblick beginnen lässt, da der scheinbar noch vollkommen gesunde junge Mann seiner Geliebten mitteilt, dass er nach der Diagnose eines Arztes bestenfalls noch ein Jahr zu leben habe. Hat der Arzt Recht? Und was bedeutet seine Diagnose nicht allein für das künftige Leben von Felix, sondern vor allem für das Verhältnis der beiden Liebenden (die ähnlich wie ein Ehepaar zusammenleben, aber nach außen nicht verbindlich verbunden, d. h. durch keinen religiös oder auch sozial sanktionierten ‚Bund' aneinander gebunden sind)? Diese Fragen stehen im Blickpunkt des Erzählten.

Wie schon im Fall von *Reichtum* verzichtet Schnitzler auch in *Sterben* durchgehend auf das Konstrukt einer narrativen Instanz, die das Erzählte wertet oder kommentiert (oder in diesem Fall auch nur z. B. die Krankheit des Protagonisten genau benennt) und die über irgendeine Form von Zukunftswissen verfügt. Stattdessen nutzt er – bis hierhin dem von dem deutschen Schriftsteller und Programmatiker Friedrich Spielhagen (1829–1911) im letzten Drittel des 19. Jahrhunderts formulierten Ideal einer möglichst „objektive[n] Darstellungsweise" (Spielhagen 1883, z. B. 134) in der Epik folgend – die weitgehend neutrale Erzählform der szenischen Erzählung, d. h. eine Erzählform, die sich am Vorbild des Dramas orientiert und die im Ansatz der in der zweiten Hälfte des 19. Jahrhunderts vorherrschenden „narrativen Dominante" (Kiesel/Wiele 2011, 259) des sogenannten ‚realistischen Erzählens' entspricht. In einer in einzelne kurze Abschnitte unterteilten synthetischen Erzählung, die im Gegensatz zum Typus der analytischen Erzählung keine Anachronien enthält (vgl. Martínez/Scheffel 2012, 41), gibt Schnitzler die Chronik eines angekündigten Todes, d. h. in diesem Fall des Geschehens von der Offenbarung der tödlichen Diagnose bis zum Mordversuch des zunehmend geschwächten Felix an der gesunden Marie und seinem Tod kurz nach diesem letzten Akt der Verzweiflung. Der Prozess des Sterbens sowohl von Felix als auch der Liebesbeziehung von Felix und Marie wird in diesem Rahmen jedoch nur vordergründig im nüchternen Stil einer psychisch-klinischen Studie notiert (zu den Positionen der Forschung in diesem Zusammenhang vgl. Blödorn in HB, bes. 174 f.). Tatsächlich weist die Erzählweise weit über die Form einer medizinischen Studie oder auch einer Fallgeschichte im Sinne eines wissenschaftsgläubigen Naturalismus hinaus.

Zur kunstvollen Form der Novelle gehört zum einen, dass der Autor seine Erzählung straff komponiert und in 23 kurze, graphisch durch Leerzeilen markierte und jeweils mit einem unterschiedlich großen Zeitsprung verbundene Abschnitte unterteilt, die sich nach einer rhythmischen Gliederung wie folgt auf Zeit und Raum verteilen: „den Frühling in Wien (I–II), die Sommerfrische im Gebirge (III–IX), ein Intermezzo in Salzburg (X–XI), die Rückfahrt nach Wien (XII), den Wiener Zwischenaufenthalt (XIII–XX), die Reise nach Meran (XXI) und die letzten Tage dort (XXII–XXIII)" (Fliedl 2005, 108; im Einzelnen zur Komposition und zur Möglichkeit einer am Modell des klassischen Dramas orientierten Ordnung der äußerlich nach dem Muster 2-7-2-1-8-1-2 verteilten Abschnitte in „fünf vorwärtsdrängende[] Erzählphasen" vgl. Pietzker 2007, bes. 35–37, zit. 35). Der Tod von Felix wird demnach am Anfang der Erzählung im Wiener Frühling des Jahres 1870 für Frühling 1871 prognostiziert, auf den weiteren Stationen sowohl verdrängt als auch zunehmend als ernsthaft bevorstehende Wirklichkeit empfunden und am Ende schon lange vor der gesetzten Frist, nämlich im Herbst 1870 in Meran Realität (wobei im Text der Erzählung ungeachtet der aus den übrigen Zeitangaben zu rekonstruierenden ‚objektiven' Jahreszeit von einem „schwülen Sommerabend[]", STE, 105, und – in diesem Fall eindeutig aus der Sicht von Felix – gar „Frühling", ebd., 107, die Rede ist). Zum anderen gehört zur besonderen Darstellungsweise der erzählten Geschichte, dass sich sowohl die Distanz zum Erzählten als auch die Fokalisierung wiederholt wandelt. Im Rahmen einer durchgängig chronologischen, nur scheinbar ‚unmittelbaren' Präsentation des Geschehens beschränkt sich der Autor de facto weder auf die szenische Darstellung von Dialogen und Handlungen der Figuren noch auf eine durchgängige Subjektivierung im Sinne einer auf die besondere Perspektive der Gesunden oder des Todkranken fixierten internen Fokalisierung. Grundlegend für seine Erzählung sind vielmehr ein regelmäßiger Wechsel von Übersicht und Mitsicht, eine variable interne Fokalisierung sowie gleitende Übergänge zwischen unterschiedlich ‚mittelbaren' Formen der Präsentation von Figurenbewusstsein wie Bewusstseinsbericht, erlebter Rede, Gedankenzitat und innerem Monolog. Im Ergebnis realisiert Schnitzler damit eine besondere Art von narrativer ‚Nerven-Kunst', die der von Hermann Bahr im Rahmen von Jung Wien geforderten Aufmerksamkeit für die Innenwelt des Menschen sowie der Kritik am dogmatischen Wahrheitsbegriff der zeitgenössischen positivistischen Wissenschaft auf eigene Weise entspricht. Jenseits zeitgenössischer Dogmen von einer ‚Objektivität' oder ‚Subjektivität' des Erzählens entsteht hier einerseits – wie auch in den Erzählungen von Realismus und Naturalismus – der Eindruck einer stabilen erzählten Welt, während der Leser andererseits Einblicke in das sich mit der Zeit und dem Gesundheitszustand von Felix immer wieder verändernde Denken, Fühlen und Träumen beider Protagonisten und damit in die Subjektivität der menschlichen Wahrnehmung erhält. Und dieser Eindruck der Situations- und Subjektgebundenheit und damit auch Relativität von Wahrnehmung wird dadurch verstärkt und hervorgehoben, dass der Autor den Blick in das Innere der einen Figur in rhythmischem Wechsel mit der Innensicht von ihrem und zugleich auch Außensicht durch ihren Partner konfrontiert und auf dieser Grundlage neben dem Prozess der Dissoziation des zu Beginn der Erzählung noch harmonisch vereinten Liebespaares wiederholt auch die Kluft von Selbst- und Fremdwahrnehmung verdeutlicht.

Als Beispiel für diese Art der Gegenüberstellung von wechselnden Innen- und auch Außensichten seien hier nur zwei Passagen aus dem 8. Abschnitt angeführt, die zur Darstellung des Sommeraufenthaltes in der namentlich nicht genannten, aber wohl als Salzkammergut zu identifizierenden Bergregion gehören. Nachdem aus der Übersicht von der narrativen Instanz festgestellt worden ist, dass die beiden Liebenden jetzt oft „viertelstundenlang schweigsam nebeneinander hergingen" oder auch „wortlos auf ihrem Balkon beisammen" saßen (STE, 39), wechselt die Fokalisierung in die Mitsicht mit Felix, und in einer Mischung aus zeitdeckendem und raffendem Erzählen sowie von erzählter und transponierter Gedankenrede (vgl. Martínez/Scheffel 2012, 65) heißt es:

> Felix gestand sich ein, dass er neulich Marie gegenüber eine lächerliche Komödie gespielt hatte. Wäre es ihm ernst gewesen mit jenem Wunsch, ihr das kommende Elend zu ersparen, so hätte er wohl am besten getan, einfach von ihrer Seite zu verschwinden. Es hätte sich schon ein stilles Plätzchen finden lassen, um dort in Ruhe zu sterben. Er wunderte sich selbst, dass er diese Dinge mit völligem Gleichmute überlegte. Als er aber begann, ernstlich über die Ausführung dieses Planes nachzudenken, als er in einer fürchterlich langen, durchwachten Nacht die Einzelheiten der Ausführung vor seine Seele brachte: wie er im nächsten Morgen-

2.3 Sterben

grauen auf und davon wollte, ohne Abschied, in die Einsamkeit und in den nahen Tod und Marie zurücklassen inmitten des sonnigen, lachenden und für ihn verlorenen Lebens, da fühlte er seine ganze Ohnmacht, fühlte tief, dass er es nicht konnte, nimmer können würde. Was also, Was? Der Tag kommt ja, unerbittlich, immer näher kommt er heran, an dem er davon und sie zurücklassen muß. (STE, 39)

Unmittelbar darauf wechselt die interne Fokalisierung und im Verlauf einer längeren, ebenfalls unterschiedliche Formen der Darstellung von Gedankenrede verbindenden Passage wird dem Denken und Fühlen von Felix nunmehr das von Marie gegenübergestellt:

Zweifelte er denn an Ihr? War eine andere Antwort möglich? Wie? Welche? Etwa die: ‚Du hast recht, ich will dich verlassen. Ich will nur die Erinnerung an den interessanten Kranken bei mir bewahren. Ich lasse dich nun allein, um dein Gedächtnis besser lieben zu können.' Und dann? Unwiderstehlich zwang es sie, alles auszudenken, was nach dieser Antwort kommen musste. Sie sieht ihn vor sich, kühl, lächelnd. Er streckt ihr die Hand entgegen und sagt: ‚ich danke dir'. Dann wendet er sich von ihr ab, und sie eilt davon. Ein Sommermorgen ist es, glänzend in tausend erwachenden Freuden. Und immer weiter in die goldene Frühe eilt sie, nur um möglichst rasch von ihm wegzukommen. Und mit einem Male ist aller Bann von ihr getan. Sie ist wieder allein, sie ist des Mitleids ledig. Sie spürt nicht mehr den traurigen, den fragenden, den sterbenden Blick auf sich ruhen, der sie die ganzen letzten Monate so fürchterlich gepeinigt hat. Sie gehört der Freude, dem Leben, sie darf wieder jung sein. Sie eilt davon, und der Morgenwind flattert ihr lachend nach.
Und wie doppelt elend kam sie sich vor, wenn dieses Bild ihrer wirren Träume wieder untertauchte! Sie litt darunter, dass es überhaupt erschienen war. (Ebd., 41 f.)

Zur Chronik des Sterbens einer Liebe im Angesicht des Todes gehört also die durch ein Gegeneinander von Bewusstseinsdarstellungen ermöglichte Einsicht, dass der dem Tod geweihte Felix zunehmend eine Schwäche fühlt, der zufolge er von Marie nicht lassen kann, während Marie wiederum eine Sehnsucht nach Freiheit von Felix empfindet und sich im tiefsten Innern die psychische Kraft zur Trennung wünscht und in Bildern imaginiert, was sie nicht aussprechen, ja nicht einmal sich selbst wirklich bewusst machen möchte. Nicht die szenische Darstellung von gesprochener Rede, sondern erst diese Form einer wechselnden, die Fassade des Schweigens durchbrechenden Mitsicht verleiht der Geschichte der Entzweiung von zwei zu Beginn der Erzählung harmonisch vereinten und am Ende jeweils auf ihr Selbst zurückgeworfenen Liebenden in moderner, ästhetisch konsequenter Weise Ausdruck.

Im Rahmen der in *Sterben* erzählten Geschichte hat der Verfall eines Körpers zur Folge, dass sich das Empfinden von zwei Figuren Schritt für Schritt auf den bloßen Willen zum Leben reduziert. Insofern entzieht sich Schnitzlers Erzählung dem Muster der den Verfall als „psychopathologischen Prozess" vorführenden „Todes- und Krankheitsliteratur" des Fin de Siècle (Koopmann 2008, 351) und verweigert sich auch einer Ästhetisierung von Krankheit und Tod (Ohl 1989, 557) wie sie sich in epochentypischer Weise z. B. in Thomas Manns (1875–1955) wenige Jahre später ebenfalls in der *Neuen Deutschen Rundschau* publizierten Novelle *Der kleine Herr Friedemann* (1897) findet. Zur Radikalität dieser Form von Verweigerung gehört, dass Schnitzler seinen kranken Felix ausdrücklich auch bei den „Philosophen" Trost suchen, aber nicht finden lässt. Dabei ist Felix, der auf dem Krankenbett statt Romanen schließlich „Schopenhauer und Nietzsche" (STE, 64) zu lesen beginnt, von seiner Lektüre nicht einfach nur enttäuscht. Sein Autor lässt ihn „diese Herren" überdies als „niederträchtige Poseure" beschimpfen und gegenüber seinem Freund Alfred voller Empörung feststellen:

> Das Leben verachten, wenn man gesund ist wie ein Gott, und dem Tod ruhig ins Auge schauen, wenn man in Italien spazieren fährt und das Dasein in den buntesten Farben ringsum blüht,– das nenn ich ganz einfach Pose. […]
> Wenn man ein natürlicher Mensch ist, so hat man vor dem Unbekannten Angst. (Ebd., 65)

Am Ende der Erzählung ist das romantisch-empfindsame Ideal des gemeinsamen Liebestodes in der Tradition von Stoffen wie „Tristan und Isolde" oder auch „Romeo und Julia" geradezu systematisch demontiert. Felix stirbt bezeichnenderweise nicht in den Armen von Marie, sondern allein in seinem Zimmer in einer letzten Hinwendung zu dem von ihm jenseits des Fensters in der Natur des Gartens erhofften Leben und mit Blick auf die von ihm nur noch schemenhaft wahrgenommene, „vom bläulichen Glanze des Mondes umhaucht[e]" (ebd., 107) und offenbar mit einem anderen Mann vereinte Geliebte. Das Schlussbild der Erzählung greift das im Rahmen der letzten Sinneswahrnehmung von Felix zitierte romantische Motiv des nächtlichen Mondscheins noch einmal aus der Gegensicht der Lebenden auf, wobei der als das Ende des Sterbens zu verstehende Augenblick des Todes in den Zeitraum einer kleinen, typographisch durch einen Gedankenstrich und einen Absatz markierten Ellipse fällt. Nachdem die Perspektive von dem sterbenden Felix zu den herbeilaufenden Alfred und Marie gewechselt ist, heißt es, als Alfred sich von draußen „über die Brüstung" als räumliches Symbol für die Grenze zwischen Tod und Leben beugt:

> […] da sah er gleich am Fenster den Freund auf dem Boden liegen, im weißen Hemde, lang ausgestreckt, mit weit auseinandergespreizten Beinen und neben ihm einen umgestürzten Sessel, dessen Lehne er mit der einen Hand festhielt. Vom Munde floß ein Streifen Blut über das Kinn herab. Die Lippen schienen zu zucken und auch die Augenlider. Aber wie Alfred aufmerksamer hinschaute, war es nur der trügerische Mondglanz, der über dem bleichen Antlitz spielte. (Ebd., 108)

Von nahem und ‚aufmerksam' mit der nüchternen Sachlichkeit des Arztes betrachtet, so führt Schnitzlers Erzählung vor, erscheint der Tod also als ein nur von außen wahrnehmbares materielles Phänomen, als das unhintergehbare Ende des Lebens, das sich als ein solches nicht ‚trügerisch' verklären oder beschönigen lässt.

Die Krankheit, an der Felix stirbt, wird in der Erzählung an keiner Stelle mit Namen bezeichnet. Angesichts des auf einen Blutsturz hinweisenden Schlussbildes und der wenigen zuvor genannten Symptome (zu denen zunehmende Schwäche, stechender Schmerz, Schwindel, Röcheln und Blutstürze gehören; vgl. u. a. ebd. 56, 91, 96) lässt sich jedoch recht eindeutig auf eine Lungentuberkulose schließen. Diese Krankheit galt seit der Entdeckung ihres Erregers (dem sogenannten Mycobacterium tuberculosis) durch Robert Koch (1843–1910) im Jahr 1882 bis zur Entdeckung des irrtümlicherweise zunächst als Heilmittel geltenden Tuberkulins (1890 ebenfalls durch Robert Koch) als „gut diagnostizierbar, aber als dennoch nicht heilbar" (Pietzker 2007, 32; vgl. auch Schader 1987, 46–50). Mit der Wahl dieser Krankheit greift der Autor auch auf eine eigene Erfahrung zurück. Wegen der immerhin fast ‚kindsfaustgroßen' Schwellung einer Lymphdrüse an seinem Hals hatte Schnitzler auf Drängen seines Vaters sowie seines Kollegen und künftigen Schwagers Markus Hajek im März 1886 den Chirurgen Professor Albert konsultiert und war von diesem aufgefordert worden, einen „mehrwöchentlichen Aufenthalt im Süden" anzutreten und für einige Zeit so diszipliniert zu leben „als wenn Sie tuberkulös wären" (JIW, 214 f.; wobei Schnitzler auf diese Weise Olga Waissnix kennen lernte und von dieser 1886 Paul Heyses *Meraner Novellen* erhielt; dazu, dass zwischen *Sterben* und der in dieser Sammlung enthaltenen Erzählung *Unheilbar* eine Reihe intertextueller Bezüge im Sinne einer „Kontrafaktur" bestehen, vgl. Grätz 2006, 227 f.; Meyer-Sickendiek 2010, 240–248; Blödorn in HB, 173 f.). Obwohl sich der Verdacht auf eine tödliche Krankheit in seinem Fall dann letztlich nicht bestätigte, bearbeitet Schnitzler in *Sterben* doch erklärtermaßen auch persönliche Ängste. 1894, im Erscheinungsjahr der Novelle, schreibt er an eine Freundin:

> [...] es ist nur Pose, wenn ich den Tod frozzle. Aber vielleicht versöhn' ich ihn doch wieder durch das ‚Sterben', die Novelle, die jetzt erscheint, und in welcher mit großem Respekt von ihm gehandelt wird. Aber die einzige Art von Respekt, die wir vor dem Tode haben können – ist eben doch nur die Todesangst, die lange nicht so gemein ist als uns die Leute glauben machen wollen, die ‚den Tod nicht scheuen'.. (An Else Singer, 30.10.1894; BR I, 234)

Eine gewisse Skepsis gegenüber der literarischen Qualität von *Sterben* hat Schnitzler, wie schon erwähnt, stets beibehalten. Auf die scharfe Kritik Hugo von Hofmannsthals antwortet er, dass sein Werk aus „der Zeit" stamme, „wo mich der ‚Fall' mehr interessiert hat als die Menschen" (10.12.1903; Hofmannsthal-BW, 179), und zwanzig Jahre nach der Entstehung seiner ersten größeren Erzählung vermerkt der als Autor unterdessen weltweit anerkannte Fünfzigjährige selbstkritisch in einer maschinenschriftlichen Notiz anlässlich seiner ersten Werkausgabe von 1912: „*Sterben*. Die Intensität des seelischen Erlebens stark. Im Stil noch wenig künstlerisch, aber auch ungekünstelt. Die zwei Hauptfiguren noch fern von Gestalt. Typen ohne Familie, ohne Herkunft. Der Fall selbst dadurch wohl rein, aber nicht genügend beweiskräftig u menschlich überzeugend [...]" (SAF, N.I., 9 Bl.; vgl. auch STE/HKA, 12 f.). Am Beispiel vieler nach *Sterben* geschriebener

Erzählungen lässt sich verfolgen, wie Schnitzler die von ihm selbst angesprochenen Schwächen überwindet.

2.4 Die kleine Komödie (1895)

Anders als *Reichtum* und *Sterben*, die zumindest oberflächlich gewisse Parallelen zu Ansätzen des Naturalismus aufweisen, bietet *Die kleine Komödie* auf den ersten Blick genau die Nähe zur Décadence und die ‚Leichtigkeit' im Umgang mit den Themen ‚Liebe', ‚Treue' und ‚Spiel', die man vor allem mit dem jungen Arthur Schnitzler oft verbindet. Eine erste Idee zum Stoff der in mancher Hinsicht Themen des zwischen 1888 und 1891 ausgearbeiteten *Anatol*-Zyklus aufgreifenden, mit dem Arbeitstitel „Verwandlungen" versehenen Erzählung stammt aus dem Sommer 1891 (TB, 24.6.1891: „Begonnen: Anatols Größenwahn Lstsp. 1 Akt – und Verwandlungen Wiener Geschichte in Briefen."), d. h., sie ist etwa gleich alt wie die Idee zu *Sterben* und reicht in die Zeit zurück, da Schnitzler sich dem Kreis von Jung Wien noch eng verbunden fühlte. Nachdem er über erste Entwürfe nicht hinausgekommen war, hat Schnitzler sich den Stoff Anfang 1893 wieder vorgenommen und die Erzählung dann „nach langer, langer Zeit!" (ebd., 29.5.1893) ab Mai desselben Jahres ausgearbeitet und spätestens Anfang August in einer ersten Fassung vollendet (vgl. den Brief an Richard Beer-Hofmann vom 3.8.1893; Beer-Hofmann-BW, 49 f.). „Es soll etwas zärtliches und lustiges werden", schreibt er an Theodor Herzl am 13.6.1893 (BR I, 207). Im Herbst 1893 hat Schnitzler seinen Jung Wiener Freunden und Kollegen „Loris [i.e. Hugo von Hofmannsthal], Salten, Rich[ard Beer-Hofmann]. die ‚kleine Komödie' vorgelesen" (TB, 15.10.1893) und den Text angesichts der eigenen kritischen Einschätzung „Anfang gut, Ende matt" (ebd., 9.2.1894) im Februar 1894 noch einmal überarbeitet. Schnitzler wollte das Werk dann zunächst anonym mit Zeichnungen des österreichischen Zeichners, Malers und Karikaturisten Theodor Zasche veröffentlichen lassen. Deshalb und weil der am Mangel an eigenen Einkünften zunehmend leidende junge Autor nach dem nur widerwillig eingeräumten Gratisdruck von *Sterben* nicht noch einmal auf ein Honorar für den Zeitschriftenabdruck verzichten wollte, gab es eine heftige Auseinandersetzung mit dem Verleger S. Fischer. „Für den Abdruck der Kl.Komödie in der Freien Bühne will Fischer mir 25, bitte, 25 Mark bezahlen. Ich hab' ihm einen groben Brief geschrieben […]", berichtet Schnitzler am 15. Juni 1895 an Richard Beer-Hofmann (BR I, 261) und resümiert zwei Tage später im Tagebuch: „Corresp[ondenz]. mit Fischer […]; ich darauf energisch, er frech, ich heute ironisch" (TB, 17.6.1895; vgl. auch Fischer-BW, 54–56). Kurz darauf, im August 1895, erscheint die Erzählung schließlich doch in der Hauszeitschrift des S. Fischer Verlags, der *Neuen Deutschen Rundschau*. In Buchform wird der Text allerdings erst sehr viel später publiziert, nämlich in dem kurz nach Schnitzlers Tod ebenfalls bei S. Fischer erschienenen, alle seine frühen Novellen versammelnden und mit einem Nachwort von Otto P. Schinnerer versehenen Band *Die kleine Komödie* (1932).

2.4 Die kleine Komödie

Plot

Im Blickpunkt stehen zwei im zeitgenössischen Wien lebende junge Leute, Alfred von Wilmers, ein vermögender Lebemann ohne Beruf, und Josefine Weninger, Schauspielerin an einer nicht mit Namen bezeichneten Bühne. Beide haben zahlreiche, sie zunehmend ermüdende Liebesverhältnisse hinter sich und fühlen jetzt eine große „Leere" (ES I, 176) bzw. eine „fürchterliche Langweil" (ebd., 178); in einem Anfall von Sentimentalität überkommt sie daraufhin der Wunsch, noch einmal so etwas wie eine „Jugendliebe" (ebd., 185) bzw. ein „Jugenderlebnis" zu erleben (ebd., 187) und noch einmal „heiter, verliebt, mit der Sehnsucht nach Holunderduft, Frühling und Zärtlichkeit" (ebd., 185) zu sein. In diesem Sinne nehmen sie sich unabhängig voneinander vor, die ihnen fremde Identität eines ‚einfachen Menschen' anzunehmen, ihren Lebensmittelpunkt im Zentrum der Stadt zu verlassen und in einer der Vorstädte ein Liebesabenteuer zu suchen.
Hier, d. h. genau auf der „Linie" (ebd., 189), trifft der als eine Art „Anstreicher" (ebd., 188) und verhinderter Dichter verkleidete Alfred die scheinbar vergeblich auf ein Rendez-vous wartende, ihrerseits als Vorstadtmädchen und Kunststickerin kostümierte Josefine. Die beiden lernen einander näher kennen und beginnen ein Verhältnis, in dessen Verlauf sie einigen Aufwand betreiben, um ihre jeweiligen Rollen überzeugend zu spielen und auch mit entsprechenden Lebensgeschichten zu versehen. Einen Höhepunkt ihres „zärtliche[n] Idyll[s]" (ebd., 195) stellt der einwöchige Aufenthalt in einem „kaum zwei Stunden von Wien" (ebd., 200), aber doch einsam gelegenen Landgasthof dar. Im Anschluss an diese wegen eines Regentags beendete „Waldeinsamkeit" (ebd., 201) beginnt Alfred die Maske fallen zu lassen, indem er für die Rückfahrt Billets erster Klasse kauft und sich entscheidet, Josefine tags darauf seine wahren Lebensverhältnisse zu offenbaren. Diese kommt ihm jedoch zuvor, indem sie ihrerseits ‚unverkleidet' mit einem Fiaker zum nächsten Rendez-vous an der Linie fährt, wo sich die jetzt ‚standesgemäß' jeweils in einem Wagen sitzenden und nach einem Fußgänger Ausschau haltenden Partner fast verpassen. Als sich die beiden dann doch erkennen, machen sie sich die „schönsten Komplimente" für ihr überzeugendes Spiel, feiern dessen Ende bei einem „noble[n] Souper" (ebd., 206) mit Champagner im Prater und beschließen, gemeinsam nach Dieppe, einem zu dieser Zeit mondänen Badeort an der französischen Kanalküste zu reisen, um sich dort mit einer Freundin von Josefine zu treffen.
Am Ende der Erzählung naht allerdings auch das Ende der kaum drei Wochen alten Beziehung. „Die kleine Komödie ist aus", so schreibt Alfred an einen Freund, „aber aus dem Trauerspiel, das sich entwickeln könnte, werde ich mich rechtzeitig zu flüchten wissen. Nach Schluß des ersten Aktes (Szene: Dieppe) werde ich lächelnd hinter den Kulissen verschwinden" (ebd., 207).

2. Anfänge des Erzählens

Ihren besonderen Reiz erhält die Geschichte dadurch, dass der junge Autor sie in ungewöhnlicher Form präsentiert. Zu Schnitzlers Experimenten mit Figurenkonstellationen, Handlungsmodellen und Darstellungsformen gehört, dass *Die kleine Komödie* nicht in der Art einer herkömmlichen Novelle erzählt ist. Der Autor verwirklicht hier vielmehr in radikalisierter Weise eine Form der Doppelperspektive, die er bereits in *Sterben* im Blick auf die beiden ein Liebespaar bildenden Figuren Felix und Marie im Ansatz erprobte. Während *Sterben* jedoch als eine heterodiegetische Erzählung mit einer variablen internen Fokalisierung angelegt ist, wird das Geschehen in *Die kleine Komödie* von zwei Ich-Erzählern und in Gestalt von dreizehn undatierten, kommentarlos aneinandergereihten Briefen ohne Herausgeber- oder Rahmenfiktion präsentiert (zum Verhältnis zu anderen Brieferzählungen von Schnitzler vgl. Ritz 2005). Es sind Briefe, die die beiden Protagonisten jeweils an einen Freund bzw. an eine Freundin schreiben und in denen sie abwechselnd von ihren Erlebnissen berichten: Alfred von Wilmers eröffnet und schließt den Reigen mit sieben Briefen – wie es in den Überschriften jeweils heißt – „an Theodor Dieling in Neapel"; Josefine Weninger wiederum richtet sechs Briefe „an Helene Beier in Paris". Auf diese Weise entsteht, was Hofmannsthal in einem Brief an Schnitzler eine „Parallel-novelle" (19.7.1893; Hofmannsthal-BW, 41) nannte und was sich auch – da die Antwortbriefe der Adressaten Theodor und Helene nicht Teil des Textes sind – als eine besondere Art der zweistimmigen Brieferzählung bezeichnen lässt. Von einer herkömmlichen Erzählung unterscheidet sich diese Art der Erzählung dadurch, dass sie im Blick auf den Zeitpunkt des Erzählens nicht dem Typus der ‚späteren', sondern der ‚eingeschobenen Erzählung' entspricht (vgl. Martínez/Scheffel 2012, bes. 76 f.), d. h., dass das erzählte Geschehen zu Beginn des Erzählens nicht abgeschlossen und der Zeitabstand zwischen dem Erzählten und dem Erzählen so weit verringert ist, dass passagenweise ein fast gleichzeitiges Erzählen vorliegt (so z. B. wenn Alfred und Josefine aus dem Zimmer im Gasthaus nur kurz und knapp von ihrer aktuellen Situation berichten, weil ihr Partner neben ihnen liegt bzw. sie „keine Sekunde allein" sein können, vgl. ES I, 200–202, zit. 201). Die Erzähler Alfred und Josefine unterbrechen wiederholt ihr Schreiben und werden zur handelnden Figur, und als Schreibende haben sie eine so geringe Distanz zu ihrem Erleben, dass sie noch unmittelbar von ihm erfüllt sind, womit die für Ich-Erzählungen normalerweise gültigen Grenzen zwischen erlebendem und erzählendem Ich verschwimmen (aber anders als im Fall der unmittelbaren Bewusstseinsdarstellung in innerem Monolog, erlebter Rede o. ä. gleichwohl noch vorhanden sind). Und dadurch, dass hier, anders als z. B. in Goethes *Werther* (vgl. Martínez/Scheffel 2012, 77 f.), keine einstimmige, sondern eben eine zweistimmige Brieferzählung vorliegt, wird tendenziell dasselbe Geschehen von zwei auch aus der Sicht der Geschlechter verschiedenen Perspektiven, aus der Sicht von Mann und Frau, erzählt und kommentiert – wobei sich die geschlechtspezifische Perspektive insofern ‚ungestört' und in aller Intimität entfalten kann, als Mann und Frau sich jeweils an eine gut vertraute Person des eigenen Geschlechts wenden. Auf der einen Seite verschafft die Briefform also einen unmittelbaren Einblick in das Fühlen und Denken der Partner im Verlauf

2.4 Die kleine Komödie

des Geschehens, auf der anderen offenbart der durch die Doppelperspektive ermöglichte Vergleich von zwei Innensichten sowohl den Abstand der ‚Liebenden' zu ihrer Rolle als auch das Typenhafte ihres Verhaltens (vgl. Fischer 1978, 137–144). Zu diesem Typenhaften gehört, dass Mann und Frau bei allen Unterschieden im Detail (zu den geschlechtsspezifischen Unterschieden vgl. Künzel 2002) doch einem ganz ähnlichen Handlungsmuster folgen – und auf diese Weise buchstäblich in den Armen eines Angehörigen genau der „Gesellschaft" (ES I, 185) landen, die sie vordergründig jeweils zu fliehen trachten. Ein weiterer Effekt des regelmäßigen Perspektivenwechsels ist, dass der Leser – wie im Ansatz auch in *Sterben* – einen entscheidenden Wissensvorsprung gegenüber den Figuren besitzt. Er weiß von Anfang an, was beide Liebespartner im Kontext der erzählten Welt voneinander nicht wissen und was sich ihnen erst am Ende der erzählten, wie eine „fünfaktige Komödie" (Perlmann 1987a, 131) aufgebauten Geschichte erschließt.

Als Vorbild für *Die kleine Komödie* diente Schnitzler offensichtlich ein kleines Werk aus der Goethe-Zeit, nämlich Theodor Körners (1791–1813) *Die Reise nach Schandau. Eine Erzählung in Briefen* (1810). In vier Briefen von Hermann von Lichtenfels (an seinen Freund Wilmar) und drei Briefen von Isidore Gräfin Stellnitz (an ihre Schulfreundin Josephine) wird hier die Geschichte von zwei jungen Leuten entfaltet, die von ihren beiden Vätern jeweils an einen ihnen unbekannten Verwandten verheiratet werden sollen, die aus diesem Grund nach Schandau reisen und die sich dort zu ihrem Kummer in eine andere Person verlieben, bevor sich wunderbarerweise herausstellt, dass Geliebte(r) und vorgesehene(r) Verlobte(r) tatsächlich ein und dieselbe Person sind – mit der Folge, dass sich die befürchtete Zwangs- und Zweckheirat am Ende in die ersehnte Liebesheirat verwandelt. Schnitzler übernimmt das Prinzip der zweistimmigen Brieferzählung von Körner, legt seine Geschichte aber ganz anders an: „Körner führt die Protagonisten linear aus großer Unsicherheit ins Glück, während Schnitzler seine Helden zyklisch in die alte Langeweile zurückfallen lässt" (Beßlich in HB, 177; im Einzelnen zu den intertextuellen Bezügen vgl. Beßlich 2003). Während bei Körner eine am Ende entdeckte Wahrheit die Aussicht auf ein dauerhaftes Glück im Sinne des romantisch-empfindsamen Ideals der Liebesheirat ermöglicht, scheint ein solches Ideal in der von Schnitzler entworfenen Welt vollkommen fern und ‚wahres' Liebesglück bestenfalls temporär und in der Gestalt von Komödie und Maskerade möglich. In diesem Sinne verbindet sich mit der ‚Demaskierung' am Schluss nicht die Aussicht auf eine gemeinsame Zukunft, sondern der Anfang vom Ende einer notwendig flüchtigen Affäre.

Von einer „Wahrheit, wie jeder sie empfindet" hatte Hermann Bahr in seinem Manifest „Die Moderne" gesprochen (vgl. Bahr 2013a, zit. 7). Eine Konsequenz der zeittypischen Bindung von ‚Wahrheit' an die naturgemäß von Augenblick zu Augenblick wechselnden Empfindungen und Erfahrungen des Subjekts führt Schnitzler in *Die kleine Komödie* vor. In diesem Sinne, so zeigen die entsprechenden Kommentare, setzen seine beiden Figuren selbstverständlich in jedem Stadium ihrer Beziehung voraus, dass es sich bei ihrem ‚Idyll' um nicht mehr als ein

2. Anfänge des Erzählens

zeitlich begrenztes Abenteuer handelt und dass im Verhältnis zwischen Mann und Frau auch gar keine andere Form von Beziehung vorstellbar ist (dementsprechend werden bei Schnitzler – anders als in der Erzählung von Körner – auch bei beiden Adressaten der Briefe von Alfred und Josefine selbstredend wechselnde Liebesbeziehungen impliziert). „Ich halte sie aus", schreibt Alfred an Theodor in seinem letzten Brief, „und übermorgen wird sie mich betrügen. Halte mich für keinen Optimisten, weil ich übermorgen sage; auf der Eisenbahn ist ja wirklich keine Gelegenheit" (ES I, 208). Gleichwohl versuchen beide Figuren ihr Abenteuer gegenüber sich selbst und den Adressaten ihrer Briefe offensichtlich zu stilisieren und werden dadurch für den ja außerhalb der erzählten Welt stehenden Leser auf ungewollte Weise komisch – etwa wenn Josefine schreibt „Ich bin verliebt, ja, ja, sogar riesig" (ebd., 198) und wenig später angesichts der offenbar knappen finanziellen Ressourcen ihres vermeintlichen Dichters feststellt „[...] aber sein ganzes Leben kann man doch nicht im Omnibus vom Land hereinfahren?" (ebd., 199) – oder wenn Alfred schreibt, dass er ein Idyll „lebe", weil er nicht mehr „fühle", dass er es „spiele" (ebd., 195), und im Blick auf seine bevorstehende Demaskierung von dem überaus beruhigenden Gefühl spricht, doch immerhin „eine ganze Zeit, nämlich vierzehn Tage lang, um meiner selbst willen geliebt worden" (ebd., 203) zu sein.

Zur Modernität der von Schnitzler entworfenen Charaktere gehört schließlich ihr Narzissmus und der offensichtlich vergebliche Versuch, „Ichschmerz" und innere „Leere" nicht allein mit Hilfe einer Affäre (ebd., 176), sondern auch durch die Orientierung an Aussehen, Kleidung und materieller Bequemlichkeit zu kompensieren (zur damit verbundenen Sozialkritik vgl. Perlmann 1987a, 131 f.). „Die Lina hat ein über das andere Mal ausgerufen: Nein, so schön, aber so schön – und ich selbst, wie ich in den Spiegel geschaut hab', war ganz zufrieden. Im Übrigen laß ich mich in dem ganzen Kostüm photographieren und schick' Dir ein Bild" (ES I, 193), schreibt die wie auch Alfred vorwiegend an sich selbst und ihrer Erscheinung und damit letztlich an einer auch mit ihren Briefen vorgenommenen Inszenierung des eigenen Ich interessierte Josefine an Helene (zur Bedeutung von Kleidung als „Ausdruck des Selbst" in der bürgerlichen Gesellschaft um 1900 vgl. z. B. Sennett 1986, zit. 193). Zum ‚guten' Ende der vorgeführten Komödie gehört dementsprechend nicht, dass sich – wie bei Körner – ein Mann und eine Frau nach Irrungen und Wirrungen erkennen und finden, sondern dass zwei in ihrer Art zeittypische Individuen erleichtert feststellen, dass sie so bleiben können, wie sie sind bzw. waren: Am Schluss der wie ein Seitenstück zum *Anatol*-Zyklus angelegten, zwei Scheindialoge versammelnden und in gewisser Hinsicht ‚erzählerlosen' Erzählung sind Mann und Frau vor allem deshalb „eigentlich glücklich", weil sie jenseits aller Liebes- und Vorstadtromantik wieder „wie ein vernünftiger Mensch auf die Straße gehen" (ES I, 203) bzw. in „besseren Verhältnissen" (ebd., 204) leben und ihre gewohnte Existenz als Großstadtmonaden in aller Bequemlichkeit fortsetzen können.

3. Vom Fin de Siècle zum Ende des Kaiserreichs oder: Erzählungen der mittleren Schaffensphase (1900–1918)

3.1 Biographischer und historischer Kontext

Mit dem Bucherstdruck von *Sterben* (1896) sowie den erfolgreichen Premieren von *Liebelei* am Wiener Burgtheater (9.10.1895) und am Deutschen Theater in Berlin (4.2.1896) wird Schnitzler weit über die Grenzen Wiens hinaus bekannt. Und da sich vor allem *Liebelei* rasch zu einem auf zahlreichen internationalen Bühnen gespielten Zug- und Kassenstück entwickelt, beginnt er, spätestens ab Ende der 1890er Jahre auch in materieller Hinsicht zunehmend gut als freier Schriftsteller leben zu können. Über das Ende des Kaiserreichs hinaus, bis in die 1920er Jahre, ist Schnitzler – von einer aus einem Zerwürfnis mit dem Direktor Paul Schlenther (1854–1916) resultierenden Pause zwischen 1900 und 1905 abgesehen – der meist gespielte Autor am Wiener Burgtheater (vgl. Wagner/Vacha 1971, 45–50), und z. B. seine Tragikomödie *Das weite Land* wird im Oktober 1911 nicht nur hier, sondern am selben Tag an insgesamt neun verschiedenen, über den gesamten deutschsprachigen Raum verteilten Theatern uraufgeführt. Ein Jahr später, am 15. Mai 1912, finden anlässlich seines 50. Geburtstags 26 Aufführungen seiner Stücke an deutschsprachigen Bühnen statt und der S. Fischer-Verlag veröffentlicht die erste siebenbändige Gesamtausgabe seiner Werke (auf Schnitzlers Wunsch enthalten die drei Bände „Erzählende Schriften" und vier Bände „Theaterstücke" dieser *Gesammelten Werke in zwei Abteilungen* allerdings nicht alles, was bislang von ihm erschienen ist). Seine herausragende Position im literarischen Feld seiner Zeit und sein hohes Ansehen bei den Zeitgenossen bestätigt schließlich, dass Theodor Reik (1888–1969), ein Schüler Freuds, Ende 1913 eine umfassende, allein den „Gestalten der Dichtungen Arthur Schnitzlers als Objekte[n] psychologischer Analyse" (Reik 1913, IV) gewidmete Monographie *Arthur Schnitzler als Psycholog* publiziert und dass man Schnitzler mit bedeutenden Preisen ehrt: So erhält er 1899 und 1903 den nach dem Wiener Schriftsteller Eduard von Bauernfeld (1802–1890) benannten Bauernfeldpreis und wird außerdem mit dem Grillparzer-Preis (1908) und dem Raimund-Preis (1914) ausgezeichnet.

Persönlich lebt der Autor in nicht immer einfachen Verhältnissen. Zum einen belastet ihn eine schwere Erkrankung seines Gehörs. Es handelt sich dabei um eine im Herbst 1896 diagnostizierte Otosklerose, unter der z. B. auch Ludwig van Beethoven litt – eine zu Schnitzlers Lebzeiten unheilbare Krankheit, die mit einer sich bis zur Taubheit steigernden Schwerhörigkeit und quälenden, im Tagebuch wiederholt vermerkten, mehr oder minder lauten Ohrengeräuschen einhergeht.

3. Erzählungen der mittleren Schaffensphase

Zum anderen hat Schnitzler offensichtlich Schwierigkeiten, den familiären Erwartungen zu entsprechen und eine solide bürgerliche Existenz zu begründen. Nach dem 1893 erfolgten Tod des Vaters wohnt er bei seiner Mutter in der Frankgasse und hat zahlreiche komplizierte, sich z. T. mehrfach überschneidende Liebesverhältnisse (zu Schnitzlers „Damen, Weiber[n], Mädeln, Frauen", vgl. Klüger 2001; detailliert außerdem Wagner 1980 u. Weinzierl 1994). Der Gedanke an die Rolle eines Vaters oder Ehemanns löst bei dem nicht mehr ganz jungen Junggesellen offenbar große Ängste aus. Als seine Freundin Marie Reinhard schwanger wird, geht Schnitzler mit ihr zunächst auf Reisen – und später verlässt sie die Stadt, um das gemeinsame Kind außerhalb von Wien zur Welt zu bringen. Als sie am 24. September 1897 eine Totgeburt hat, ist Schnitzler gleichwohl erschüttert und verspürt die „tiefe Empfindung eines Zusammenhanges zwischen dem Tod des Kindes und meinem Mangel an Interesse für das Kind vor der Geburt.–" (TB, 30.9.1897). Als Marie Reinhard am 18. März 1899 nach einem Blinddarmdurchbruch an einer Blutvergiftung stirbt, spricht Schnitzler – ungeachtet der Tatsache, dass er sie wiederholt betrogen und mit der Schauspielerin Mizi Glümer (1873–1925) zeitweise auch eine Art Parallelverhältnis geführt hat – von dem „Geschöpf", „das ich von allen Menschen auf der Erde am liebsten gehabt habe, meine[r] Geliebte[n], Freundin und Braut" (an Georg Brandes, 8.5.1899; Brandes-BW, 75); und in einem Brief an Hugo von Hofmannsthal beschreibt er das Gefühl des Verlustes als „[e]ine Einsamkeit ohnegleichen – ich muß dran denken, wie ich doch immer die Menschen zu schildern versucht habe, die ihr geliebtestes verlieren – es gibt eben etwas, das nicht auszudrücken ist – so gut wie die Ewigkeit, die Unendlichkeit: – die Einsamkeit, das Vereinsamtsein; vereinsamt werden" (22.3.1899; Hofmannsthal-BW, 120).

Wenige Monate nach Marie Reinhards Tod, im Juli 1899, lernt Schnitzler die zwanzig Jahre jüngere Schauspielschülerin Dina Marius, alias Olga Gussmann (1882–1970) kennen, die den bekannten Schriftsteller verehrt (vgl. O. Schnitzler 1962, 24–27) und zu der sich bald ein weiteres Liebesverhältnis entwickelt. Eine erste Schwangerschaft von Olga muss im Mai 1901 aus medizinischen Gründen beendet werden, nach einer zweiten Schwangerschaft entbindet Olga – in dieser Hinsicht ähnlich wie Marie Reinhard – außerhalb von Wien und bringt im August 1902 in Hinterbrühl Heinrich Schnitzler (1902–1987) zur Welt. Infolge der Geburt seines Sohnes gibt Schnitzler dem Drängen Olgas und seiner Familie schließlich nach und die beiden heiraten am 26. August 1902 in einer Wiener Synagoge mit den Schriftsteller-Freunden Richard Beer-Hofmann und Gustav Schwarzkopf (1853–1939) als Trauzeugen. Kurz nach der Hochzeit zieht der 42-jährige Schnitzler bei seiner Mutter aus, bezieht zusammen mit Olga und Heinrich eine gemeinsame Wohnung in der Spöttelgasse und gründet damit erstmals einen eigenen Hausstand. Nach Geburt der Tochter Lili (1909–1928) kauft Schnitzler im Frühjahr 1910 mit Hilfe von Krediten eine Villa in der Sternwartestraße 71 (XVIII. Wiener Bezirk, Währing), die von der inzwischen vierköpfigen Familie Mitte Juli bezogen wird und in der Schnitzler bis zu seinem Tod lebt. Trotz zu-

3.1 Biographischer und historischer Kontext

nehmend schwerer Ehekrisen, die ab etwa 1913 zeitweise zu beidseitig geäußerten Trennungswünschen führen, bleibt Schnitzler seiner Frau offenbar bis zur offiziellen Scheidung 1921 treu.

Kurz nach der Jahrhundertwende zählt Schnitzlers Geburts- und Heimatstadt Wien rund zwei Millionen Einwohner und ist damit hinter London, New York, Paris, Chicago und Berlin die sechstgrößte Stadt der Welt (Hamann 1996, 398). Regiert wird diese Stadt von Dr. Karl Lueger (1844–1910), einem aus kleinen Verhältnissen stammenden promovierten Juristen, der 1893 die sogenannte Christlichsoziale Partei als eine moderne, bezeichnenderweise auch unter dem Namen „die Antisemiten" antretende Massenpartei gegründet hatte und der von 1897 bis zu seinem Tod als Bürgermeister amtiert. Mit Luegers Amtszeit verbinden sich einerseits Wiens aus struktureller Sicht, d. h. im Blick auf den Ausbau von Verkehrsnetz, Gas-, Strom-, Wasserversorgung etc. „in vielen Bereichen mustergültig[e]" Entwicklung zu einer „modernen Metropole" (ebd., 399), andererseits das Ende des Liberalismus, ein radikaler Antisemitismus und die konsequente Nationalisierung im Sinne einer „Germanisierung" der vormals kosmopolitischen, übernational geprägten Reichshauptstadt. Nicht umsonst hat denn auch der – mit nur einer kurzen Unterbrechung – von 1907 bis 1913 in Wien lebende und dort seine, wie die Historikerin Brigitte Hamann detailliert herausgearbeitet hat, „Lehrjahre eines Diktators" verbringende Adolf Hitler (1889–1945) offensichtlich von Lueger gelernt und diesen, so Hitler in *Mein Kampf*, „gewaltigsten deutschen Bürgermeister aller Zeiten" erklärtermaßen als ein Vorbild betrachtet (zit. n. ebd., 430).

In seinen „Erinnerungen eines Europäers" mit dem sprechenden Titel *Die Welt von Gestern* (1942) hat der mit Schnitzler befreundete, ebenfalls in Wien aufgewachsene Stefan Zweig (1881–1942) die österreichische Monarchie und die Zeit seiner Jugend rückblickend zu einem „goldenen Zeitalter der Sicherheit" (Zweig 1981, 14) stilisiert und erklärt, im „alten Österreich [...] weder in der Schule, noch auf der Universität, noch in der Literatur jemals die geringste Hemmung oder Missachtung als Jude erfahren zu haben" (ebd., 40). Ob hier nicht auch im Blick auf das eigene Leben eine gewisse, dem Wissen um den Holocaust und all die furchtbaren Ereignisse nach 1933 geschuldete Verklärung post festum vorliegt, sei dahingestellt, aber aus Sicht des sicher schon früher und in einem anderen Ausmaß in der Öffentlichkeit exponierten Arthur Schnitzler gelten eine solche ‚Gemütlichkeit' und ‚Unberührtheit' jedenfalls nicht. Sein Aufstieg zu einem Schriftsteller von internationalem Rang ist von Beginn an von erheblichen „Missachtungen" und „Hemmungen" begleitet. Schnitzlers Anfang 1912 vollendetes Zeit- und Gesellschaftsstück *Professor Bernhardi*, das den allgegenwärtigen Antisemitismus reflektiert und kritisiert, hält die Wiener Zensurbehörde so z. B. wegen der „Entstellung hierländischer Zustände" (vgl. Glossy o. J., 221–224, zit. 222) durch ein Aufführungsverbot jahrelang von Österreichs Bühnen fern. Und wenig später vermerkt der Autor, der etwa auch wegen seines *Lieutenant Gustl* (1900) und der Veröffentlichung des *Reigen* (1900/1903) scharf angegriffen worden ist, in einem Brief an den Redakteur und Pariser Korrespondenten des *Berliner Tageblatts* Paul Block (1862–1934) ausdrücklich all die „antisemitischen Verdrehungen, Begeiferungen und Verleumdungen", die er „im Laufe einer mehr als zwanzigjährigen schriftstellerischen Tätigkeit" persönlich „erfahren habe" (27.1.1915; BR II, 76). Die Tendenz zur unfreiwilligen Position eines nicht zuletzt wegen seines Judentums angefeindeten Außenseiters nimmt zu, als Schnitzler, der die „Weltgeschichte" als „eine Verschwörung der Diplomaten gegen den gesunden Menschenverstand" betrachtet (AB, 200), sich von der allgemeinen Kriegsbegeisterung distanziert und sich weigert – obgleich er wiederholt dazu aufgefordert wird –, irgendeine Form von öffentlicher Kriegspropaganda zu betreiben. Im Gegensatz zu befreundeten Autoren wie Hermann Bahr, Hugo von Hofmannsthal oder dem jungen Fritz von Unruh (1885–1970) begreift Schnitzler den Ersten Weltkrieg von Anfang an als Katastrophe. Als er im Sommer 1914 in der Schweiz von der Kriegserklärung Englands an Deutschland erfährt, notiert er im Tagebuch:

> Im Hotel Nachr. von der Kriegserklärung Englands an Deutschland!– Der Weltkrieg. Der Weltruin. Ungeheuere und ungeheuerliche Nachrichten.– [...] Wir erleben einen ungeheuern Moment der Weltgeschichte. In wenig Tagen hat sich das Bild der Welt völlig verändert. Man glaubt zu träumen! Alle Menschen sind rathlos.– (TB, 5.8.1914)

Schnitzler leidet tief an dem, was er, wie er Ende 1914 an Stefan Zweig schreibt, als eine „ungeheuere[] Epoche der Verwirrung" empfindet (2.12.1914; BR II, 62), und in regelrechtem Ekel vor den Auswüchsen eines aggressiven Patriotismus sieht er im Krieg nur „die sinnlose Wunde [...], die Feindseligkeit zwischen Menschen, die einander als Individuen ohne Haß, ja, vielleicht mit Liebe gegenüberständen" (AB, 200). Dass auch Schnitzlers Werke in einer Zeit des allseits proklamierten „idiotische[n] Dogma[s] vom ‚Heldentum'" (TB, 15.11.1914) zunehmend als „dekadent" bewertet werden und ins Kreuzfeuer der Kritik geraten, hat für den von seinen Einkünften als freier Schriftsteller lebenden Familienvater schließlich auch eine „materielle Enttäuschung" und die Gefahr einer „durchgreifenden Aenderung unsres Haushalts" zur Folge (an Elisabeth Steinbrück, 22.12.1914; BR II, 66).

Rund vier Jahre nach Kriegsausbruch, Anfang November 1918, wird der Waffenstillstand geschlossen, Kaiser Wilhelm II. von Hohenzollern dankt ab und flieht in die Niederlande, während man in Deutschland die Weimarer Republik ausruft. In Wien tritt Kaiser Karl I., der Nachfolger des 1916 verstorbenen Kaisers Franz Joseph I., zurück und auch in Österreich wird von der provisorischen Nationalversammlung nunmehr die Republik verkündet. Schnitzler kommentiert: „Ein welthistorischer Tag ist vorbei. In der Nähe sieht er nicht sehr großartig aus.–" (TB, 12.11.1918).

3.2 Frau Bertha Garlan (1901)

Als Schnitzler im Juli 1900 im Kurhaus von Bad Reichenau am Text des *Lieutenant Gustl* schreibt und Hugo von Hofmannsthal von einer „ziemlich sonderbare[n] Novelle" berichtet, die ihm selbst, aber auch „Ihnen andern Freude machen wird", fügt er im Blick auf den Stand seiner aktuellen Arbeiten hinzu: „Meine große Novelle habe ich der N. Dtsch. Rundschau gegeben; sie ist nicht übel ausgefallen; bisher kennen sie Salten u Schwarzkopf, die beide sehr zufrieden scheinen" (17.7.1900; BR I, 387). Bei der „großen Novelle", die offenbar bereits den Gefallen der befreundeten Kollegen Felix Salten und Gustav Schwarzkopf (1853–1939) fand, handelt es sich um *Frau Bertha Garlan,* die Schnitzler unter dem vorläufigen Titel „Jugendliebe" am 1. Januar 1900 begonnen und am 16. April 1900 vollendet hatte (TB, 16.4.1900). Der im Mai nochmals durchgesehene Text (vgl. ebd., 15.5.1900) erscheint zwischen Januar und März 1901 tatsächlich in drei Fortsetzungen in der *Neuen Deutschen Rundschau* und noch im selben Jahr erfolgt die Buchausgabe bei S. Fischer mit dem Untertitel „Roman" (wobei die gewisse Beliebigkeit in der Gattungsbezeichnung für die Jahrhundertwendezeit durchaus typisch ist). Angeregt wurde die Erzählung durch eine erneute kurze Affäre Schnitzlers mit seiner ersten, unterdessen verwitweten großen Jugendliebe, der auf den Tag genau gleichaltrigen Franziska Lawner (geb. Reich), im Mai 1899 (vgl. ebd., 22.5. u. 27.5.1899; zur Bedeutung dieser ersten Liebe in der Jugendzeit vgl. JIW, 62–64). Nachdem er „Fännchen" schon im Mai 1899 „abgeschrieben" (TB, 27.5.1899) und die Affäre recht abrupt wieder beendet hat, notiert Schnitzler im April 1900 lakonisch wie in diesem Fall die Wirklichkeit des Lebens die soeben fertig gestellte Fiktion einholt: „Ostermontag. – Brief von Fännchen nach langer Zeit – sie wird nach Wien übersiedeln, ganz entsprechend dem Brief in der Novelle. Diese Novelle (begonnen 1.1.) schloß ich heute Nachm[ittag] ab.–" (ebd., 16.4.1900). In einem wesentlichen Punkt entsprach allerdings schon die Konzeption der erzählten Geschichte nicht der von Schnitzler erlebten Wirklichkeit, sodass man seine „Verarbeitung des biographischen Stoffes" auch als „Abbitte" im Blick auf das eigene Verhalten gegenüber der Jugendfreundin gelesen hat (Fliedl in GAR, 183): Kein Mann, sondern eine Frau steht hier im Blickpunkt.

Plot

Berta ist in „behaglich[en], wenn auch nicht reich[en]" „Verhältnisse[n]" (ebd., 8) aufgewachsen und hat in ihrer Heimatstadt Wien das Konservatorium besucht; nachdem der Vater „in einer Aufwallung seiner bürgerlichen Anschauungen" diesen Besuch jedoch nicht weiter erlaubte, musste sie ihre „Aussichten auf eine Künstlerlaufbahn" und die „Beziehungen" zu einem „jungen Violinspieler" ad acta legen (ebd.); nach dem einige Jahre darauf folgenden „Bankerott" (ebd.) des Vaters und dem Tod der Eltern hat sie letztlich aus ‚Gewohnheit' den ihr schon seit längerem vertrauten Victor Mathias Garlan geheiratet, einen unterdessen als Filialleiter in einer an der Donau gelegenen Provinzstadt tätigen Versicherungsbeamten. Obwohl sie nie Liebe für

Garlan empfand, lebte sie in dem Gefühl, „vollkommen glücklich" (ebd., 11) zu sein, mit Ehemann und einem bald geborenen Sohn in der Wachau, als ihr um viele Jahre älterer Mann eines Morgens (am „6. Juni 1895", ebd., 157) plötzlich starb, sodass sie nach nur drei Jahren Ehe „in recht beschränkten Verhältnissen" (ebd., 11) verblieb. Weitere drei Jahre lebt die jetzt 32 Jahre alte Berta mit ihrem unterdessen fünfjährigen Sohn als Witwe, die treu die Erinnerungen an ihren verstorbenen Mann bewahrt; von der Familie ihrer ebenfalls in der Kleinstadt lebenden Schwägerin wird sie unterstützt und ihre schmale Pension vermag sie mit Klavierunterricht „in einer für ihre Lebensweise ausreichenden Art" (ebd.) zu ergänzen.

Seit „Beginn dieses Frühlings" fühlt sich Berta nun „weniger behaglich als bisher", was sich äußert in Schlafstörungen, einer „Empfindung der Langeweile" und einer manchmal „plötzliche[n] Ermattung [...], in der sie das Kreisen des Blutes in ihrem ganzen Körper zu verspüren meinte" (ebd., 12). Als Berta in der Zeitung zufällig von „[u]nser[em] berühmte[n] Landsmann Emil Lindbach" (ebd., 16) liest, erinnert sie sich wieder an den „Violinspieler" (ebd., 8), den „sie – wann? – vor zwölf Jahren geliebt hatte" (ebd., 17). Infolge einer wachsenden inneren Unruhe ergreift Berta die nächste sich bietende Gelegenheit und begleitete Anna Rupius, eine mit einem seit einigen Jahren gelähmten Mann verheiratete und von Berta wegen ihres Selbstbewusstseins und ihrer Eleganz bewunderte Frau, bei einer ihrer regelmäßigen, den Kleinstädtern anrüchig erscheinenden Fahrten nach Wien. Nach diesem Besuch, dem dadurch verstärkten Wiederaufleben von Erinnerungen an ihre Jugend und der anschließenden Re-Lektüre ihrer auf dem Dachboden verstauten Liebesbriefe an Emil beschließt Berta, Emil zu schreiben und den Kontakt wiederaufzunehmen. Er antwortet, und es kommt zu einem Rendez-vous in Wien und einer gemeinsam verbrachten Nacht. Bertas Hoffnungen auf eine dauerhafte Liebes-Beziehung, ja möglicherweise sogar eine zweite, ‚richtige' Ehe werden allerdings enttäuscht, da Emil weitere Briefe Bertas ausweichend beantwortet und sich offensichtlich – wenn überhaupt – nur für eine lockere amouröse Verbindung interessiert. Kurz darauf erlebt Berta, wie ihre „geliebte Freundin" (ebd., 168) Anna Rupius an den Folgen einer offenbar in Wien vorgenommenen Abtreibung zu Hause stirbt; noch am Totenbett stellt sie dank einer „wohlbekannte[n] plötzliche[n] Schwäche" (ebd., 167) ihrerseits erleichtert fest, dass ihr eigenes erotisches Abenteuer ohne Folgen geblieben ist. Am Ende der mit einem Gedankenstrich schließenden Erzählung verlässt sie das „Sterbegemach" von Anna Rupius und setzt sich schweigend dem still trauernden Herrn Rupius „gegenüber" (ebd., 168).

Sieht man von seinen beiden ‚echten' Romanen ab, so ist *Frau Bertha Garlan* Schnitzlers bei weitem umfangreichste Erzählung. Entstehungsgeschichtlich gesehen eröffnet sie einen Reigen von Werken, in denen jeweils eine einzelne, einen bestimmten Typus im Panorama der zeitgenössischen Gesellschaft verkörpernde Figur im Blickpunkt steht – so wie u. a. in *Lieutenant Gustl* (1900), *Frau Beate und ihr Sohn* (1913), *Doktor Gräsler, Badearzt* (1917), *Fräulein Else* (1924) und *Therese. Chronik eines Frauenlebens* (1928). Zur Auswahl und Gestaltung dieser Figur gehört seit *Frau Bertha Garlan*, dass sie zwar weder dem Interesse des Naturalismus für den vierten Stand und alle möglichen physiognomischen Details noch seinem deterministisch geprägten Menschenbild entspricht, dass sie aber – im Unterschied zu einer Unbestimmtheit, die Schnitzler selbst im Rückblick auf seine Figuren in *Sterben* monierte – durchaus über einen in der erzählten Welt mehr oder minder detailliert ausgeführten sozialen Hintergrund, d. h. vor allem über Familie und Herkunft verfügt. In *Frau Bertha Garlan* reflektiert Schnitzler am Beispiel der in gutbürgerlichen Wiener Verhältnissen aufgewachsenen und nun in der Provinz lebenden Protagonistin – im Ansatz ähnlich wie später auch in *Frau Beate und ihr Sohn* – die Situation der noch jungen bürgerlichen Frau als verwitwete Mutter. Mit 32 Jahren bewegt sie sich „hart an der Grenze einer Zeit, da es keine Hoffnungen und keine Wünsche mehr gibt" (ebd., 57; allgemein zum „System der Altersklassen bei Schnitzler" vgl. Lukas 1996, 83–89, zit. 83), und als Witwe ist sie insofern an den Rand der zeitgenössischen bürgerlichen, auf den Stand der Ehe gegründeten Gesellschaft geraten, als sie „[a]ußerhalb der Ehe lebend […] stärker als andere Frauen im erotischen wie im sozialen Leben zum Verzicht gezwungen" (Perlmann 1987a, 150) ist.

Der Zeitraum der erzählten Zeit umfasst zwölf Tage im Mai 1898, die sich mit grundlegenden Veränderungen in Bertas Einstellung zu ihrem Witwenstand und ihrem Bild von sich selbst verbinden (zu der dank der Nennung des Todesdatums von Bertas Ehemann möglichen Datierung der fiktiven Handlung vgl. Fliedl in GAR, bes. 186). Dabei spannt die Erzählung einen Bogen, der von einem der regelmäßigen Besuche Bertas am Grab ihres Mannes über das Wiederaufleben ihrer Erinnerungen an Emil und ihr erotisches Abenteuer in Wien bis zu ihrem Aufenthalt im Haus der soeben gestorbenen Anna Rupius reicht. Im Einzelnen gliedert sich die Erzählung in elf (Bucherstdruck) bzw. zwölf (Zeitschriftenerstdruck, rekonstruiert von Konstanze Fliedl in ebd., 189) Abschnitte, die sich symmetrisch auf zwei Handlungsorte, nämlich die Kleinstadt mit ihrer provinziellen Enge und Statik sowie die Großstadt Wien mit ihrer Weite, Anonymität, Dynamik und gewissen Freiheit verteilen (zur Semantisierung der beiden topographischen Räume vgl. Lukas 1996, bes. 39). „Die Handlung setzt in der Kleinstadt ein (Kap. I u. II), schwenkt nach Wien (Kap. III), wieder zurück in die Kleinstadt (Kap. IV und V), platziert die zweite Wienreise mit der Begegnung mit Emil ins Zentrum des Textes (Kap. VI bis IX) und endet wieder in der Kleinstadt (Kap. X bis XII)" (Beßlich in HB, 194).

Berücksichtigt man neben der symmetrischen Gliederung die Tatsache eines überschaubaren Repertoires von Figuren sowie einer einlinigen, den aus dem klassizistischen Regeldrama entlehnten Prinzipien von auf- und absteigendem Teil – einschließlich Höhe- und Wendepunkt sowie retardierendem Moment – verpflichteten Handlung, so folgt die Erzählung aus formaler Sicht offensichtlich dem Modell einer klassisch geschlossenen Novelle (im Einzelnen dazu Fliedl in GAR;

Dangel-Pelloquin 2007, bes. 89–91). Das Prinzip der formalen Geschlossenheit steht allerdings in einer gewissen Spannung zum Inhalt der erzählten Geschichte und der Tatsache, dass auch der Text der Erzählung geradezu programmatisch offen mit einem Gedankenstrich endet. Blickt man auf die erzählte Geschichte, so trifft Goethes oft zitierte Definition der Novelle als „sich ereignete unerhörte Begebenheit" (Goethe 1999, 221), wie Elsbeth Dangel-Pelloquin ausgeführt hat, hier im mehrfachen Sinne zu:

> ‚Unerhört' ist die Begebenheit in *Frau Berta Garlan* im Sinne von ungehörig hinsichtlich der Normenkonvention der Gesellschaft: Der außereheliche Beischlaf gehört sich nicht. ‚Unerhört' spielt ferner auf die Geheimhaltung der Begebenheit an: Niemand darf davon hören. ‚Unerhört' ist die Begebenheit aber schließlich auch deshalb, weil das Liebesverlangen der Protagonistin nicht erhört wird: Ihre Liebe erfährt keine Erwiderung. (Dangel-Pelloquin 2007, 91)

„Unerhört", so ließe sich ergänzen, ist das Erzählte aber vor allem auch deshalb, weil Schnitzlers Erzählung ihrem Leser eröffnet, worüber man in der zeitgenössischen bürgerlichen Gesellschaft nicht spricht – oder genauer gesagt, weil sie den Zutritt zur Innenwelt einer Frau ermöglicht, die mit ihren Gefühlen und Wünschen in einen Widerspruch zu den erklärten Normen und Konventionen der Gesellschaft gerät (zur Bedeutung auch der nonverbalen Sprache in diesem Kontext vgl. Lukas 1996, 118–120). Wichtig für die Erzählung ist also die Perspektivierung des Erzählten, wobei sich das Prinzip der Figuralisierung des Erzählens – anders als noch in *Reichtum*, *Sterben* oder *Die kleine Komödie* – auf die Perspektive einer einzelnen Figur beschränkt. Im Unterschied zu dem unmittelbar anschließend geschriebenen *Lieutenant Gustl* wird das Geschehen in *Frau Bertha Garlan* allerdings gleichwohl von einer heterodiegetischen narrativen Instanz in der dritten Person Singular präsentiert. Im Ansatz ähnlich wie später in *Frau Beate und ihr Sohn* und *Doktor Gräsler, Badearzt* findet sich einerseits die Form einer fixierten internen Fokalisierung (zu deren Konsequenzen eine Außensicht auf alle anderen Figuren der erzählten Welt gehört) und andererseits ein komplexes Spiel mit der Grenze von „Erzählertext" und „Figurentext" (vgl. Schmid 2008, 156–159). Infolge gleitender Übergänge zwischen Bewusstseinsbericht, erlebter Rede (die einen großen Teil des Textes bestimmt; vgl. Jud 1996 und Levene 1991), Gedankenzitat und Ansätzen des inneren Monologs (vgl. z. B. GAR, 161 f.) umfasst dieses Spiel die Interferenzen von Erzähler- und Figurenstimme und eine variierende Distanz zum Erzählten bis hin zu einem wiederholten, insgesamt siebzehn Mal vorkommenden Tempuswechsel vom Präteritum ins Präsens. So heißt es z. B. aus der Sicht der sowohl von einem zurückweisenden Brief Emils als auch dem gesundheitlichen Zustand ihrer Freundin verunsicherten Berta, als sie zum Haus der schwer kranken Anna Rupius geht:

> Die Balkontür war offen, über dem Geländer hing die rotsamtene Klavierdecke. Nun, offenbar, alles war wieder in Ordnung, – würde sonst die Decke auf dem Balkon hängen? ... Freilich, also vorwärts, hinauf ohne Angst! ...

> Das Mädchen öffnet. Berta braucht sie nichts zu fragen, in ihren aufgerissenen Augen ist der Ausdruck von entsetztem Staunen, wie ihn nur die Nähe eines grauenvollen Sterbens hervorbringt. Berta tritt ein, zuerst in den Salon, die Tür zum Schlafzimmer ist flügelweit geöffnet. […] (ebd., 162)

Dank des Wechsels vom Präteritum zum Präsens wird in solchen Passagen ein Effekt der Dynamisierung und der scheinbar ganz ‚unmittelbaren' Mitsicht mit der Protagonistin erzielt. Auf die gesamte Erzählung gesehen wird auf diese Weise im Modus der internen Fokalisierung ein Prozess der „weiblichen Selbstfindung" (Lukas 1996, 96) vorgeführt, in dessen Verlauf sich „die bisherige Fremdbestimmung des eigenen Lebens" (Dangel-Pelloquin 2007, 94) für Berta zunehmend deutlich offenbart. Als sie nach langer Zeit erstmals wieder die Kleinstadt verlässt und in Wien auf der Ringstraße entlanggeht, malt sich Berta das glanzvolle Leben aus, das Emil, der „Geliebte[] ihrer Jugend" (GAR, 45), nun vermutlich führt, und sie beginnt, ihr eigenes Dasein dazu ins Verhältnis zu setzen:

> Es war wie ein Schauer, der sie erfaßte, als sie sich darauf besann, daß sie nichts anderes war als die Witwe eines unansehnlichen Menschen, die in einer kleinen Stadt lebte, sich mit Klavierlektionen fortbrachte und langsam das Alter herankommen sah. Niemals hatte sie auch nur einen Strahl von dem Glanz auf ihrem Weg gefunden, in dem der seine dahinlief, solang er lebte. Und mit dem gleichen Schauer dachte sie daran, wie sie sich immer an ihrem Schicksal hatte genügen lassen, wie sie ohne Hoffnung, ja ohne Sehnsucht in einer Dumpfheit, die ihr in diesem Augenblick unerklärlich erschien, ihr ganzes Dasein hingebracht. (Ebd., 46)

Nicht der reale, sondern der von Berta imaginierte Emil wird demnach zu einer „Katalysatorfigur" (vgl. Lukas 1996, 97–99), die eine Krise im Leben der Protagonistin auslöst und die zugleich als Projektionsfläche für Bertas von „wirre[n] Erinnerungen aus gelesenen Romanen" (GAR, 45) beeinflusste Wünsche dient – hofft die in dieser Hinsicht zu Recht als „österreichische Madame Bovary" (Sprengel 2004, 240) verstandene Berta doch, ihrem nun zunehmend bewusst als alles andere denn „vollkommen glücklich" (GAR, 11) empfundenen Dasein dadurch zu entkommen, dass sie dem Gefühl einer romantischen Liebe zu Emil folgt, das sie seinerzeit nicht richtig ausgelebt zu haben glaubt. Wie die Gefühle und Gedanken Bertas sich im Verlauf der Zeit wandeln, wie sie das Vergangene neu erinnert und die eigene Lebensgeschichte umzudeuten beginnt und wie sie letztlich den sozial „verpönten sexuellen Impuls" als „Liebeswunsch" kaschiert (Thomé 1993, 654), führt Schnitzler mit Hilfe einer internen Fokalisierung vor (detailliert zur Darstellung mnemotechnischer Vorgänge und zur Umdeutung von Erlebtem im Prozess des Erinnerns vgl. ebd., 645–670; Fliedl 1997, u. a. 175–179 u. 187–190; ausführlich zur „Problematik weiblicher Identität" auch Neymeyr 1997).

Angesichts des hier dargestellten psychischen Prozesses (zu „Verschiebung" und „Verdichtung" und zur psychoanalytischen Lektüre von Bertas Traum in der Eisenbahn durch Reik vgl. Fliedl in GAR, 194–197; zum Traum selbst auch Perlmann 1987b, 99–108) sowie der Tatsache, dass Schnitzler die im Herbst 1899

3. Erzählungen der mittleren Schaffensphase

erschienene (und auf das Jahr 1900 vordatierte) *Traumdeutung* Sigmund Freuds, wie entsprechende Tagebuchnotizen belegen, im März 1900 intensiv gelesen hat, hat man *Frau Bertha Garlan* zum „erste[n] psychoanalytisch konzipierte[n] Text der Weltliteratur" erklärt (Fliedl in GAR, 194). Berücksichtigt man Schnitzlers grundlegende Skepsis gegenüber dem dogmatischen, in der *Traumdeutung* erstmals systematisch ausformulierten Lehrgebäude der Psychoanalyse, so ist ein so unmittelbares Abhängigkeitsverhältnis von theoretischem und literarischem Werk sicher übertrieben. Angemessener ließe sich von einer Art literarischer ‚Parallelaktion' zu Freuds Erkundungen des von ihm sogenannten ‚Unbewussten' sprechen – und zwar in dem Sinne, dass sich beide Autoren etwa zur selben Zeit für grundsätzlich ähnliche Phänomene und Probleme interessieren, im Einzelnen aber von unterschiedlichen Prämissen ausgehen, andere Schlüsse ziehen und als Wissenschaftler und Dichter überdies jeweils eigene Wege gehen und auch prinzipiell verschiedene Ansprüche haben (dazu und zu den Unterschieden zwischen den Ansätzen und Konzepten beider Autoren vgl. zuletzt z. B. Rohrwasser 2003 oder Le Rider in HB).

Sieht man von der novellistisch geschlossenen Komposition sowie den zahlreichen „Kunstzitaten" in Gestalt von Anspielungen auf „Werke der Musik, Literatur und Bildenden Kunst" ab (vgl. Fliedl in GAR, bes. 202–211, zit. 203), so gehört zu Schnitzlers Abweichung von einem schlichten ‚psychologischen Realismus' auch, dass er die – im Rahmen der erzählten Welt – über einen Zeitraum von nur zwölf Tagen hinweg erfolgenden Gedanken Bertas seinerseits verdichtet und die Entwicklung seiner Figur im Sinne eines ‚3-Phasen-Modells' (vgl. Lukas 1996, 15) strukturiert. In einer ersten Phase lebt, denkt und empfindet Berta über den Tod ihres Mannes hinaus in Übereinstimmung mit den Normen ihrer, d. h. in diesem Fall der gutbürgerlichen Gesellschaft und fühlt sich insofern „vollkommen glücklich" (GAR, 11); in einer zweiten Phase wird sie sich des Gefühls einer schon länger vorhandenen Unzufriedenheit bewusst, sie beginnt zu hoffen, dass sich ihre Wünsche im Zeichen eines z. T. der Trivialliteratur entnommenen romantisch-empfindsamen Liebesideals erfüllen und sie verhält sich wider die gesellschaftliche Norm, indem sie ein außereheliches Verhältnis eingeht; in einer dritten Phase werden ihre Hoffnungen auf eine dauerhafte Liebesbeziehung enttäuscht, und angesichts des Todes ihrer im Kontext der erzählten Welt als „Spiegelfigur" (Dangel-Pelloquin 2007, 91) fungierenden Freundin Anna Rupius kommt Berta zu der (Selbst-)Erkenntnis, dass auch sie als Witwe und junge Mutter – in dieser Hinsicht ähnlich wie Anna Rupius, die sich trotz der Liebe zu ihrem gelähmten Ehemann offenbar von einem Liebhaber befriedigen ließ – von der „Sehnsucht nach Wonne" (GAR, 168) getrieben ist und dass sie in ihrem Verhältnis zu Emil letztlich nicht mehr und nicht weniger gesucht hat, „als die Lust eines Augenblicks" (ebd., 167).

Im Blick auf die am Totenbett ihrer Freundin sitzende und um das Opfer einer verpfuschten Abtreibung trauernde Berta schließt der vorletzte Absatz der Erzählung:

Und sie ahnte das ungeheure Unrecht in der Welt, daß die Sehnsucht nach Wonne ebenso in die Frau gelegt ward, als in den Mann; und daß es bei den Frauen Sünde wird und Sühne fordert, wenn die Sehnsucht nach Wonne nicht zugleich die Sehnsucht nach dem Kinde ist. (Ebd., 168)

Die zitierte Passage und das Ende der Erzählung hat man schon in der zeitgenössischen Kritik und dann auch in der Forschung unterschiedlich bewertet (zur zeitgenössischen Rezeption vgl. Fliedl in ebd., 211–214): „Macht sich der Erzähler – wenn es denn tatsächlich seine Position ist – zum Anwalt einer konservativen Geschlechterordnung oder macht er sich zum Anwalt der Frauen gegen die ungerechte Natur?" (Dangel-Pelloquin 2007, 99). Eine vollkommen eindeutige Antwort kann es wohl nicht geben, denn auch hier handelt es sich um einen Fall von ‚Doppelstimme', bei dem die Grenzen von Erzählertext und Figurentext nicht wirklich trennscharf zu bestimmen sind. Gleichwohl macht der Kontext der offensichtlich auch als Kritik an den herrschenden Geschlechterverhältnissen angelegten, „dem vom gesellschaftlichen Anstand eingezwängten Seelen- und Liebesleben der Frauen um 1900 einen weiten Raum" (ebd.) eröffnenden Erzählung eine konservative Lesart wenig wahrscheinlich – ganz abgesehen davon, dass es naheliegt, die Syntax der zitierten Sätze schon aus grammatischen Gründen so zu verstehen, dass sich die anklagende Rede vom „ungeheure[n] Unrecht in der Welt" auch auf den späteren, nach dem Semikolon folgenden Satzteil „dass es bei den Frauen Sünde wird und Sühne fordert [...]" bezieht. In eine ähnliche Richtung zielt denn auch eine Bemerkung, die der Autor seiner Figur Anna Rupius in den Mund legt. Nachdem sie die erstaunte Berta darüber aufgeklärt hat, dass auch ihre Schwägerin ein außereheliches Verhältnis hatte und dass sie in flagranti von ihrem Ehemann ertappt worden ist, der sich selbst seitdem endgültig ungebunden fühlt und seine Frau als „Begnadigte" und „Wirtschafterin" behandelt, resümiert Anna: „‚Ah, meine liebe Berta, wir sind ja gewiß keine Engel, wie Sie nun aus eigener Erfahrung wissen, aber die Männer sind infam, solang...' es war, als zögerte sie, den Satz zu enden, ‚solang sie Männer sind'" (GAR, 148).

Offen bleibt schließlich, welche konkreten Konsequenzen für ihr künftiges Leben und Verhalten Berta aus der am Ende gewonnenen Einsicht in die gleichermaßen vorhandenen sexuellen Bedürfnisse von Männern und Frauen zieht. Im Blick auf das Verhältnis von Berta und dem von ihr hoch geschätzten Herrn Rupius hatte Schnitzler selbst in einer Skizze notiert: „Frau Bertha. Warum ist R. so unglücklich – weil er das nicht haben kann, worauf sie freiwillig verzichtet" (Fliedl in ebd., 191). In der letzten Szene der Erzählung sitzen also die beiden Figuren der erzählten Welt einander schweigend gegenüber, die auf Sexualität verzichten müssen bzw. künftig verzichten wollen. Berücksichtigt man, dass im Verlauf der Erzählung ja gerade vorgeführt wurde, wie sich Bertas Gefühle und Gedanken wiederholt ändern und auch einander widersprechen, so müssen allerdings weder die Regung von „Ekel" und Scham, die Berta in der Erinnerung „an die eine Stunde der Lust" (ebd., 168) mit Emil jetzt plötzlich empfindet, noch ihr Entschluss zur künftigen sexuellen Enthaltsamkeit von Dauer sein – auch das wird mit dem den Text abschließenden Gedankenstrich geradezu buchstäblich bedeutet.

Die zeitgenössische Kritik hat *Frau Bertha Garlan* angesichts der, wie es z. B. in *Das literarische Echo* (1900/1901) hieß, „schier zu gewissenhafte[n] Darstellung der Gefühls- und Gedankenwelt" einer „gutbürgerlichen Alltagsnatur" skeptisch bis kritisch beurteilt (zit. n. Perlmann 1987a, 150; vgl. auch Fliedl in GAR, bes. 212 f.). Hugo von Hofmannsthal dagegen, dem Schnitzler im Juni 1900 von seiner „großen Novelle" berichtet hatte, gehörte offensichtlich zu einer Gruppe von Autoren, die – wie auch schon Felix Salten und Gustav Schwarzkopf sowie Georg Brandes (vgl. dessen Brief vom 10.5.1901; Brandes-BW, 85) – „sehr zufrieden" mit dem Werk ihres befreundeten Kollegen waren. So schreibt er im „Jänner 1901" an Schnitzler, dass er den „ersten Teil" der Erzählung „aus Neugier" gelesen habe, und bemerkt: „finde es wunderschön, so reif, reich und leicht, voll Ruhe und Fülle, in zarten Farben, voll Luft, sehr schön" (Hofmannsthal-BW, 145). Und nach einer Re-Lektüre der Erzählung schreibt er am 8. Dezember 1903:

> Ich habe in der Zwischenzeit ‚Frau Bertha Garlan' wieder gelesen, mit noch viel intensiverem Vergnügen als das erstemal, ja mit ungetrübtem Genuß. […] So viel Kraft und Wärme, Übersicht, Tact, Weltgefühl und Herzenskenntnis steckt in dieser ‚Bertha Garlan', so schön zusammengehalten ist es und so gut und gescheit dabei. (Ebd., 178 f.)

3.3 *Lieutenant Gustl* (1900)

Ein erster Einfall zu Schnitzlers wohl wirkungsmächtigster Erzählung geht vermutlich auf das Jahr 1896 zurück. In einer im Nachlass erhaltenen, nicht datierten Notiz skizzierte der Autor folgendes Sujet: „Einer bekommt irgendwie eine Ohrfeige; – niemand erfährt's. Der sie ihm gegeben, stirbt und er ist beruhigt, kommt darauf, dass er nicht an verletzter Ehre – sondern an der Angst litt, es könnte bekannt werden.–" (GUS/HKA, Bd. 2, 12 f.). Offenbar angeregt durch eine Erzählung Felix Saltens von einem realen Vorfall im Foyer des Musikvereinssaals (vgl. Urbach 1974, 103) hat Schnitzler diese Grundidee später leicht umgearbeitet und im Verlauf eines für seine Verhältnisse ungewöhnlich kurzen Schaffensprozesses zunächst im Mai 1900 – also unmittelbar nach dem Abschluss von *Frau Bertha Garlan* – eine knappe Skizze der „Leutnantsgeschichte" (ebd.) mit dem Arbeitstitel „Ehre" und kurz darauf in nur sechs Tagen zwischen dem 14. und 19. Juli im Kurhaus von Bad Reichenau die im Wesentlichen in einem Zug niedergeschriebene Texthandschrift einer „ziemlich sonderbaren Novelle, die mir viel Freude macht" (an Hugo von Hofmannsthal, 17.7.1900; BR I, 387), verfertigt; „Nachm. ‚Ltn. Gustl.' vollendet, in der Empfindung, dass es ein Meisterwerk", notiert der sonst so selbstkritische Autor am 19. Juli 1900 in sein Tagebuch. Veröffentlicht wurde der bald danach diktierte und bei dieser Gelegenheit noch einmal überarbeitete Text noch im Jahr seiner Entstehung. Unter dem möglicherweise bewusst

3.3 Lieutenant Gustl

auf die Novelle *Leutnant Burda* (1887) von Ferdinand von Saar (1833–1906) anspielenden Titel *Lieutenant Gustl* (vgl. Alter 1991) erschien er am 25. Dezember 1900 in der Weihnachtsbeilage der bedeutendsten deutschsprachigen Zeitung der Habsburgermonarchie, der weit über die Grenzen Wiens hinaus gelesenen *Neuen Freie Presse*. Sowohl der prominente Publikationsort als auch das symbolträchtige Datum waren allerdings zwischenzeitlich gefährdet, denn der als Redakteur für die *Neue Freie Presse* arbeitende Theodor Herzl (1860–1904) hatte den Text im November zunächst widerspruchslos angenommen, befand ihn kurz vor Weihnachten aber auf einmal für zu umfangreich, während Schnitzler wiederum durchaus zu Kürzungen bereit war, seinen *Lieutenant Gustl* aber in jedem Fall als Ganzes und nicht in Fortsetzungen veröffentlicht sehen wollte, da er eine „Theilung der Novelle aus künstlerischen Gründen [für] unthunlich" hielt (vgl. dazu Schnitzlers Briefe an Theodor Herzl; BR I, 397–400 u. 867, zit. 398). Die Buchausgabe des Textes mit dem Zusatz „Novelle" und Illustrationen von Moritz Coschell erschien dann als Einzelausgabe 1901 bei S. Fischer und erreichte bis 1919 immerhin 21 Auflagen (vgl. ebd., 867).

Zur Rezeption von *Lieutenant Gustl* gehört, dass sein Autor schon am 28. Dezember 1900, nur drei Tage nach dem Erscheinen des Erstdrucks in der *Neuen Freien Presse*, in der konservativen, vorwiegend in Militärkreisen gelesenen Wiener Tageszeitung *Die Reichswehr* wegen der Figur des Gustl persönlich heftig angegriffen wurde und bald darauf die entsprechenden Konsequenzen zu tragen hatte (vgl. Fliedl in GUS, 96 f.). Zu den Voraussetzungen dafür zählt, dass Schnitzler seinen verkürzten, sogenannten „einjährig freiwilligen Militärdienst" seinerzeit mit einem Offiziersdiplom als Reserveoffizier, in seinem Fall als Angehöriger der Sanitätstruppe und „k.u.k. Oberarzt in der Evidenz", beendet hatte. Hier, an seinem besonderen Status als Offizier, der dem gleichen strengen Ehrenkodex wie ein Berufsoffizier unterlag, setzten seine Kritiker an. Mit dem Vorwurf, dass er erstens persönlich in seiner Ehre angegriffen worden sei und sich nicht verteidigt habe (im Idealfall mit einer Duellforderung), und dass er zweitens mit dem „Inhalt" seines Werks „die Ehre und das Ansehen der österr. u. ung. k.u.k. Armee herabgesetzt" habe, wurde er nun seines „Offiziersrangs für verlustig erklärt", d. h., er wurde gemäß eines vom zuständigen „Ehrenrat für Landwehroffiziere und Kadetten" am 26. April 1901 gefassten Beschlusses vom Offizier zu einem gewöhnlichen Sanitätssoldaten des k.u.k.-Landsturms degradiert (zu den Details und dem entsprechenden, mit verschiedenen Zeitungsartikeln und öffentlichen Kommentaren verbundenen Skandal vgl. Renner 2008). Schnitzler, der sich im Verlauf der gesamten Auseinandersetzungen juristisch beraten ließ, war bemüht, die Dinge nicht eskalieren zu lassen und seinerseits keinerlei öffentliche Stellungnahmen abzugeben. In persönlichen Briefen äußert er sich allerdings ganz unverhüllt zu der „Affaire" (an Hermann Bahr, 26.6.1901; BR I, 437). Dem befreundeten dänischen Literaturkritiker, Schriftsteller und Philosophen Georg Brandes (1842–1927) gegenüber spricht er so z. B. von einer „naive[n] Heuchelei" in den entsprechenden, typisch österreichischen „Kreisen" (vgl. seinen Brief vom 25.4.1901;

Brandes-BW, 83 f., zit. 84), und im Juni 1901 schreibt er an seine Mutter: „Wenn ich noch einmal einen Lieutenant Gustl schreiben würde – er fiele nicht mehr so liebenswürdig aus" (22.6.1901; BR I, 437). Tatsächlich hat Schnitzler dann noch eine unveröffentlichte Parodie des eigenen Textes verfasst, die genau umgekehrt verfährt und ihren Witz daraus zieht, dass sie den Kritikern des *Lieutenant Gustl* versuchsweise folgt und den Leutnant, wie gewünscht, als einen rundum vollkommenen, in jeder Hinsicht ‚politisch korrekt' denkenden und handelnden Offizier gestaltet (abgedruckt z. B. in GUS/TK, 50–53).

„Wo lebt denn ein so widerlicher Ignorant und Cyniker, ein so jämmerliches, charakterloses Subjekt, wie es dieser ‚Lieutenant Gustl' ist?", so hatte ein Anonymus in einem am 22. Juni 1901 in der *Reichswehr* erschienenen, weiteren kritischen Artikel zum „Fall Schnitzler" rhetorisch gefragt (zit. n. BR I, 879). Warum Schnitzlers Text in Armee-Kreisen als eine „Verhöhnung jener Ansichten und Satzungen" empfunden wurde, „die dem Officier nun einmal sacrosankt sind" (ebd.), zeigt schon ein erster Blick auf den Inhalt der erzählten Geschichte.

Plot

Gustl, ein junger, drei- oder vierundzwanzig Jahre alter (vgl. GUS, 25), aus eher kleinen Verhältnissen einer Beamtenfamilie in Graz stammender Leutnant, hat einen Zivilisten, einen promovierten Juristen, zum Duell gefordert, weil dieser sich in offenbar leicht angetrunkenem Zustand skeptisch über die innere Einstellung mancher von Gustls „Kameraden" (ebd., 12) geäußert hatte. Das Duell soll mit Säbeln ausgetragen werden und ist für „Nachmittag um vier" (ebd., 45) am 5. April (vgl. ebd., 31) eines nicht explizit genannten, aber aufgrund von Anspielungen unmittelbar auf die zeitgenössische Gegenwart, d. h. 1900, zu datierenden Jahres (vgl. z. B. Urbach 1974, 104) vorgesehen. Weil ihm ein Regimentskamerad die Eintrittskarte geschenkt hat, besucht Gustl am Vorabend des Duells die Aufführung eines Oratoriums im Wiener Musikvereinssaal. Am Ende des Konzerts, bei dem er sich im Wesentlichen gelangweilt hat, eilt er zur Garderobe und gerät im Gedränge mit einem dicken Mann aneinander, der sich bei näherem Hinsehen als ein ihm aus seinem Stammcafé bekannter Bäckermeister entpuppt. Als Reaktion auf Gustls von ihm selbst im Nachhinein als „zu grob" empfundene Bemerkung „Sie, halten Sie das Maul!", empfiehlt ihm der Bäckermeister seinerseits „stad", d. h. still zu sein, greift an Gustls Säbel, droht, ihn zu zerbrechen und an sein Regimentskommando zu schicken, schimpft ihn leise „einen dumme[n] Bub" (GUS, 15), um anschließend laut hinzuzufügen „Habe die Ehre, Herr Lieutenant" (ebd., 16) und so zu tun, als ob zwischen den beiden nichts vorgefallen wäre.

Nach den strengen „Ansichten und Satzungen" des Militärs steht der zunächst vollkommen konsternierte Gustl nun vor einem großen Problem. Denn einerseits hat das Verhalten des Bäckermeisters seine Ehre als Offizier eindeutig verletzt, andererseits kann er diese Ehre aber nicht auf die übliche, in solchen

Fällen vorgesehene Weise wiederherstellen. Da sein Beleidiger als einfacher Handwerker nicht satisfaktionsfähig ist, bleibt eine Duellforderung ausgeschlossen, und da Gustl im Augenblick der Beleidigung buchstäblich handlungsunfähig war und den körperlich „zehnmal stärker[en]", seinen Säbel festhaltenden Bäckermeister schlicht nicht „zusammenhauen" konnte (ebd.), hat er auch die Möglichkeit einer unmittelbaren Reaktion in Gestalt einer sogenannten Ehrennotwehr verpasst. Als logische Konsequenz bleibt für Gustl damit „nur eins: quittieren mit Schimpf und Schand'" (ebd., 18). Da Gustl als Berufsoffizier aber über keine für das Zivilleben taugliche Ausbildung und auch über keinerlei Vermögen verfügt, liegt ein Abschied vom Militär jenseits seiner Vorstellungskraft. Gustl sieht daher nur noch den Ausweg, sich „anständig [zu] benehmen, ein Mann [zu] sein, ein Offizier [zu] sein" (ebd., 23) und sich am nächsten Morgen zu erschießen. Die Nacht irrt er durch Wien, schläft für drei Stunden auf einer Praterbank, besucht eine Frühmesse und geht schließlich in sein Stammcafé, um sich vor seinem Tod noch einmal zu stärken. Hier erfährt er als die Sensation des Morgens, dass sein Beleidiger, der allen bekannte, regelmäßig im Café verkehrende Bäckermeister zu Hause an einem Schlaganfall gestorben ist. Angesichts dieser Nachricht gerät Gustl fast außer sich vor Freude, vergisst alle Selbsttötungspläne und frohlockt im Blick auf das bevorstehende Duell und seinen im Säbelkampf ungeübten Gegner „...na wart', mein Lieber, wart', mein Lieber! Ich bin grad' gut aufgelegt... Dich hau' ich zu Krenfleisch!" (ebd., 45).

Wenn Schnitzler im Blick auf den eigenen Text von einer „ziemlich sonderbaren Novelle" spricht, so hat das weniger mit dem Inhalt der erzählten Geschichte als mit der Art ihrer Darstellung zu tun. Wie im vorherigen Kapitel am Beispiel von *Reichtum*, *Sterben* und *Die kleine Komödie* deutlich wurde, hat Schnitzler in seiner Erzählprosa von Beginn an unterschiedliche Möglichkeiten der Präsentation von Geschehen aus der Innensicht sondiert. Und nicht erst die rund drei Monate vor *Lieutenant Gustl* geschriebene *Frau Bertha Garlan* bietet eine konsequent gestaltete Monoperspektive, sondern schon in den frühen, im zeitlichen Umfeld von *Sterben* entstandenen Novelletten der neunziger Jahre finden sich Erzählungen, die durchgängig die Innensicht einer einzelnen Figur verfolgen – wobei Studien des männlichen Bewusstseins zunächst im Vordergrund stehen. In der Erzählung *Ein Abschied* (1896) wird dieses Bewusstsein durch das Medium einer ebenso unbeteiligten wie neutralen narrativen Instanz weitgehend in der dritten Person vermittelt. Diese Stimme ermöglicht auf wunderbare Weise, was in der realen Welt unmöglich wäre, nämlich in actu die Verwirrung und die Schuldgefühle eines jungen Mannes mitzuverfolgen, die dieser während und nach der tödlichen Erkrankung seiner verheirateten Geliebten niemandem mitteilen kann, weil offenbar niemand von ihrem Verhältnis wusste. In *Blumen* (1894), *Die Frau des Weisen* (1897) und *Andreas Thameyers letzter Brief* (1902, entstanden im Februar 1900) werden psychische Prozesse dagegen scheinbar unmittelbar, ohne die Vermittlung einer unbeteiligten Instanz und auch ohne jede Herausgeberfiktion o.ä., in der Form des Tagebuchs oder Briefs präsentiert.

In *Lieutenant Gustl* ist die zuvor schon unterschiedlich erprobte konsequente Darstellung eines Geschehens aus der Innensicht nun in ihrer Extremform verwirklicht. Schnitzler hat sein Werk als eine „Monologerzählung" (Zenke 1976) angelegt und damit eine radikale Neuerung in die deutschsprachige Erzählliteratur eingeführt. Erstmals verzichtet ein Autor nicht nur auf jegliche Erzählinstanz, sondern auch auf die Fiktion irgendeiner Art von ‚realer' Niederschrift oder Rede und damit auch eines möglichen Adressaten. Sein Text präsentiert ein Geschehen mit der Ausnahme von wenigen, sehr kurzen Dialogpassagen vollständig in Gestalt der reinen Gedankenrede, dem sogenannten inneren Monolog oder auch „autonomen Monolog" (Cohn 1978, 217–265), sodass der Eindruck entsteht, als ob man – jedenfalls im gewählten Zeitausschnitt, der von 20:45 Uhr abends bis etwa 6:00 Uhr morgens reicht – am Denken des männlichen Protagonisten vollkommen ‚objektiv', d. h. unmittelbar und ohne jede Auslassung, teilhaben könne (zur besonderen sprachlichen Form der u. a. 243 Fragen, 283 Ausrufe und insgesamt 810 Pausen, d. h. Gruppen von einer, je nach Druckfassung, unterschiedlichen Zahl von Auslassungszeichen umfassenden Darstellung von Gustls Gedankenrede vgl. z. B. Renner in HB, bes. 189).

Angeregt wurde Schnitzler durch den von ihm nachweislich im Herbst 1898 (vgl. Urbach 1974, 104) gelesenen kleinen Roman *Les lauriers sont coupés* (1888) des französischen Autors Édouard Dujardin (1861–1949), der etwa sechs Stunden im Leben eines erfolglos um eine kokette Schauspielerin werbenden Pariser Studenten in der Form eines wiederholt von Dialogpassagen durchsetzten inneren Monologs präsentiert. Dujardins auch sprachlich noch vergleichsweise traditionell gestalteter Text wird in literaturhistorischen Darstellungen in aller Regel als unmittelbares Vorbild für den *Lieutenant Gustl* genannt (zu den intertextuellen Bezügen vgl. Aurnhammer 2013a, 79–84). Eine so direkte Vorbildfunktion kann schon deshalb nur mit Einschränkungen gelten, weil die Verwendung bzw. ‚Erfindung' des autonomen inneren Monologs im *Lieutenant Gustl* eben auch eine Konsequenz von Schnitzlers eigener Entwicklung als Erzähler ist. Im Übrigen lag eine solche Form der sich auf das Bewusstsein einer einzelnen Figur konzentrierenden Darstellung in der Jahrhundertwendezeit offenbar geradezu ‚in der Luft'. Das bezeugen nicht nur Hermann Bahrs Forderungen nach der Darstellung von Innenwelt und „Seelenständen" und sein Entwurf einer „neue[n] Psychologie" (1890 in zwei Teilen in der Zeitung *Moderne Dichtung* veröffentlicht, vgl. Bahr 2013b), sondern auch etwa ein Blick auf einen anderen Zeitgenossen, den heute nur noch wenig bekannten, aber 1919 immerhin mit dem Nobelpreis ausgezeichneten Schweizer Autor Carl Spitteler (1845–1924). Dieser hatte 1898 im Berliner „Verlag der Romanwelt" einen Text mit dem Titel *Conrad der Leutnant* veröffentlicht, der im Untertitel ausdrücklich nicht als Roman oder Erzählung, sondern als „Eine Darstellung" bezeichnet wurde, was der Verfasser in einer „Vorbemerkung" wiederum wie folgt erläuterte:

> Unter ‚Darstellung' verstehe ich eine besondere Kunstform der Prosa-Erzählung mit eigentümlichem Ziel und mit besondern Stilgesetzen, welche diesem Ziel als Mittel dienen. Das Ziel heißt: denkbar innigstes Miterleben der Handlung. Die Mittel dazu lauten: Einheit der Person, Einheit der Perspektive, Stetigkeit des zeitlichen Fortschritts. [...] Mit erläuternden Worten: Die Hauptperson wird gleich mit dem ersten Satz eingeführt und hinfort nie mehr verlassen. Es wird ferner nur mitgeteilt, was jene wahrnimmt, und das so mitgeteilt, wie es sich in ihrer Wahrnehmung spiegelt. Endlich wird die Handlung lebensgetreu Stunde für Stunde begleitet, so daß der Erzähler sich nicht gestattet, irgendeinen Zeitabschnitt als angeblich unwichtig zu überspringen. Aus dem letzten Gesetz ergibt sich wiederum die Notwendigkeit, die Handlung binnen wenigen Stunden verlaufen zu lassen. (Spitteler 1945, 109)

Was sich wie eine Beschreibung des zwei Jahre später geschriebenen *Lieutenant Gustl* liest, hat Spitteler selbst in seinem in der dritten Person und im Präteritum verfassten *Conrad der Leutnant* so allerdings noch nicht umgesetzt. Und Schnitzlers „Novelle" wiederum ist deshalb – anders als die beiden Werke von Dujardin und Spitteler – zu einem bis heute viel gelesenen Text und zugleich einem der „Schlüsseltexte der Moderne" (Wiele 2012) geworden, weil sie eine neue Form der Darstellung mit einem besonderen Stoff verbindet.

Spittelers *Conrad der Leutnant* hat Schnitzler tatsächlich erst etliche Jahre nach Fertigstellung seines *Lieutenant Gustl* gelesen (TB, 26.3.1908) und im Blick auf Dujardins Roman hatte er seinerzeit in einem Brief an Georg Brandes bemerkt, dieser habe ihm wohl den „erste[n] Anlaß zu der Form" seiner Novelle gegeben, aber auch hinzugefügt, dass „dieser Autor für seine Form nicht den rechten Stoff zu finden wußte" (11.6.1901; Brandes-BW, 88). Von entscheidender Bedeutung ist also, welchen Stoff Schnitzler für die Form des inneren Monologs wählt – oder anders gewendet: warum und wie er gerade diese Form für die Gestaltung eines bestimmten sozialen Typus und die oben skizzierte Geschichte nutzt.

Mit der Gestalt des jugendlichen Leutnants rückt Schnitzler eine Figur in den Blickpunkt, die der Jahrhundertwendegesellschaft als anerkanntes Vorbild gilt, weil sie ihre Grundwerte in der Form eines Idealtyps verkörpert:

> Wenn es für jede Gesellschaft einen Sozialcharakter gibt, der, ohne daß sie es wollen oder bemerken, für die meisten der übrigen Gesellschaftsmitglieder als Vorbild gilt, so scheint dies für die österreichische fast ebenso wie für die preußische Gesellschaft der Jahrhundertwende der jugendliche Leutnant gewesen zu sein. (Janz/Laermann 1977, 111)

Diese Leitfigur der Epoche lässt ihr Autor nun in eine Situation geraten, wo sie in dem verletzt wird, was ihre herausragende soziale Stellung begründet: in ihrer Männlichkeit und ihrer Ehre. Ähnlich wie schon *Sterben* ist also auch *Lieutenant Gustl* nach dem Muster einer ‚nouvelle expérimentale' im besonderen Sinne eines psychologischen Experiments konzipiert. Wie reagiert der Leutnant, den ein körperlich überlegener Bäckermeister bei seinem Säbel als dem martialischen Symbol seines Standes packt und als „dummen Bub" bezeichnet? Versteht man die „Ehre" mit dem Philosophen Hegel als das „schlechthin Verletzliche", das sich nicht zuletzt durch ein „Scheinen" im Innern des einzelnen selbst bestimmt (Hegel 1986, 180), so ist für Schnitzlers Studie von entscheidender Bedeutung, dass Gustls Beleidigung zwar in einem öffentlichen Raum erfolgt, gleichwohl aber – wie sein Kontrahent ausdrücklich betont („…So, hab'n S' keine Angst, 's hat niemand was gehört…", GUS, 16) – nur die beiden Beteiligten zum Zeugen hat. Gustl, der seinen satisfaktionsunfähigen Beleidiger ja nicht fordern kann, muss sich in einem inneren Prozess fortan selbst zu seiner ‚Ehre' ins Verhältnis setzen. Weniger sein äußeres Verhalten als das Protokoll seines Denkens nach der Beleidigung ist insofern von besonderer Brisanz. Was sich bei dieser Gelegenheit zeigt, ist alles andere als ehrenhaft und offenbart die innere Unsicherheit und die Minderwertigkeitskomplexe einer auf das Prinzip der Verdrängung eigener Ängste und der Aggression gegen Schwächere gegründeten und von Gefühlen der Misogynie (z. B. ebd., 10), des Antisemitismus (z. B. ebd., 9) und der Sehnsucht nach einem Krieg (z. B. ebd., 31) beherrschten männlichen Existenz.

Mit Hilfe des inneren Monologs hebt Schnitzler in *Lieutenant Gustl* also die Grenze auf, die im sozialen Leben Innen- und Außenwelt trennt, und führt seinen Lesern vor, in welchem Ausmaß der bloße Schein das Wesen des Leutnants bestimmt. Die von der Gesellschaft verherrlichten Ideale von Ehre und Männlichkeit – und das ist das eigentliche Skandalon dieser sowohl ein „Psychogramm" als auch ein „Soziogramm" bietenden Novelle (Schmidt-Dengler 1996, 24) – erscheinen im Rahmen des von Schnitzler in Szene gesetzten Gedankenstroms als eine leere Hülle und auf bloße Äußerlichkeiten wie das Tragen einer Uniform und eines Säbels beschränkt. Wie gefährlich der labile und ebenso autoritätshörige wie „autoritäre Charakter" (zu Gustl als Prototyp eines „autoritären Charakters" vgl. Fliedl in GUS, 90 f., zit. 90) ist, der sich hinter dieser Kostümierung verschanzt, zeigt sich spätestens am Ende des Textes, wenn der soeben noch zum Selbstmord entschlossene Gustl über den jähen Tod seines Beleidigers frohlockt und in Gedanken an das ihm bevorstehende Duell seinem harmlosen Gegner nunmehr in bester Laune die nach dem geltenden militärischen Ehrenkodex durchaus erlaubten schweren körperlichen Verletzungen verheißt.

Ein Blick auf Anfang und Ende des Textes sowie die Struktur der dargestellten Handlung zeigt im Übrigen, dass das Gedankenprotokoll von neun bzw. sechs wachen Stunden im Leben des Leutnant Gustl nicht einfach einem schlichten psychologischen Realismus folgt, um zu ermöglichen, was schon Georg Brandes „eine ganze Psychologie in einer Nussschale" nannte (22.5.1901; Brandes-BW, 87). Zur oft hervorgehobenen kunstvollen Komposition des *Lieutenant Gustl* gehören nicht allein facettenreiche intertextuelle Anspielungen auf andere literarische Texte oder auch intermediale Bezüge auf das Musikstück, das Gustl am Anfang hört (d. h. auf Felix Mendelsohn-Bartholdys *Paulus-Oratorium, op. 36*, 1836; vgl. dazu z. B. Schneider 2014, 102 f.). Wie schon in *Reichtum* findet sich auch im *Lieutenant Gustl* eine Art von „Wiederholungsstruktur", die sich in diesem Fall auf besondere Weise mit der Darstellungsform des inneren Monologs verbindet: Dank der Innensicht weiß der Leser am Ende, wovon in der erzählten Welt in dieser Form niemand weiß (bzw. wissen möchte), nämlich dass Gustl nicht einmal, sondern zweimal mit einem ‚ehrverletzenden Verhalten' von zwei unterschiedlichen ‚Beleidigern' konfrontiert worden ist (wobei, wenn überhaupt, allein die zweite, nicht öffentlich bekannt gewordene ‚Ehrverletzung' eine entschiedene Reaktion von ihm erfordert hätte), und dass Gustls ‚wirklicher' Duellgegner am Ende als Stellvertreter für eine persönliche Kränkung und die Erfahrung einer Ohnmacht wird herhalten müssen, die der tatsächlich nicht an seiner Ehre, sondern an seinem sozialen Überleben interessierte Gustl nicht mehr wahrhaben und von der er sich nunmehr in einem Akt der Aggression befreien will.

Berücksichtigt man, dass Schnitzler die 1899 erschienene *Traumdeutung* von Sigmund Freud im März 1900 intensiv gelesen hat, so lässt sich sein *Lieutenant Gustl* – ähnlich wie *Frau Bertha Garlan* und anders als zuweilen behauptet wird – weniger als Folgeprodukt, denn als literarische ‚Parallelaktion' und in diesem Fall auch als eine Art skeptischer Kommentar zu dem dort errichteten Lehrgebäude der Psychoanalyse verstehen. Dafür spricht nicht zuletzt die kleine, aber entscheidende Variation des von Schnitzler seinerzeit skizzierten Sujets. In seiner ersten Notiz hatte der Autor das auf den Tod des Beleidigers folgende Gefühl der ‚Beruhigung' ja ausdrücklich mit einem Moment der Selbsterkenntnis verbunden, wenn er im Blick auf den Beleidigten notierte: „[...] ist beruhigt, kommt darauf, dass er nicht an verletzter Ehre – sondern an der Angst litt, es könnte bekannt werden.–"
(GUS/HKA, 12 f.). In der am Ende ausgearbeiteten Geschichte fehlt dieses Moment nicht nur, sondern es ist geradezu ins Gegenteil verkehrt. „Und wenn ihn heut' Nacht der Schlag trifft, so weiß ich's... ich weiß es... und ich bin nicht der Mensch, der weiter den Rock trägt und den Säbel, wenn ein solcher Schimpf auf ihm sitzt!..." (GUS, 21) und „nein, zu überlegen ist da gar nichts – gescheh'n ist gescheh'n" (ebd., 31) – so lässt der Autor seinen Leutnant im Verlauf der Nacht reflektieren, um ihn dann am Morgen, nach der Nachricht vom Tode des Bäckermeisters, erleichtert triumphieren zu lassen: „Ich glaub', so froh bin ich in meinem ganzen Leben nicht gewesen... Tot ist er – tot ist er! Keiner weiß was, und nichts ist g'scheh'n!" (ebd., 44). Keine Einsicht in die wahren Motive des eigenen Handelns, sondern das ‚aktive' Vergessen von unmittelbar zuvor Erlebtem und Gedachtem bestimmt also das Denken der Figur und ermöglicht ihr Gefühl der Erleichterung. Das von Freud im systematischen Rahmen eines tiefenpsychologischen Modells erklärte und sich im Fall von Gustl mit einer Aggressionsverschiebung verbindende Prinzip der Verdrängung gestaltet Schnitzler im Rahmen seiner literarischen Fiktion in actu als einen alltäglichen Prozess, der – jedenfalls in einem durchschnittlichen Fall wie dem des Leutnant Gustl – nicht in die nur noch dem Analytiker zugänglichen Tiefen des Unbewussten, sondern unmittelbar an den Rand des Bewusstseins und damit durchaus noch in den Verfügungs- und Verantwortungsbereich des Verdrängenden gehört. „Das Unbewusste", so schreibt Schnitzler später im Rahmen seiner kritischen theoretischen Auseinandersetzung

mit der Psychoanalyse, „fängt nicht so bald an, als man glaubt, oder manchmal aus Bequemlichkeit zu glauben vorgibt" (AB, 455). Während der Leutnant am Ende gut gelaunt weiterlebt, als ob „nichts [...] g'schehn" (GUS, 44) wäre und den Schein der Ehre nach den Regeln seines sozialen Standes ohne jeden Selbstzweifel zu Lasten eines Dritten bewahrt, ermöglicht das in Schnitzlers *Lieutenant Gustl* gestaltete Gedankenprotokoll zumindest seinen Lesern eine Einsicht in die Mechanismen des Vergessens und Verdrängens, die in diesem Fall zu einem de facto eben nicht vorbildlichen, sondern höchst gefährlichen Typus gehören.

3.4 *Der blinde Geronimo und sein Bruder* (1900/1901)

In dem für ihn als Autor höchst fruchtbaren ersten Jahr des 20. Jahrhunderts verfasst Schnitzler nach *Frau Bertha Garlan* und *Lieutenant Gustl* auch die Erzählung *Der blinde Geronimo und sein Bruder* in nur neun Tagen zwischen dem 19. und 27. Oktober (zur Datierung vgl. TB, 19.10. u. 27.10.1900, sowie BR I, 396 u. 867). Der Erstdruck erfolgt zum Jahreswechsel unter dem Titel *Der blinde Hieronymo und sein Bruder* in vier Nummern der Wiener Wochenzeitung *Die Zeit* (Nr. 325 bis 328, erschienen zwischen dem 22.12.1900 und dem 12.1.1901, d. h. z. T. zeitlich parallel zu den in anderen Zeitschriften veröffentlichten Werken *Lieutenant Gustl* und *Frau Bertha Garlan*). Auf eine entsprechende Frage hin bezeichnet der Autor selbst die Erzählung gegen Ende seines Lebens als eines der Werke, die „seinem Herzen am nächsten steh[en]" (an Cyril Clemens, 19.1.1931; BR II, 749; zu weiteren Selbstkommentaren Schnitzlers vgl. Berlin 1987). Hugo von Hofmannsthals Urteil fällt dagegen kritisch aus. Unmittelbar nach Erscheinen des Textes schreibt er an Schnitzler: „Trotzdem bleibt der Schluß des ‚blinden Geronimo' in der gegenwärtigen Form mangelhaft, enttäuschend. Es muß aber sehr leicht zu ändern sein. Aber ich irre mich nicht, denn ich habs wieder gelesen" (Januar 1901; Hofmannsthal-BW, 145 f.). Nach dem Erstdruck in *Die Zeit* nimmt Schnitzler die Erzählung in den Sammelband *Die griechische Tänzerin* (1905) auf; als Separatdruck erscheint das Werk 1915 in Gestalt einer von Schnitzler selbst initiierten (vgl. seinen Brief an Samuel Fischer vom 10.3.1915; BR II, 80–83) und vom S. Fischer Verlag veranstalteten Sonderausgabe „zu Gunsten der im Felde Erblindeten" mit einer Originalradierung des mit dem Autor befreundeten und in seiner Nachbarschaft wohnenden bekannten Wiener Malers und Radierers Ferdinand Schmutzer (1870–1928); noch zu Schnitzlers Lebezeiten folgen zahlreiche weitere Ausgaben in unterschiedlichen Kontexten, zu denen auch Schulbuchsammlungen und unterschiedliche Arten von Anthologien gehören (vgl. Urbach 1974, 107 f.).

Plot

Im Blickpunkt der in Südtirol lokalisierten erzählten Geschichte steht das Bruderpaar Carlo und Geronimo Lagardi. Als Kind hat Carlo beim Blasrohrschießen seinen zufällig ins Schussfeld laufenden, fünf Jahre jüngeren Bruder

3.4 Der blinde Geronimo und sein Bruder

versehentlich am rechten Auge getroffen. Das Auge konnte nicht mehr gerettet werden und da infolgedessen auch das andere Auge erblindete, war „ein Jahr später [...] die Welt für Geronimo in Nacht versunken" (ES I, 369). Als der verzweifelte Carlo einem „geistlichen Herr[n]" anvertraut, dass er sich das Leben nehmen wolle, klärt dieser ihn auf, dass es „seine Pflicht [sei], zu leben und sein Leben dem Bruder zu widmen" (ebd.). Fortan vernachlässigt Carlo seine „Lehrstunden in der Schmiede" (ebd.) und kümmert sich nahezu ausschließlich um den Bruder, den er musikalisch ausbilden lässt. Zum weiteren „Unglück" der Brüder führt, dass ihr alter Vater nach einer Reihe von Missernten um eine kleine Rücklage betrogen wird, bald darauf stirbt und „nichts als Schulden" hinterlässt (ebd., 370). Nach dem notwendig gewordenen Verkauf ihres „kleinen Anwesen[s]" sind die verwaisten Brüder obdachlos; im Alter von zwanzig und fünfzehn Jahren beginnen sie ein „Bettel- und Wanderleben", bei dem Geronimo als eine Art Straßenmusiker Gitarre spielt und singt, während Carlo das Geld einsammelt und ihr Leben organisiert (ebd.). Schon „zwanzig Jahre" (ebd.) leben die Brüder nun auf der Straße, als sich am Beginn des Herbstes ein besonderer Vorfall ereignet: Vor dem Wirtshaus am Stilfserjoch, wo sie den Sommer über wie gewöhnlich sitzen, gibt ein Reisender Carlo eine Einfranken-Münze und warnt Geronimo – nachdem Carlo weggegangen ist, um Wein für den Bruder zu holen –, dass er sich „nur nicht betrügen" lassen solle, da er seinem „Begleiter ein Zwanzig-Frankstück gegeben" habe (ebd., 371 f.). Das Handeln des Fremden bringt ein schon lang gehegtes Misstrauen Geronimos ans Licht. Da alle Beteuerungen, wirklich nur ein Frankenstück bekommen zu haben, nichts nutzen, und er das „Opfer seines ganzen Lebens" (ebd., 379) in Frage gestellt sieht, beschließt Carlo, über Nacht ein Zwanzig-Frankstück aus einer Gaststube im Wirtshaus zu stehlen, um es dem Bruder später zu geben. Am frühen Morgen steigen die beiden ins Tal herab und Carlo überreicht das Goldstück seinem Bruder, der ihn abweist und jetzt erst recht der Lüge bezichtigt. Das ändert sich, als ein von einer „telegraphische[n] Anzeige" (ebd., 388) verständigter Gendarm die beiden unter dem Verdacht des Diebstahls auf der Landstraße festnimmt. Während Carlo befürchtet, dass ihn sein Bruder für einen notorischen Dieb hält, hat dieser ihn jetzt offenbar verstanden, denn er küsst ihn und Carlo sieht „Geronimo lächeln in einer milden glückseligen Art wie er es seit den Kinderjahren nicht mehr an ihm gesehen hatte" (ebd., 389). Auch Carlo lächelt, denn so schließt die Erzählung „Er hatte seinen Bruder wieder... Nein, er hatte ihn zum erstenmal..." (ebd.).

Zur Darstellungsform der erzählten Geschichte gehört, dass Schnitzler das für seine Erzählweise typische Prinzip der „Verinnerung" (vgl. Zenke 1976, bes. 15–19) hier in besonderer Weise nutzt. Denn ungeachtet der Tatsache, dass in diesem Fall zwei Figuren und ihre Beziehung untereinander im Blickpunkt stehen, ist die Möglichkeit der Innensicht ungleich verteilt. Anders als z. B. in *Sterben* gibt es in dieser Erzählung keinen rhythmischen Wechsel zwischen der gegenseitigen Innen- und Außensicht von zwei Figuren. Die neben wenigen Ansätzen zur Übersicht im Verlauf der Erzählung dominierende interne Fokalisierung ist fest auf Carlo, den älteren, sehenden Bruder, fixiert, dessen in erster Linie in Gestalt der erlebten Rede dargestellte Gedanken die Erzählrede dominieren, während sich das Innere der im Titel genannten scheinbaren Hauptfigur Geronimo auch für den Leser grundsätzlich nur aus der Außensicht (und ggfs. über den Umweg einer Mitsicht mit Carlo) erschließen lässt. So wie Geronimo (zur Bedeutung des noch im Zeitschriftenerstdrucks verwendeten Namens ‚Hieronymus' vgl. Lindken 1970, 55) blind ist gegenüber der Welt, so bleibt der Leser in seinem Fall blind gegenüber dem Inneren der Figur. Im Gegenzug wird dafür nicht, wie in *Sterben*, von der Dissoziation, sondern vom Sichfinden von zwei Figuren erzählt. Ungeachtet des von Hofmannsthal kritisierten, weil im Blick auf die äußere Handlung offenen Schlusses (wer wird wie verurteilt, werden sie gegebenenfalls zusammen oder wird nur Carlo ins Gefängnis gehen müssen?) stellt *Der blinde Geronimo und sein Bruder* also eins der wenigen letztlich doch ‚positiv' endenden Werke des Autors dar. Wesentlich dafür ist wohl auch, dass es sich in diesem Fall nicht um ein Liebes-, sondern um ein Brüderpaar handelt und dass – im Unterschied zu vielen anderen Erzählungen Schnitzlers – Erotik und Sexualität hier nur am Rande eine Rolle spielen (nämlich insoweit, als Geronimo seinen Bruder zwischenzeitlich verdächtigt, das mit seiner Musik verdiente Geld für den Unterhalt von Frauen und sein eigenes sexuelles Vergnügen zu verwenden). In *Flucht in die Finsternis* (1931) hat Schnitzler dieselbe Figurenkonstellation später noch einmal aufgegriffen und die Geschichte zweier ungleicher Brüder mit einem ganz anderen Ausgang gestaltet.

Was den Aufbau der erzählten Handlung angeht, hat Wolfgang Lukas darauf aufmerksam gemacht, dass dieser, ähnlich wie in *Frau Bertha Garlan*, einem ‚3-Phasen-Modell' (Lukas 1996, 15) folgt, bei dem nicht die Entwicklung des erblindeten, sondern die des sehenden Bruders im Vordergrund steht (zum werk- und epochenspezifischen Kontext des von Lukas im Sinne einer vom ‚Nicht-Leben' über die ‚Krise' zum ‚Leben' führenden Entwicklung verstandenen Modells vgl. ebd., 21–52): In einer ersten Phase hat sich Carlo entschlossen, dem Rat des Priesters zu entsprechen und sein eigenes Leben dem Leben des durch seine Erblindung von der Welt abgeschnittenen Bruders zu widmen – mit der Konsequenz, dass er selbst ohne Ausbildung bleibt und sich die beiden auch sozial isolieren; ausgelöst durch das Handeln des in diesem Fall als „Katalysatorfigur" (ebd., bes. 97–99) fungierenden Fremden gerät dieses Lebensmodell in eine schwere Krise, denn das bei Geronimo aufbrechende, unausgesprochen offensichtlich schon seit längerem gehegte Misstrauen offenbart, dass die beiden über die Jahre hinweg nur äußerlich, aber nicht wirklich innerlich verbunden waren, sodass seine „Reue" und das „Opfer seines ganzen Lebens" aus Carlos Sicht scheinbar „vergeblich" sind; in einer dritten Phase treten die beiden Figuren nunmehr in ein neues Verhältnis zueinander, was sich wiederum einer Einsicht und dem entsprechenden Handeln Carlos verdankt: Carlo erkennt, dass er letztlich kein „Opfer"

3.4 Der blinde Geronimo und sein Bruder

gebracht hat, sondern dass er Geronimo nicht verlassen will und kann, weil „er den Bruder gerade so notwendig brauchte, als der Bruder ihn" (ES I, 380). Mit anderen Worten: „Das vormals *asymmetrische* Verhältnis, in dem *einseitig* Geronimo von Carlo abhängig gewesen ist", entwickelt sich „zu einer *symmetrischen* Beziehung, die beiderseitig von dem Bewusstsein getragen ist, dass man sich *wechselseitig* zum Leben braucht" (Sina in HB, 192). Zu dieser Entwicklung gehört, dass das wesentlich mit Phase I verbundene, im Text genau dreimal genannte Gefühl eines „ungeheure[n] Mitleid[s]" (ES I, 369), „stets nagende[n] Mitleid[s]" (ebd., 370) bzw. „quälenden Mitleid[s]" (ebd., 378) sich nach Carlos ‚Einsicht' nicht mehr findet (dazu, dass sich mit dem Gefühl des Mitleids immer auch eine implizite Distanznahme gegenüber dem Leidenden als ‚dem Anderen' verbindet, vgl. Hamburger 1985, 106–109; vgl. dazu auch Sina in HB, 192). Dem entspricht, dass sich das Verhältnis von ‚Täter' und ‚Opfer' nicht nur insofern verkehrt, als Carlo seinerseits zum ‚hilflosen' Opfer einer Verleumdung sowie der sich anschließenden Verdächtigungen durch seinen Bruder wird. Am Ende wird Geronimo in einem entscheidenden Sinn zum Erkennenden und Handelnden, der einen besonderen, innigen Augenblick im Leben der Brüder herbeiführt, in dem er das Missverhältnis von ‚Leidendem' und ‚Mitleidenden' in einer wortlosen Geste aufhebt und „eine auf Gleichheit beruhende brüderliche Beziehung" (Leroy/Pastor 1976, 481) körperlich herstellt: Entgegen dem Willen des schimpfenden Gendarmen hält er in der Bewegung des Gehens inne, lässt die Gitarre „auf den Boden fallen", tastet „mit beiden Händen nach den Wangen des Bruders" und „nähert[] seine Lippen dem Munde Carlos, der zuerst nicht wusste, wie ihm geschah" (ES I, 389), um ihm einen Versöhnungskuss zu geben.

Sieht man von dem übergreifenden Handlungsmodell ab, das die Komposition der erzählten Geschichte bestimmt, so findet sich auch in dieser Erzählung die schon in *Reichtum* (1891) zu beobachtende Struktur einer variierenden Wiederholung. Die mit ihrer Hilfe geschaffene „paradoxe Doppelbödigkeit" (Lindken 1970, 71) im Rahmen der erzählten Welt, hat Konstanze Fliedl wie folgt erläutert:

> Der Fremde täuscht Geronimo, um seinen Verdacht zu wecken, Carlo täuscht Geronimo, um ihm den Verdacht zu nehmen. Unschuldig des Diebstahls bezichtigt, begeht Carlo den Diebstahl, um seine Unschuld zu beweisen. Geronimo irrt sich, als er seinen Bruder für einen Dieb hält, und erkennt die Wahrheit, als man seinen Bruder als Dieb verhaftet. Seinerzeit hat Carlo seinen Bruder blind gemacht; als nun der Fremde Geronimo täuscht, also noch einmal ‚blendet', befindet sich Carlo seinerseits ‚in tiefer Finsternis' (ES I, 378) und muß durch ‚tiefe Dunkelheit' (ebd., 380), um nächtens das Geldstück zu entwenden. Blind füreinander, werden beide erst im ‚Morgenglanz' (ebd., 386) des nächsten Tages wiederum hellsichtig und ‚erkennen' einander als Brüder. Durch Carlos reale Schuld als Dieb ist nicht nur seine Unschuld in den Augen Geronimos wiederhergestellt, sondern endlich auch die einstige, unwillentliche Mitschuld an Geronimos Erblindung gesühnt. (Fliedl 2005, 131)

Unabhängig davon, dass diese „exakte Kontrapunktik" einer „klassischen Novellenstruktur" entspricht (ebd., 130 f.), veranschaulicht die Erzählung bei näherem Hinsehen also auch die für die Moderne typische Einsicht, dass die Lebenswirklichkeit für das handelnde Individuum in mancher Hinsicht undurchschaubar ist und es letztlich auch keine vollkommen objektive, intersubjektiv gültige Wahrheit gibt. Tatsächlich, so führt die Konstruktion der erzählten Geschichte vor, hängt jedenfalls das Ergebnis von menschlichen Handlungen nicht notwendig mit der Intention des Handelnden zusammen und die Bedeutung von Handlungen und Ereignissen ist außerdem immer auch an den jeweiligen Kontext und die Perspektive ihrer Wahrnehmung geknüpft: Carlo hatte seinerzeit auf eine Esche gezielt und seinen unerwartet ins Schussfeld laufenden Bruder getroffen; das scheinbar bösartige Handeln des Fremden bewirkt etwas Gutes, das dieser kaum ahnen konnte; und was aus Sicht von Gesellschaft und Obrigkeit eindeutig ein Diebstahl und insofern ein strafwürdiges Vergehen ist, stellt sich aus Sicht von Geronimo und Carlo (sowie dem Leser ihrer Geschichte) zuallererst als ein Beweis der Bruderliebe dar, der nach Jahren des Nebeneinanderlebens die Basis für eine echte Gemeinschaft schafft. Die erkenntnistheoretischen Fragen, die sich aus solchen Spannungen ergeben, sowie das Problem der ‚Blindheit' des Handelnden im Angesicht einer von ihm weder zu überschauenden noch zu beherrschenden Komplexität des Lebens, hat Schnitzler in einer Reihe von späteren Erzählungen geradezu systematisch reflektiert.

3.5 *Das Schicksal des Freiherrn von Leisenbohg* (1904)

An der unter dem Titel „Fluch" begonnenen „Novelle" arbeitet Schnitzler laut Tagebuch erstmals im Mai 1902 (TB, 11.5.1902); im Frühjahr des folgenden Jahres nimmt er die Arbeit wieder auf (ebd., 19.3.1903) und beendet den Text im Wesentlichen wohl im September 1903 (vgl. ebd., 6.8.1903 u. 4.9.1903); die noch nicht druckfertigen Fassungen liest er am 6. Oktober 1903 seiner Frau Olga und am 11. April 1904 den befreundeten Kollegen Hugo von Hofmannsthal und Gustav Schwarzkopf vor; als Ergebnis der zweiten Lesung hält er fest: „mit Erfolg" (ebd., 11.4.1904). Erstmals veröffentlicht wurde der Text im Juli 1904 in der jetzt in *Die Neue Rundschau* umbenannten Hauszeitschrift des S. Fischer Verlags, wobei die Redaktion offenbar eine gewisse Zurückhaltung zeigte, denn Schnitzler notiert kurz zuvor im Tagebuch: „,Leisenbohg' dieser Tage N. D. R. Scheint nicht zu gefallen.–" (ebd., 30.6.1904). Der Bucherstdruck erscheint drei Jahre später zusammen mit *Das neue Lied, Die Weissagung, Die Fremde* und *Andreas Thameyers letzter Brief* in der Sammlung *Dämmerseelen* (1907) im S. Fischer Verlag. Am 2. Juli 1904 schreibt Hugo von Hofmannsthal an Schnitzler noch mit leichter Skepsis: „Leisenbohg ist gut, durchaus angenehm, durchaus fein, sollte nur um ein Etwas mehr Intensität in der Groteskerie haben" (Hofmannsthal-BW, 190). In einem späteren Brief aber erinnert er sich an „unsere Vorlesungen" als „Feste ganz besonderer Art" und hebt u. a. den

3.5 *Das Schicksal des Freiherrn von Leisenbohg*

Abend hervor, „wo Sie mir ganz allein – oder mir und Schwarzkopf – [...] die Geschichte des Freiherrn von Leisenbohg vorlasen, die ich so besonders liebe" (2.11.1919; ebd., 287).

Plot

Mit fünfundzwanzig Jahren hat der Freiherr von Leisenbohg die junge Kläre Hell in einer Wiener Gesangsschule kennengelernt, in der er „die künstlerische Ausbildung" einer anderen „jungen Dame" förderte (ES I, 580). Sofort begeistert von Kläre erklärt er, „dass er ihr sein Herz, sein Vermögen und seine Beziehungen zu der Intendanz zur Verfügung stelle" (ebd., 581). Die in einen jungen Medizinstudenten verliebte Kläre lehnt die „stürmischen Werbungen" Leisenbohgs ab, wird dadurch jedoch „zu mildern Stimmungen" veranlasst und infolgedessen „die Geliebte des Mediziners" (ebd.). Der Freiherr kehrt zu seiner „jungen Dame" zurück, beginnt aber eine zunehmend enger werdende Freundschaft zu Kläre, an die sich eindeutige Hoffnungen knüpfen. Als der Mediziner heiratet und sie ihr erstes auswärtiges Engagement erhält, nutzt Leisenbohg seinen Weihnachtsurlaub, um Kläre in Detmold zu besuchen. Da diese jedoch schon zum Tenor des Hoftheaters in „zärtliche[n] Beziehungen" (ebd.) steht, geht er erneut leer aus. Das entsprechende Muster wiederholt sich mehrfach, wobei der Einsatz des Freiherrn wächst. Als man Kläre ans Dresdner Hoftheater beruft, gibt er eine „vielversprechende Staatskarriere" (ebd., 582) auf und übersiedelt nach Dresden, wo er wegen weiterer Liebhaber nicht zum Zuge kommt. Nach seiner Rückkehr bewirkt er, dass Kläre eine Stellung an der Wiener Oper erhält, muss aber erfahren, dass er „wieder zu spät gekommen" ist (ebd.); der Reigen der Liebhaber hält sieben Jahre an, bis die allseits gefeierte Sängerin ein leidenschaftliches Verhältnis mit dem „eleganteste[n] Herrn der Monarchie" (ebd., 583), dem Fürsten Bedenbruck beginnt, das erst endet, als dieser drei Jahre später einen schweren Reitunfall erleidet und in Kläres Armen stirbt. Nach seinem Tod scheint Kläre so tief getroffen, dass Leisenbohg ernsthaft fürchtet, „das seit zehn Jahren ersehnte Glück niemals" (ebd., 584) zu erlangen.

Zwei Monate darauf kehrt Kläre jedoch auf die Bühne zurück und zumindest äußerlich nimmt ihr Leben wieder seinen alten Gang. Als der gastweise den Tristan singende Sigurd Ölse ihr den Hof zu machen beginnt, fürchtet Leisenbohg, dass sich das alte Muster auf seine Kosten wiederholt; doch als Kläre am letzten Wiener Abend des norwegischen Sängers ein Fest zu dessen Ehren gibt, bittet sie Leisenbohg am Ende, noch einmal zurückzukommen und verbringt einen Teil der Nacht in seinen Armen. Am nächsten Morgen malt sich Leisenbohg in allerschönsten Farben eine gemeinsame Zukunft aus, aber als er zu Kläres Wohnung zurückkehrt, ist diese samt ihrer Vertrauten Fanny Ringeiser spurlos verschwunden – und auch der heimreisende Sigurd Ölse, den Leisenbohg voller Misstrauen vom Hotel bis zur Bahn begleitet, scheint keine Ahnung von ihrem Verbleib zu haben. Der seines Lebenssinns beraubte Freiherr reist fortan ziellos umher, als ihn „[e]ines Tages" in Aix ein Telegramm von Ölse erreicht, der ihn als „Freund" dringend bittet, zu ihm nach Molde zu kommen (ebd., 592). Leisenbohg macht sich umgehend auf die Reise nach Norwegen, wo ihn Ölse erwartet. Als sie in einer „helle[n] Nordnacht" (ebd., 593) auf der Terrasse seines Hauses sitzen, offenbart ihm Ölse, dass Kläre seinerzeit ohne sein Wissen in demselben Zug gesessen habe und dass sie seitdem in Österreich auf dem Land glücklich zusammengelebt hätten, bis Fanny ihm anvertraut habe, dass er verloren sei. Denn der sterbende Fürst Bedenbruck habe denjenigen mit einem tödlichen Fluch belegt, der Kläre nach seinem Tod als erster in Armen halte. Als Leisenbohg das hört, fällt er „wie eine Gliederpuppe" (ebd., 597) um und stirbt. Der „bewegt[e]" Ölse setzt daraufhin eine Depesche an Kläre auf, um ihr mitzuteilen, dass er ihr nun glaube, ihn nicht belogen zu haben und er tatsächlich kein Verfluchter sei – und nachdem er sich davon überzeugt hat, dass auch die scheinbar verlorene Kraft seiner Stimme zurückgekehrt ist, fügt er hinzu: „,Liebste Kläre! verzeih' mir – alles ist wieder gut. In drei Tagen bin ich bei dir'…" (ebd.).

Von der Forschung wird die Erzählung vergleichsweise wenig beachtet und zusammen mit der unmittelbar zuvor, im Wesentlichen 1902 ausgearbeiteten Novelle *Die Weissagung* (1905) und den späteren Werken *Das Tagebuch der Redegonda* (1911) und *Die dreifache Warnung* (1911) zu den „Schicksalsnovellen" Schnitzlers gezählt (Fliedl 2005, 168–172). Tatsächlich überschreitet Schnitzler hier schon vordergründig die Grenzen eines ‚psychologischen Realismus' wie er etwa – jedenfalls auf den ersten Blick – den Bau der erzählten Welt in *Frau Bertha Garlan* (1901) oder *Lieutenant Gustl* (1900) bestimmt. Stattdessen greift er in diesen kaum in ein herkömmliches Genre einzuordnenden, in der Forschung hilfsweise auch als ‚quasi-fantastisch' charakterisierten Texten (vgl. Lukas 1996, 259 u. 263) Ansätze zum Märchenhaften oder auch Phantastischen auf, wie sie sich schon in seiner frühen Erzählung *Reichtum* (1891) finden und wie man ihnen in vergleichbarer Form dann etwa in den ab 1915 erscheinenden Romanen des in Wien aufgewachsenen, als Erzähler seinerzeit sehr erfolgreichen Leo Perutz (1882–1957) begegnet, der Schnitzler als eines seiner Idole betrachtet (dazu und zur besonderen Bedeutung von *Das Schicksal des Freiherrn von Leisenbohg* für Perutz vgl. H.-H. Müller 2007, 43 f., u. H.-H. Müller 2012). Am Beispiel der Frage nach der Bedeutung von ‚Schicksal' wird mit ihrer Hilfe das auch in *Der blinde Geronimo und sein Bruder* (1900/1901) gestaltete Thema der „Undurchschaubarkeit der Wirklichkeit" (Fliedl 2005, 131) und der ‚Blindheit' des handelnden Subjekts gegenüber der Komplexität des Lebens auf jeweils eigene Weise reflektiert.

Worin genau besteht das im Titel der Erzählung angekündigte „Schicksal" des Protagonisten, d. h. warum stirbt der Freiherr von Leisenbohg am Ende, und was hat sein Tod zu bedeuten? Schaut man genauer auf die erzählte Geschichte und die Form ihrer Darstellung, so scheint die Unmöglichkeit einer eindeutigen Antwort auf diese grundlegenden Fragen das eigentliche Thema von Schnitzlers Werk zu sein.

3.5 Das Schicksal des Freiherrn von Leisenbohg

Im Vergleich zu vielen anderen Erzählungen Schnitzlers zeichnet sich die Novelle *Das Schicksal des Freiherrn von Leisenbohg* zunächst einmal dadurch aus, dass das Wissen des Lesers hier im Wesentlichen auf das Wissen des Protagonisten begrenzt, das Prinzip einer umfassenderen Innensicht in diesem Fall aber recht zurückhaltend eingesetzt wird, und dass die Darstellung der erzählten Handlung nicht konsequent der chronologischen Ordnung der Ereignisse folgt. So beginnt der Text der Geschichte damit, dass die „beliebte Sängerin" Kläre Hell nach dem Reitunfall des Fürsten Bedenbruck erstmals erfolgreich wieder auftritt, sodass alle angesichts ihrer tiefen Verzweiflung gehegten Befürchtungen „anfangs für ihr Leben, später für ihren Verstand und bis vor kurzem für ihre Stimme" sich als gegenstandslos erweisen (ES I, 580). „Manche Erinnerungen" (ebd.) des während ihres Auftritts als ‚Königin der Nacht' auf seinem Stammplatz in der Wiener Oper sitzenden Leisenbohg sind dann der äußere Anlass für eine längere Analepse, die im Rahmen einer starken Raffung die einen Zeitraum von zehn Jahren umfassende Geschichte der Beziehung Leisenbohgs zu Kläre präsentiert. In der Form der im Wesentlichen weiterhin summarischen Erzählung berichtet eine heterodiegetische narrative Instanz anschließend, wie auch Kläres Leben nach ihrem „Wiederauftreten" nun wieder seinen „gewohnten Gang" geht; wie „in der zweiten Hälfte des Juni" der Auftritt des körperlich nicht sonderlich attraktiven, aber während seines Gesangs „besonders die Frauen" durch „Stimme und Blick" in einem „Taumel" zu sich ‚hinreißenden' Sigurd Ölse erfolgt (ebd., 585); wie Ölse eine offensichtliche Leidenschaft zu Kläre erfasst; wie Leisenbohgs übliche, von ihm selbst aufgrund verschiedener Zeichen mit „Mißtrauen und Angst" (ebd., 587) vorhergesehene Enttäuschung aber ausbleibt und stattdessen sein Glück sich erfüllt. Von hier ab verlangsamt sich die Erzählgeschwindigkeit, und im Rahmen einer nunmehr szenischen Erzählung werden die Gedanken und Gefühle des „am nächsten Morgen" zunächst von der „Erfüllung seiner Sehnsucht" berauschten und dann angesichts des Verschwindens von Kläre zunehmend verzweifelten Leisenbohg dargestellt (ebd., 588) – so wie am Ende, nach der erneut raffenden Erzählung von Leisenbohgs Erlebnissen nach Ölses Abreise, auch das Gespräch auf der Terrasse von Ölses Haus in Molde erneut in Gestalt der szenischen Erzählung und weitgehend in Form einer Mitsicht mit der Titelfigur präsentiert wird.

Die beiden für die erzählte Geschichte zentralen Abschnitte – d. h. die Ereignisse unmittelbar vor und nach Leisenbohgs Vereinigung mit Kläre sowie die Ereignisse vor und nach seinem Tod – sind also jeweils mit einer internen Fokalisierung und einer Verlangsamung der Erzählgeschwindigkeit verbunden. Im Rahmen der erzählten Geschichte ist dabei von Bedeutung, dass es sich in diesem Fall überhaupt um zwei Ereignisse zu zwei verschiedenen Zeiten und an zwei voneinander weit entfernten Orten handelt. Denn was hier zeitlich und räumlich auseinanderfällt, hängt doch scheinbar untrennbar zusammen: Der Fluch des Fürsten Bedenbruck hatte ja offensichtlich den Tod desjenigen zum Inhalt, der Kläre nach seinem Ableben in Armen halten würde. Leisenbohg vereinigt sich jedoch mit Kläre in Wien und stirbt erst etliche Zeit später in Molde. In einem unmittelbaren zeitlichen Zusammenhang zu seinem Tod steht dagegen seine Kenntnis vom Fluch des Fürsten. Wie aber erfährt der Freiherr (und mit ihm der Leser) von diesem Fluch? Zur „ingeniöse[n] Idee" des – wie im Text zuvor an mehreren Beispielen veranschaulicht wurde (ebd., 586 f.) – in hohem Maße abergläubischen und um sein eigenes Leben fürchtenden Ölse gehört, dass er Leisenbohg, wie er Kläre am Ende erläutert, „um nichts []fragt", sondern ihm nur „von dem Fluch des verstorbenen Fürsten Mitteilung" macht (ebd., 596). Dabei ist seine Rede von einer „Mitteilung" genau genommen nicht richtig. Denn der als Wagner-Sänger in solchen Auftritten von Berufs wegen bestens erfahrene Ölse berichtet nicht einfach von einem auf ihm lastenden Fluch, sondern er inszeniert den entsprechenden Akt als eine Art Schauspiel, bei dem die „besprochene Szene" mit der „Sprechsituation" zusammenfällt, sodass der magische Akt der Verfluchung – im Sinne eines deklarativen Sprechaktes, der eine Veränderung der Wirklichkeit bewirkt (vgl. Searle 1976, bes. 13–16) – unmittelbar gegenwärtig wird bzw. gegenwärtig zu werden scheint (zu einer daraus resultierenden „Sprachmagie" sowie den Bezügen zu zeitgenössischen Positionen der Sprachkritik vgl. Lukas 1996, 258–263; zit. 260 u. 263). Als Ölse sein ‚Schauspiel' begonnen hat und nach einem kurzen ‚Vorspiel' offenbar mit der Person des sterbenden Fürsten verschmilzt, fragt Leisenbohg dementsprechend verwirrt: „Wer spricht?" und erhält von Ölse als korrekte Antwort: „‚Ich spreche, [...] und ich lasse Fanny sprechen, und Fanny lässt Kläre sprechen, und Kläre lässt den Fürsten sprechen. Verstehst du mich nicht?'" (ES I, 596). Und unmittelbar anschließend, bevor Ölse die letzten Worte des sterbenden Fürsten in direkter Rede spricht, heißt es: „Leisenbohg hörte angestrengt zu. Es war ihm, als hörte er die Stimme des toten Fürsten aus dreifach verschlossenem Sarge in die Nacht klingen" (ebd.).

Gibt es nun neben einem zeitlichen auch einen kausalen Zusammenhang zwischen dem Fluch des Fürsten und dem Tod des Freiherrn, und wenn ja, wie genau ist der beschaffen? Das ist eine zentrale Frage für jede Interpretation des Textes. In der Forschung wird die Erzählung zumeist als „Parodie auf das Genre" (Fliedl 2005, 169) oder auch „ironische Entlarvung" des „Unheimlichen" durch die „Entlarvung seiner Anhänger bzw. Opfer" gelesen (Perlmann 1987a, 119), und insofern wird der Fluch des Fürsten unter Hinweis auf nicht näher belegte „Ironiesignale" (Fliedl 2005, 169) als wirklicher Fluch in aller Regel nicht ernst genommen. Eine genaue Lektüre des Fluches und seines Kontextes selbst zeigt allerdings, dass die Erzählung unterschiedliche Lesarten ermöglicht.

Die von Kläre gegenüber Fanny und von dieser gegenüber Ölse und jetzt von diesem gegenüber Leisenbohg zitierten letzten Worte des Fürsten lauten:

> ‚Kläre, ich liebe dich, und ich muß sterben! Du bist so jung, und ich muß sterben... Und es wird ein anderer kommen nach mir... Ich weiß es, es wird so sein.... Ein anderer wird dich in den Armen halten und mit dir glücklich sein. ... Er soll nicht – er darf nicht!... Ich fluche ihm. – Hörst du, Kläre? Ich fluche ihm!... Der erste, der diese Lippen küsst, diesen Leib umfängt nach mir, soll in die Hölle fahren!... Kläre, der

3.5 Das Schicksal des Freiherrn von Leisenbohg

Himmel hört den Fluch von Sterbenden... Hüte dich – hüte ihn... In die Hölle mit ihm! In Wahnsinn, Elend und Tod! Wehe! wehe! wehe!' (ES I, 596) Wichtig für die Einordnung des Fluchs und seiner Funktion ist, dass es in der Erzählung zwar eine heterodiegetische Instanz gibt, dass diese Instanz das Erzählte aber an keiner Stelle des Textes kommentiert oder einordnet, sodass der ontologische Status des Erzählten durchweg offen bleibt. Für den vorliegenden Fall bedeutet das, dass genau besehen auch im Kontext der erzählten Welt nicht einmal sicher ist, ob der Fürst diese Worte überhaupt oder doch zumindest in genau dieser – nimmt man die Stimme der narrativen Instanz hinzu – vierfach zitierten Form je gesprochen hat (einschließlich dreifach wiederholtem, auffällig nach Richard Wagner, 1813–1883, klingendem „Wehe" am Ende; vgl. z. B. Parsifals Arie im 3. Akt des *Parsifal*: „Ja, Wehe! Wehe! Weh' über mich..."). Hätte er es getan, d. h., wären die von Ölse ‚nachgesprochenen' Worte ‚authentisch', dann ist sein Fluch wiederum so gestaltet, dass die zeitliche Kluft zwischen der ‚Missetat' des Freiherrn und seinem Wissen um den Fluch letztlich kein Argument gegen seine Wirkung ist, denn es ist in der Rede des Fürsten ja eben nicht von sofortigem „Tod", sondern von einer sich steigernden Reihenfolge von „Wahnsinn, Elend und Tod!" die Rede, also genau der Entwicklung, die der Freiherr tatsächlich durchläuft bzw. schon durchlaufen hat (einschließlich eines Duells in Ischl, das er auf wunderbare Weise überlebte; vgl. ebd., 592). Geht man davon aus, dass zu jeder fiktionalen Erzählung neben einer Welt des Erzählens eine erzählte Welt mit einer besonderen Ontologie in Gestalt spezifischer Regeln für das, was in dieser Welt möglich, wahrscheinlich und notwendig ist, gehört, so ist diese „imaginäre Objektivität" (vgl. Martínez/Scheffel 2012, bes. 19–22, zit. 20) im Fall von *Das Schicksal des Freiherrn von Leisenbohg* jedenfalls so beschaffen, dass es durchaus ‚möglich' (wenn auch nicht ‚wahrscheinlich') ist, dass der Freiherr am Ende ‚wirklich' einem Fluch erliegt.

Der Kontext des (nach-)gesprochenen Fluchs und der Verlauf der Handlung lassen jedoch auch ganz andere Deutungen im Sinne des Herstellens von Kausalzusammenhängen zwischen den Ereignissen der erzählten Geschichte zu. Eine Prämisse dafür, dass Ölse den Freiherrn überhaupt nach Molde reisen lässt, um ihn mit dem Fluch des Fürsten zu konfrontieren, ist jedenfalls, dass zunächst der sterbende Fürst und dann sowohl er selbst als auch Kläre und Fanny an die Wirkung des Fluches glauben (oder sie zumindest nicht ausschließen). Andernfalls hätte der Fürst den Fluch nicht ausgesprochen, hätte Kläre ihre erste Liebesnacht nach seinem Tod nicht mit dem Freiherrn als offensichtlichem Stellvertreter für den von ihr begehrten Ölse verbracht, hätte die von dieser Liebesnacht nichts ahnende Fanny nicht den von ihr heimlich geliebten Ölse gewarnt und hätte der um sein Leben fürchtende Ölse nicht eine schwere Krise durchlebt und Kläres Erzählung von ihrer Nacht mit dem Freiherrn auf ihren Wahrheitsgehalt hin überprüft. Was dagegen den Freiherrn angeht, so kommen für seinen plötzlichen Tod unterschiedliche Motivierungen in Frage. Neben einer ‚wirklichen' Wirkung des Fluchs oder auch schlicht einem „bloße[n] Schreck" (Fliedl 2005, 169) lässt sich sein Tod auch als die Folge dessen verstehen, was man in der Sozialpsychologie das „Thomas-Theorem" nennt und was William Isaac Thomas in den 1920er Jahren wie folgt definierte: „If men define situations as real, they are real in their consequences" (Thomas 1928, bes. 553–576, zit. 572). Der Glauben und das entsprechende Verhalten von Bedenbruck, Kläre, Fanny und Ölse wirkt so gesehen wie eine ‚selbsterfüllende Prophezeiung' und führt den Tod des am Ende – pointiert formuliert – schlagartig von der Wirkung des Fluchs überzeugten Freiherrn mit im Einzelnen jeweils unterschiedlichen Mitteln und Absichten, aber durch ein im Ergebnis kollektives Handeln geradezu zwingend herbei.

Der Text erlaubt aber auch noch eine weitere Lesart. In ihrem Sinne ist von Bedeutung, dass die erste Begegnung des Freiherrn mit Kläre nicht als ‚Coup de foudre' angelegt ist, sondern ein merkwürdiges Nebeneinander von Relativität und Absolutheit aufweist: Der Freiherr hat eine Geliebte, als er Kläre in der Gesangsschule kennenlernt, die er, „unabhängig und rücksichtslos" (ES I, 581) wie er zu dieser Zeit ist, zunächst fallen lässt, sich ihr dann – nachdem sein Werben um Kläre gescheitert ist, bzw. zu deren Vereinigung mit einem Medizinstudenten führte – erneut zu widmen. Dieses Verhaltensmuster behält er mit wechselnden Freundinnen über zehn Jahre hinweg bei, sodass er nicht etwa ohne Liebesfreuden in Leidenschaft zu Kläre verharrt, sich aber doch immer nach dem Stand ihrer Liebschaften richtet (vgl. ebd., 584). Insofern lebt Leisenbohg seine erotischen Bedürfnisse durchaus aus, fixiert sich ‚ernsthaft' aber auf nur ein, für ihn selbst offensichtlich unerreichbares Objekt der Begierde, das er zunehmend zum Sinn seines Lebens stilisiert. „Was hatten alle die anderen Frauen für ihn zu bedeuten gehabt?... Sie waren ihm Zerstreuung gewesen – nichts weiter", so sagt sich der Freiherr denn auch am Morgen, nachdem er von Kläre erhört worden ist und sich nun eine gemeinsame Zukunft einschließlich ‚Vermählung' nach Kläres Abtritt von der Bühne ausmalt; und unmittelbar anschließend heißt es: „Und er ahnte den Tag voraus, da ihm auch Kläre sagen würde: Was waren mir alle die anderen? – Du bist der einzige und erste, den ich je geliebt habe..." (ebd., 588). Und wenig später, nach dem mysteriösen Verschwinden von Kläre und Fanny sowie der Abreise von Ölse, weint der Freiherr „nachts in seinem Bett, wie es ihm seit seinen Kinderjahren nicht mehr geschehen war" und er glaubt „alles" zu begreifen: „Zu früh war er ihrem Ruf gefolgt. Noch hatte der Schatten des Fürsten Bedenbruck Gewalt über sie, und Leisenbohg fühlte, dass er Kläre nur besessen hatte, um sie auf immer zu verlieren" (ebd., 591). Ungeachtet seiner eigenen ‚Verhältnisse' interpretiert der Freiherr sein persönliches Verhalten sowie das Verhalten von Kläre bis dahin also letztlich im Sinne des herkömmlichen, romantisch-empfindsamen Liebesideals, demzufolge es jenseits aller Wiederholungen so etwas wie eine einmalige, echte, feste und letztlich schicksalhafte Liebe gibt. Dieser Verstehensrahmen im Sinne eines bestimmten narrativen Schemas wird durch den Auftritt von Ölse am Ende der erzählten Geschichte radikal zerstört – und zwar in doppelter Hinsicht: Denn sowohl das Konzept des zumindest die körperliche Treue von Kläre erzwingen wollenden Fürsten als auch das des zu-

3.5 Das Schicksal des Freiherrn von Leisenbohg

mindest an die innere Treue von Kläre glauben wollenden und ungeachtet aller äußeren Verwicklungen konsequent das Lebensziel einer gemeinsamen Zukunft verfolgenden Freiherrn werden durch den – aus Sicht der beiden beteiligten, prinzipiell ähnlich denkenden Männer – ‚Doppelbetrug' der ansonsten ja gerade nicht als Femme fatale auftretenden, sondern als „aufrichtig" (ebd., 581) geschilderten und „jederzeit ein einfaches bürgerliches Haus" (ebd., 583) führenden Kläre ad absurdum geführt. Wenn der Freiherr am Ende mit seinem Sessel „wie eine Gliederpuppe" (ebd., 597) nach rückwärts fällt, so lässt sich das auch als Symptom dafür lesen, dass mit dem ‚Auftritt' von Ölse und der entsprechenden, blitzartigen Erkenntnis des Freiherrn auch der Lebensfaden, der ihn selbst bis dahin buchstäblich aufrecht und in Form gehalten hat, reißt (wobei das hier gebrauchte Bild der Marionette auch einen biographischen Hintergrund hat: mit dem Phänomen des Puppenspiels hat sich Schnitzler in drei, im Wesentlichen in den Jahren zwischen 1900 und 1902 entstandenen und unter dem Titel *Der Puppenspieler* vereinten Einaktern intensiv befasst).

Im Sinne dieser Lesart würde am Beispiel des Freiherrn modellhaft vorgeführt, dass sich die Komplexität des Lebens nicht ungestraft reduzieren und in die starre Form eines überlieferten kulturellen Musters pressen lässt. Dem entspricht, dass Leisenbohg nach der durch das Verschwinden von Kläre verursachten Enttäuschung all seiner Erwartungen zunehmend die Orientierung in Zeit und Raum verliert: Nach einer in der Erzählung – im Unterschied zur genau gegliederten Zeit zuvor – unbestimmten Zeit des Umherirrens kommt er nach einer ihm wiederum „endlos" erscheinenden Reise in Molde an und „glaubt", so heißt es, „jahrelang, jahrzehntelang [...] von Wien fort zu sein" (ebd., 592); wenig später ist davon die Rede, dass er „vor mehreren hundert Jahren mit Fannys Mutter gesprochen hatte" (ebd., 595), und unmittelbar vor seinem Tod erscheint ihm Ölse als ein „Pierrot", der „in dem kleinen Saal der Gesangsprofessorin Eisenstein, wo er Kläre das erste Mal gesehen hatte" (ebd., 596), auftritt (zur Figur eines „Pierrot" im Rahmen einer im Ansatz auch in *Das Schicksal des Freiherrn von Leisenbohg* zu findenden Gegenüberstellung von bürgerlichem und künstlerischem Milieu vgl. die von Schnitzler 1904 projektierte und im Wesentlichen zwischen 1907 und 1908 ausgearbeitete „Pantomime in einem Vorspiel und sechs Bildern" *Die Verwandlung des Pierrot* 1908; vgl. Vollmer in HB). Im weiteren Sinne dieser Lesart reflektierte Schnitzler auch in *Das Schicksal des Freiherrn von Leisenbohg* ein „lebensideologische[s] Strukturmodell" (Lukas 1996, 77), dem die tradierten sozialen Normen als kulturelle „Formen" gelten, „gegen die das unmittelbare und echte Leben [...] revoltiert" (Simmel 1999, 200) – wofür denn auch spräche, dass die Erzählung mit dem Fürsten und dem Freiherrn zwei Männer zu Fall kommen lässt, die ungeachtet ihrer aristokratischen Herkunft letztlich bürgerlich denken, indem sie das Leben in Gestalt von Kläre auf unterschiedliche, aber jeweils vergebliche Weise ‚festzuhalten' bzw. für immer in ihren Besitz zu bringen versuchen, während die beiden Figuren am Ende unbeschadet weiter leben und sich für unbestimmte Zeit erneut vereinen, die sich jenseits bürgerlicher Normen bewegen, die als Bühnenkünstler vertraut mit dem Prinzip der Verwandlung und des Rollenspiels sind und die sich den Wechselfällen des Lebens auch abseits der Bühne offensichtlich anzupassen wissen.

3.6 *Casanovas Heimfahrt* (1918)

Gut drei Jahre nach dem Ende des Ersten Weltkriegs, am 30. Januar 1922, erinnert sich Schnitzler in einem Brief an Georg Brandes:

> Meine beiden Casanova-Sachen, das Lustspiel ‚die Schwestern' und die Novelle ‚Casan. Heimfahrt', sind so entstanden, dass mir zwei Stoffe, die schon geraume Zeit unter meinen Papieren lagen, durch die Lektüre der Casanova Memoiren plötzlich lebendig geworden sind. Die Beschäftigung damit bedeutete keine bewusste Abkehr von der Zeit. (BR II, 265)

Tatsächlich, so geht aus entsprechenden Tagebuchaufzeichnungen hervor, las Schnitzler unmittelbar nach Beginn des Ersten Weltkriegs, in der Zeit von November 1914 bis Februar 1915, die Memoiren Giacomo Casanovas in der 1915 abgeschlossenen Neuübersetzung von Heinrich Conrad: „Neulich Casanova zu Ende gelesen, mit oft entzückter Anteilnahme. Nun den traurigen Nachtrag: Seine Spionberichte, seine kläglichen Briefe [...]" (TB, 23.2.1915). Diese Lektüre regte ihn dazu an, zwei ältere, vermutlich nicht mehr als einen Handlungskern umreißende Sujet-Skizzen aufzugreifen und mit einem historischen Stoff zu verbinden, d. h. im Kontext einer fiktiven Welt auszuarbeiten, die – jedenfalls oberflächlich betrachtet – sowohl aus der österreichischen Gesellschaft als auch aus der ungeliebten zeitgenössischen Gegenwart des großen Krieges heraus in die historische Epoche der Aufklärung führte. Auf diese Weise rückt eine schillernde historische Figur in den Blickpunkt, die zahlreiche Autoren der Jahrhundertwendezeit faszinierte und die seit Hugo von Hofmannsthals Versdrama *Der Abenteurer und die Sängerin oder Die Geschenke des Lebens* (1898) zu einer „Identifikationsfigur" (Perlmann 1987a, 161) bzw. einer „literarische[n] Reflexionsfigur der Moderne und ihres Geschlechtsdiskurses geworden war" (Göttsche in HB, 99; vgl. auch Lehnen 1995). Aus Schnitzlers Auseinandersetzung mit dieser Figur entstand zum einen das im Wesentlichen zwischen Februar 1915 und Oktober 1917 ausgearbeitete, auf den Stoff „Eifersucht" zurückgehende und einen 32-jährigen Casanova auf der Höhe seiner Wirkungsmacht zeigende „Lustspiel" *Die Schwestern oder Casanova in Spa* (1919); zum anderen die den alternden Casanova in den Mittelpunkt stellende Novelle *Casanovas Heimfahrt*, die ihr Autor über einen längeren Zeitraum hinweg ausgearbeitet hat. Am 23. Februar 1915 vermerkt Schnitzler im Tagebuch das Ende seiner Lektüre der Memoiren Casanovas, und offenbar ab Juni 1915 schreibt er in unterschiedlichen Arbeitsphasen an einer Novelle (vgl. TB, 2.6.1915), die er im Dezember 1916 „fast als fertig" betrachtet (ebd., 29.12.1916), in der zweiten Hälfte des Jahres 1917 überarbeitet und im Wesentlichen im November 1917 abschließt. Die Entstehung der Novelle gehört insofern in einen

3.6 Casanovas Heimfahrt

unmittelbaren zeitlichen Zusammenhang zur Arbeit an der eigenen Autobiographie *Jugend in Wien* (1968), die Schnitzler mit 53 Jahren im Mai 1915 „systematisch" beginnt (vgl. ebd., 24.5.1915), also in genau dem Alter, das er seiner Figur des Casanova in *Casanovas Heimfahrt* zuschreibt.

Die Drucklegung der Novelle erfolgt unter erschwerten Bedingungen, die nicht zuletzt aus einer von der „Kriegswirtschaftsstelle" vorgenommenen Papierkontingentierung resultieren (vgl. Fischer-BW, bes. 110–124, zit. 117). Neben solchen konkreten Problemen sowie den zahlreichen Opfern und z. T. großen Einschränkungen, die sich mit dem Ersten Weltkrieg im Allgemeinen verbinden, hat die Kriegszeit für Schnitzler aber auch erhebliche Einbußen hinsichtlich seiner Verdienstmöglichkeiten als freier Autor zur Folge. In der Korrespondenz mit seinem Hauptverleger, Samuel Fischer, der seinerseits mit vielen zeitbedingten Schwierigkeiten zu kämpfen hat, verschärft sich zeitweise denn auch der Ton der sich seit einiger Zeit wechselseitig mit „Lieber Freund" ansprechenden Briefpartner, weil Schnitzler wiederholt höhere Honorare fordert, als Fischer glaubt zahlen zu können. Im Blick auf seine „neueren Arbeiten epischen Charakters" (an Samuel Fischer, 30.12.1916; ebd., 110–112, zit. 110) kündigt Schnitzler dem Verleger so z. B. schon Ende 1916 an, dass er Anfang 1917 eine Novelle nicht bei Fischer, sondern im *Berliner Tagblatt* vorabdrucken lassen werde (*Doktor Gräsler, Badearzt*) und eine zweite „Novelle [...] so gut wie fertig" habe, die er ihm bald schicken werde, um dann „Ihrem Honorarvorschlag, der, wie Sie ausdrücklich bemerken, ‚mich befriedigen soll', also den letztgemachten wohl überschreiten dürfte, gerne entgegen[zu]sehen" (ebd., 111). Offensichtlich war Fischers „Honorarvorschlag" dann ‚befriedigend', denn die Erzählung erscheint zwischen Juli und September 1918 als Zeitschriftendruck in *Die Neue Rundschau*; noch vor Kriegsende folgt die Buchausgabe im S. Fischer Verlag, die sehr erfolgreich ist und bis 1929 insgesamt 49 Auflagen erzielt (bei einer Erstauflage von 40.000 Stück; vgl. an Samuel Fischer, 15.1.1919; ebd., 122–124, zit. 123).

Der Autor selbst rechnet die Erzählung gegen Ende seines Lebens neben *Der blinde Geronimo und sein Bruder* zu den Werken, die „seinem Herzen am nächsten steh[n]" (vgl. den Brief an Cyril Clemens; BR II, 749 f., zit. 750). Zu den Kollegen, die sich ausgesprochen positiv über *Casanovas Heimfahrt* äußern, gehört neben Thomas Mann (vgl. Schnitzlers Brief vom 28.12.1922; ebd., 298 f.) auch Hugo von Hofmannsthal, der, wohl ohne Kenntnis des realen Entstehungshintergrundes, seinerseits eine persönliche Beziehung zwischen dem Autor und der von ihm geschaffenen Figur herstellt, wenn er am 17. August 1918 an Schnitzler schreibt:

> Ich las es in einem Zug durch, es ist ja die Hand eines Meisters, die einen rasch u. leicht vorwärts führt, alles ist von einer sicheren Kunst, was da steht und was nicht da steht, die Verknüpfungen, die Antithesen u. der Ausgang. Wie man bei einem Freunde über das Künstlerische hinaus noch nach einem Mehr sucht, so war mir hier seltsam ein alter Zug wie aus einem Jugendporträt von Ihnen, nun aufs neue bewußtlos sich accentuierend: die Spielernatur des Menschen, den sie darstellen. Er spielt eine Partie mit dem Schicksal, hasardiert frech, und verliert. – (Hofmannsthal-BW, 282)

Seinem Verleger hatte Schnitzler den noch lange nicht fertigen Text seinerzeit mit den lakonischen Worten angekündigt: „Länge etwa zwischen ‚Beate' und ‚Berta Garlan'" (30.12.1916; Fischer-BW, 110). Aus thematischer Sicht und auch im Blick auf den historischen Kontext betritt Schnitzler mit dieser großen Erzählung – wie zuvor u. a. mit *Der blinde Geronimo und sein Bruder* (1900/1901) sowie *Die Hirtenflöte* (1911) oder später auch mit *Die Frau des Richters* (1925) – allerdings ein ganz anderes Terrain als in den genannten, jeweils in der zeitgenössischen österreichischen Gesellschaft angesiedelten Novellen *Frau Beate und ihr Sohn* (1913) und *Frau Bertha Garlan* (1901).

Plot

Der 53 Jahre alte, „längst nicht mehr von der Abenteuerlust der Jugend, sondern von der Ruhelosigkeit nahenden Alters durch die Welt gejagt[e]" Casanova verspürt zunehmend heftiges Heimweh nach seiner „Vaterstadt" Venedig (CAS, 5). In den letzten zehn Jahren seiner Verbannung hat er schon öfter um Begnadigung ersucht, jetzt glaubt er den richtigen Ton gefunden zu haben und hofft auf „Erhörung" (ebd.). Die Wochen des Wartens verbringt der verarmte Abenteurer in einem einfachen Gasthof in Mantua, wo er sich sowohl mit der Wirtin als auch mit der „Abfassung einer Streitschrift gegen den Lästerer Voltaire" (ebd., 6) befasst.

Eines Morgens übermannt ihn eine „fast körperlich peinvolle Unruhe" (ebd.) und er hat schon beschlossen, in Richtung Venedig aufzubrechen, als ihm auf der Straße zufällig ein alter Bekannter begegnet: Olivio, ein ehemals armer Schullehrer, dem Casanova vor sechzehn Jahren eine Mitgift und damit eine Heirat ermöglichte (nicht ohne die Nacht vor der Hochzeit unbemerkt mit der Braut zu verbringen). Als Casanova von einer „junge[n], aber trotz ihrer Jugend schon höchst gelehrte[n]" Nichte Olivios hört, gibt er dem heftigen Drängen des unterdessen zu Ansehen und Wohlstand gekommenen Mannes nach und packt seine Sachen, um „ein oder zwei Tage" auf dessen Weingut zu verbringen (ebd., 11). Hier trifft er Amalia wieder, die immer noch attraktive Ehefrau seines Gastgebers, und lernt Olivios Töchter sowie seine mit dem „Studium der höhern Mathematik" (ebd., 19) befasste Nichte Marcolina kennen. Doch während Amalia in Casanova ihren ehemaligen Liebhaber in der Blüte seiner Jahre sieht und ihm gesteht, in den vergangenen sechzehn Jahren von nichts anderem „als von diesem Tag" (ebd., 24) geträumt zu haben, bleibt die siebzehnjährige Marcolina angesichts des gealterten Mannes kühl und zeigt „in ihrem Blick nichts von jenem Leuchten […], wie es ihn früher so oft begrüßt" (ebd., 18).

Auch im weiteren Verlauf seines Aufenthaltes kann Casanova die von ihm zunehmend heftig begehrte, ebenso schöne wie geistreiche Marcolina nicht für sich gewinnen. Stattdessen wird er heimlich Zeuge, wie Lorenzi, ein stattlicher junger Offizier, die Nacht mit der an Männern angeblich uninteressierten jungen „Gelehrte[n]" (ebd., 33) verbringt. Am nächsten Tag erhält Casanova den ersehnten Brief aus Venedig, der das Ende seiner Verbannung jedoch an die Bedingung knüpft, dass er sich als Spion für den „Hohen Rat" betätigt. Rasend vor Zorn schreibt er eine Antwort voll „verlogenen Entzückens" (ebd., 77) und missbraucht in aller Heimlichkeit Teresina, die zufällig in sein Zimmer gekommene dreizehn Jahre alte Tochter Olivios. Wenig später nutzt er Lorenzis Pech beim abendlichen Spiel für einen erpresserischen Handel: Casanova, der selbst eine größere Menge Geld gewonnen hat, rettet Lorenzi, indem er es ihm ermöglicht, seine Spielschuld gegenüber einem dritten Spieler zu begleichen – und dafür überlässt dieser dem scheinbar schon am Abend in Richtung Venedig abgereisten Gast seinen Mantel und einen Nachschlüssel zu einer Gartenpforte, sodass Casanova unerkannt an Lorenzis Stelle treten und die Nacht mit Marcolina verbringen kann. Nach einem Beisammensein voller „Seligkeit" und der „immer wieder erneuten Glut" muss Casanova allerdings erleben (ebd., 99), dass Marcolina ihn „mit einem Blick unnennbaren Grauens" (ebd., 103) im Morgenlicht erkennt. Als er daraufhin zu der außerhalb der Gutsmauern auf ihn wartenden Kutsche eilt, verstellt ihm Lorenzi den Weg und es kommt zu einem Duell, bei dem der Ältere den Jüngeren mit einem Degenstich tötet. Casanova flieht und erreicht „am dritten Morgen seiner Reise" Venedig, wo er sich in einem „elenden Gasthof" einquartiert (ebd., 113), seinen alten Mentor Bragadino, ein Mitglied des hohen Rates, aufsucht und noch am selben Abend die gewünschte Tätigkeit als Spitzel beginnt. Nach dem ersten Treffen mit einer Gruppe von jungen Leuten in einem als „Hauptversammlungsort der Freidenker und Umstürzler" (ebd., 117) geltenden Café wirft Casanova sich in später Nacht endlich auf ein „schlechtes Bett", um dort, „nach fünfundzwanzig Jahren der Verbannung den ersten, so lang ersehnten Heimatschlaf zu tun, der endlich, bei anbrechendem Morgen, traumlos und dumpf, sich des alten Abenteurers erbarmte" (ebd., 119).

In einer mit „A.S." unterzeichneten „Anmerkung" am Ende der Erzählung wird ausdrücklich darauf verwiesen, dass die ganze Geschichte von „Casanovas Heimfahrt", von wenigen Details abgesehen, „frei erfunden" sei (ebd.). Tatsächlich brechen die ab 1790 niedergeschriebenen Memoiren des historischen Casanova (1725–1798) im Verlauf des Jahres 1774 ab, ohne die genauen Umstände seiner Rückkehr nach Venedig in diesem Jahr zu behandeln. Schnitzler hat also nicht nur das Alter Casanovas von 49 auf 53 Jahre heraufgesetzt, sondern eine Leerstelle am Ende der unter dem Titel *Histoire de ma vie* veröffentlichten Autobiographie des historischen Casanova als Freiraum für seine Fiktion genutzt (wobei seine Geschichte einerseits „frei erfunden" ist, andererseits aber auch Episoden aus Casanovas erinnertem Leben in verwandelter Form aufgreift; vgl. Lehnen 1995, 185–187). Berücksichtigt man Schnitzlers im oben zitierten Tagebucheintrag vom 23. Februar 1915 vermerkten ambivalenten Eindruck nach seiner Lektüre von Casanovas Memoiren und anderer Dokumente aus dessen Leben, so gilt schließlich, dass der Autor mit seiner narrativen Fiktion auch in dieser Hinsicht eine Lücke schließt: „Auf der Folie der überlieferten

3. Erzählungen der mittleren Schaffensphase

‚Spionberichte' und späten Briefe Casanovas erarbeitet Schnitzler seine Novelle als ‚traurigen Nachtrag' zur verklärenden Selbstdarstellung des Venezianers" (Mönig 2007, 173).

Zur besonderen Form der „kompositorisch genau kalkulierte[n] Novelle" (Fliedl 2005, 212; zum Versuch einer detaillierten „Strukturanalyse" vgl. Rey 1997; zu ihrer klassischen Form vgl. auch Oellers 1996, bes. 244 f.) gehört, dass Schnitzler dem historischen Sujet Rechnung trägt und seinen Sprachstil tendenziell so variiert, dass er in diesem Fall – im Ansatz ähnlich wie z. B. schon in der *Hirtenflöte* – eine klassisch ausgewogene, von Austriazismen freie Sprache mit z. T. weit ausladenden Satzgefügen verwendet (sodass dieser der Tendenz nach hypotaktische und an die manierierte Sprache Thomas Manns erinnernde Stil in einem gewissen Gegensatz zu sprachlich eher unauffälligen, weitgehend in einem parataktischen Stil geschriebenen Texten wie *Frau Bertha Garlan* oder auch *Therese. Chronik eines Frauenlebens* steht; zu einer Lektüre der Erzählung als „Kontrafaktur" von Thomas Manns *Tod in Venedig* vgl. Sautermeister 2009, 297 u. 299). Grundlegend ist außerdem eine konsequente Perspektivierung des Erzählten: Die chronologisch, von einer heterodiegetischen narrativen Instanz erzählte, im Wesentlichen eine erzählte Zeit von zwei Tagen und zwei Nächten (und in stark geraffter Form drei weitere Tage und eine Nacht, d. h. die zwei Tage der Flucht sowie den Tag und die Nacht seiner Ankunft in Venedig) umfassende Geschichte wird durchgängig aus der Sicht des Casanova präsentiert. Wie u. a. schon in *Frau Bertha Garlan* findet sich dabei einerseits die Form einer fixierten internen Fokalisierung und andererseits ein komplexes Spiel mit der Grenze von „Erzählertext" und „Figurentext" (Schmid 2008, 154–159), d. h. eine variierende Distanz zum Erzählten in Gestalt gleitender Übergänge zwischen vermittelnder Erzählerrede, Bewusstseinsbericht, erlebter Rede und Gedankenzitat bis hin zu Passagen des scheinbar unvermittelt dargestellten inneren Monologs (vgl. z. B. CAS, 33). Zu den Folgen einer solchen, scheinbar ‚objektiven', tatsächlich aber eng an der ‚subjektiven' Wahrnehmung des Protagonisten ausgerichteten Erzählweise zählt neben einer Außensicht auf alle anderen Figuren der erzählten Welt, dass z. B. die äußere Erscheinung und die Wirkung des gealterten Casanova nicht auktorial durch einen Erzähler charakterisiert oder gar bewertet werden, sondern dass sich diese allein figural, im Medium der Figurenrede und durch das Verhalten der Figuren erschließen. Auch Casanovas (Nicht-)Wirkung auf Marcolina – sei es vor, sei es während, sei es nach der gemeinsam verbrachten, nur durch einen Betrug ermöglichten Nacht – wird letztlich nicht ‚objektiv', d. h. aus der Sicht eines neutralen, außerhalb der erzählten Welt stehenden Erzählers, sondern nur ‚subjektiv', nämlich aus der Sicht des Protagonisten dargestellt. Aus dieser ‚Mitsicht' resultieren schließlich auch Unbestimmtheiten im Blick auf einzelne Ereignisse der erzählten Geschichte: Die Details von Casanovas Missbrauch von Olivios ältester Tochter Teresina bleiben so z. B. offen und der als solcher nicht benannte sexuelle Akt lässt sich letztlich nur aus einem von der Erzählinstanz vergleichsweise grob

3.6 Casanovas Heimfahrt

beschriebenen Handlungszusammenhang sowie aus der Rede und den Gedanken des Protagonisten ermitteln (vgl. ebd., 77 f.).

In der erzählten Geschichte selbst, der Figur des Protagonisten und der Konstellation der Figuren wird ein breites Spektrum von Themen reflektiert, und *Casanovas Heimfahrt* gehört im Blick auf die Möglichkeiten einer Interpretation zu den wohl komplexesten und facettenreichsten Erzählungen Schnitzlers. Dabei geht es dem Autor offensichtlich nicht darum, einer historischen Person und ihrer Epoche zu entsprechen. Im Ansatz ähnlich wie Hofmannsthals berühmte, rund fünfzehn Jahre ältere Erzählung *Ein Brief* (1902), verhandelt auch Casanovas Heimfahrt vielmehr zeitgenössische Fragen in historischem Gewand. Im Fall von *Ein Brief* schreibt ein fiktiver Autor mit Namen Philipp Lord Chandos in der Zeit der Renaissance, am 22. August 1603, an eine historische Person, nämlich den englischen Philosophen und Wissenschaftler Sir Francis Bacon (1561–1626), um ein zweijähriges Schweigen als Autor zu begründen und eine Form von Sprachskepsis zu entfalten, die de facto Positionen der zeitgenössischen Wiener Moderne reflektiert, sodass man Hofmannsthals Text unterdessen als die „poetische Magna Charta der deutschen Literatur des zwanzigsten Jahrhunderts" liest (W. Riedel 1996, 1) – abgesehen davon, dass Lord Chandos auch als eine Art alter ego seines Autors dient und die Hintergründe einer Schaffenskrise erläutert, die diesen in der Zeit um 1900 ergriff (vgl. Scheffel 2013). Vergleichbar enge Bezüge zwischen dem Protagonisten und seinem Autor gelten auch für *Casanovas Heimfahrt*. Die zeitgenössische Gegenwart einer, jedenfalls gegen Ende des Ersten Weltkriegs, absehbar dem Untergang geweihten Gesellschaft spiegelt sich in diesem Fall im historischen Kontext der Gesellschaft des Ancien régime vor dem Ausbruch der großen, die sozialen und politischen Verhältnisse in ganz Europa grundlegend verändernden französischen Revolution und am Vorabend eines Krieges, in den der Offizier Lorenzi ziehen soll (vgl. CAS, 22 u. 79 f.; ein Bild der Gesellschaft des Ancien régime ‚en miniature' ermöglicht die „hübsche kleine Spielgesellschaft", die sich „dem Chevalier zu Ehren" bei Olivio versammelt, ebd., 22; für ihre Dekadenz stehen u. a. die Figuren des Marchese und seiner ganz offensichtlich ein Verhältnis zu Lorenzi unterhaltenden Gattin; die Allgegenwart von roher körperlicher Gewalt verdeutlicht das Bild des von Casanova getöteten und als nackte, „auf dem Rasen hingestreckt[e]", ebd., 107, Leiche zurückgelassenen Lorenzi; der Eindruck verkommener Verhältnisse und eines unaufhaltsamen Niedergangs ist überdies mit der verfaulenden, von einem überalterten Rat regierten Stadt Venedig assoziiert).

Sieht man von allgemeinen sozialen, politischen und ethischen Fragen ab und auch von der in vielen Werken Schnitzlers reflektierten Frage nach der Bedeutung von Sexualität im Miteinander der Geschlechter, so ist ein Hauptthema der Erzählung zweifellos das Problem des Alterns, d. h. letztlich des Vergehens von Zeit, und seine Folgen für die Identität einer Person im Spannungsfeld von Selbst- und Fremdwahrnehmung. Am Beispiel des Protagonisten wird dabei vorgeführt, in welcher Weise unterschiedliche, weil subjekt- und situationsbedingte Formen der

Auffassung sowohl die Wahrnehmung einer konkreten körperlichen Gestalt als auch die soziale Bedeutung und das Ansehen eines Individuums bestimmen. In diesem Sinne beschreibt Casanova etwa im Gespräch mit Amalia detailliert den Verfall seines Körpers, während diese (ebenso wie offenbar auch Olivio und andere Figuren) in ihm nach wie vor nur den ‚alten', d. h. den jungen, schönen und vitalen Casanova sieht. Auf seine besorgte Frage „Wenn du mich heute zum erstenmal sähest – ob ich dir wohl auch gefiele [...]?" antwortet sie: „Ich weiß nicht, ob du heute anders aussiehst als damals. Ich sehe dich – wie du damals warst. Wie ich dich seither immer, auch in meinen Träumen sah" (ebd., 25 f.). Im Übrigen gehört zur erzählten Geschichte, dass Casanova sich (und gesprächsweise auch andere Figuren) immer wieder an glanzvolle Details seiner Lebensgeschichte erinnert, sodass er selbst „von dem wieder neu gefühlten Zauber seiner eigenen Vergangenheit umfangen" ist (ebd., 94) und die Gegenwart im Lichte dieser Vergangenheit teils verklärt, teils als Niedergang betrachtet. Und umgekehrt wird der wiederholt auch als – wie sich der historische Casanova zu nennen pflegte – Chevalier von Seingalt (ebd., 10) bezeichnete Protagonist im Verlauf der erzählten Geschichte in unterschiedlichen, mit seinem Ruf und den Geschichten seines Lebens verbundenen Rollen gesehen und angesprochen: die Figuren begegnen ihm u. a. als selbstlosem Helfer und großem Wohltäter (Olivio), als unvergesslichem Liebhaber (u. a. Amalia und eine unbekannte Frauenstimme im Kloster, ebd., 116), als großem Spieler (der mit seiner Gattin von einem benachbarten Gut zum Spiel bei Olivio gekommene Marchese), als legendärem Abenteurer (die Marchesa), als jungem Mann mit erfreulichem „Appetit" (ebd., 116, Bragadino) und als einem weitgehend unbekannten Mitbürger und Bruder im Geiste, von dem man nicht sehr viel mehr weiß, als dass er „aus irgendeinem Grunde" in den „Bleikammern gefangen gesessen und unter allerlei Fährlichkeiten von dort entkommen war" (ebd., 117; die als „Freidenker" und „Umstürzler" auftretende „Venezianer Jugend" im Café Quadri am Markusplatz).

Berücksichtigt man die Figurenkonstellation sowie die Komposition der erzählten Geschichte, so werden die angesprochenen Themen auch über die Gegenüberstellung von zwei verschiedenen menschlichen Grundtypen einerseits und von den Vertretern unterschiedlicher Generationen andererseits entfaltet. In diesem Sinn lässt sich die Figur des Casanova als Typus des Abenteurers verstehen, der sich durch ständige Bewegung und Dynamik auszeichnet, während das seit sechzehn Jahren verheiratete und seit langem schon auf einem ländlichen Weingut wie in einem „kleine[n] Königreich" (ebd., 24) lebende Paar Olivio und Amalia mitsamt seinen drei Kindern auf den ersten Blick dem Typus des sesshaften Bürgers und dem Idealbild einer Familie entspricht, deren Mitglieder ‚immobil', ‚statisch' und in ihrer Heimat fest verwurzelt sind (vgl. Lukas 1996, 24 f.).

Im Verlauf der erzählten Geschichte erweisen sich die skizzierten Zuordnungen jedoch als problematisch. Denn Casanova ist „längst nicht mehr von der Abenteuerlust der Jugend", sondern vom „Heimweh nach seiner Vaterstadt" getrieben und möchte eigentlich nicht zu Olivio (CAS, 5), sondern sich möglichst schnell weiter auf den Weg nach Venedig machen und „endlich eine Ruhestatt, eine Heimat haben" (ebd., 51). Die Fassade des bürgerlichen Glücks, das er auf dem Weg dorthin unbedingt noch besichtigen soll, ist genau besehen wiederum rissig. Denn Amalia hat – wie allerdings außer ihr selbst wohl nur Casanova, der Leser und möglicherweise ihr Beichtvater wissen – Olivio vor der Hochzeit betrogen und die Zeit des sexuellen Zusammenlebens mit ihrem Ehemann im ständigen Warten auf eine erneute Zusammenkunft mit ihrem vorehelichen Liebhaber verbracht, der sich dann jedoch nicht noch einmal mit ihr selbst, sondern mit ihrer Tochter und insofern einer Vertreterin der jetzt jungen Generation vereinigt (sodass Casanova, der auch schon ein Verhältnis mit Amalias Mutter hatte, wie er „vergnügt" bilanziert, jetzt drei Generationen einer Familie, d. h. „das Dirnchen, deren Mutter und Großmutter [...] gehört hatten", ebd., 79).

Zur jungen Generation, die kein Erinnerungsbild und wenig bis kein Vorwissen von Casanova hat und die ihm daher vergleichsweise unbefangen und mit einem unverstellten Blick für seine gegenwärtige Erscheinung gegenübertritt, zählen auch Marcolina und Lorenzi. Marcolina vertritt in diesem Sinne nicht nur einen in der Forschung wiederholt vermerkten „neuen Typus der emanzipierten Frau" (Gutt 1978; Perlmann 1987a, 162), die eine „intellektuelle[] wie sexuelle[] Selbstbestimmung" (Fliedl 2005, 212) für sich reklamiert (was sich u. a. darin äußert, dass sie Lorenzis Bewerbung um ihre Hand ausschlägt, um ihn bald darauf als Liebhaber zu erhören). Darüber hinaus gehört sie zur Gruppe der schon qua Alter von Casanova unbeeindruckten Figuren, die in ihm bestenfalls ein, so Marcolina, „Unterhaltungstalent" (CAS, 30) sehen, und die der ‚Chevalier' weder mit dem „Namen Casanova" (ebd., 43) noch mit seinem Körper oder Geist, sondern allein mit den Mitteln roher Gewalt oder auch des durch einen Zufall ermöglichten Betrugs für sich gewinnen kann. Insofern erleidet der in der Dunkelheit der Nacht von Marcolina als Lorenzi empfangene Casanova eine vernichtende Niederlage, als diese ihm am frühen Morgen nicht, wie erträumt, mit Inbrunst „bebend, gebannt, erlöst [...] seinen Namen entgegenflüster[t]", sondern vielmehr „mit einem Blick unnennbaren Grauens" ihren Irrtum erkennt und er in ihren Augen, „das Wort" lesen muss, „das ihm von allen das furchtbarste war, da es ein endgültiges Urteil sprach: Alter Mann.–" (ebd., 100; zur Bedeutung von Casanovas Traum in diesem Zusammenhang und auch anderen Traumdarstellungen in der Erzählung vgl. Lehnen 1995, 202–204 u. 209–211; Perlmann 1987b, 150–164; zum ironischen intertextuellen Bezug auf den Amphitryon-Stoff, zu dem ja ebenfalls das Motiv der durch eine Verwechslung ermöglichten sexuellen Vereinigung gehört, vgl. u. a. Lehnen 1995, 209 f.).

Bedenkt man schließlich, dass Casanova mit dem sich ihm an der Gartentür entgegenstellenden Lorenzi einen „Br[u]der im Geiste" (CAS, 86) und letztlich „symbolisch [...] seine eigene Jugend" (Mönig 2007, 187) tötet, so gehört zur Geschichte des Protagonisten, dass dieser „List gegen Vertrauen, Lust gegen Liebe, Alter gegen Jugend" (CAS, 104) ausspielt und das Bild des eigenen Selbst trotzig und wider bessere Einsicht gegen den Wandel der Zeit zu verteidigen sucht. „Er ist nur jung, ich aber bin Casanova!..." (ebd., 107) – mit diesem auf die Unvergänglichkeit der eigenen Größe setzenden Gedanken führt Casanova den Stoß, der das junge Leben des von ihm nur als Rivalen und nicht als Nachfolger betrachteten Lorenzi beendet. Dem jungen Mann beschert das einen Tod in „unvergleichlicher Schönheit" (ebd.), während Casanova in erbärmlichem Aufzug heimlich und überhastet fliehen muss. Ein überzeugender, weil ‚lebendiger' Entwurf der eigenen, notgedrungen dem Prinzip des Wandels unterworfenen Person kann auf der Basis einer solchen Verweigerung gegenüber der Wirklichkeit des Alterns nicht gelingen (und Casanova erscheint bei Schnitzler insofern gerade nicht als ein „Genie des Lebens", Hofmannsthal/von Nostitz 1965, 65; dazu, dass er sich überdies als „zerstörter Zerstörer", Oellers 1996, 251, bzw. rücksichtloser Don Juan erweist, vgl. Stock 1978; vgl. auch Dane 1998, bes. 61). Die „Heimfahrt" des Casanova endet denn auch nicht damit, dass der ehemalige Freigeist und „alte[] Abenteurer[]" sein Bild von sich selbst korrigiert, sondern dass er nur sein äußeres Handeln anpasst und sich widerstandslos in die herrschenden Machtverhältnisse fügt. Das für sein Selbstverständnis so wichtige Gefühl der Macht über andere bewahrt sich der fluchtartig nach Venedig zurückgekehrte Casanova nunmehr dadurch, dass er die an einem Wandel der Verhältnisse interessierte Jugend seiner Vaterstadt nach Belieben an deren ebenso starrköpfige wie greise Machthaber verrät.

Am Schluss der Erzählung versinkt Schnitzlers Casanova inmitten einer als verfallend geschilderten Stadt auf dem „schlechte[n] Bett" einer elenden Spelunke gleichsam bewusstlos in „traumlos[em] und dumpf[em]" Schlaf. Von einer aktiven Auseinandersetzung mit der eigenen Lebensgeschichte und dem dadurch möglichen Gewinn eines autonomen Selbst scheint dieser Casanova weit entfernt. Wie immer man das genaue Verhältnis zwischen dem Autor und seiner Figur bewertet: In dieser Hinsicht hat Schnitzler jedenfalls keinen ‚Bruder im Geiste', sondern eine Art Gegenmodell zum eigenen Handeln geschaffen. Am 18. April 1915 notiert der ebenfalls 53 Jahre alte und unter der Wirklichkeit des Alterns leidende Schnitzler in sein Tagebuch „Autobiographische Sehnsucht, nicht aus Eitelkeit, sondern mehr aus Einsamkeitsgefühl.–" (TB, 18.4.1915). Angesichts einer „doppelten Krise" in Gestalt „der weltgeschichtlichen Krise einerseits, die allgemein Rückschauen auf eine untergehende Gesellschaft bzw. Lebensart provozierte, und einer privaten, namentlich durch das fortschreitende Alter hervorgerufenen Lebenskrise andererseits" (Jürgensen in HB, 276) verfällt der Autor nicht dem ‚Schlaf' der Verdrängung, sondern nimmt seinerseits das mühevolle Projekt in Angriff, sich der eigenen Herkunft und Jugend schreibend zu vergewissern. Im Blick auf die werkgeschichtliche Bedeutung seiner zum Teil parallel dazu ausgeführten literarischen Auseinandersetzung mit dem Casanova-Stoff aber notiert er am 25. Dezember 1917 als Vermutung, was sich aus der rückwärts gewandten Perspektive des Literaturhistorikers als durchaus zutreffend erweist: „Dichterisch hebt mit der Cas. Nov[elle] – und dem Cas. Stück vielleicht – für mich eine neue Epoche an" (TB, 25.12.1917).

4. Die Zeit der Republik oder: Späte Erzählungen (1919–1931)

4.1 Biographischer und historischer Kontext

Der Erste Weltkrieg war für die Doppelmonarchie Österreich-Ungarn in vielerlei Hinsicht ein Desaster. Im Ergebnis führte er in ihrem Fall zu besonders einschneidenden geopolitischen Veränderungen in Gestalt der Auflösung von Altösterreich sowie dem Ende der viele Jahrhunderte alten Monarchie des Hauses Habsburg. Nach der Bildung von eigenen Nationalräten durch die einzelnen Nationalitäten und entsprechend starken dezentralen Bestrebungen musste Kaiser Karl I. (1887–1922), der Nachfolger des am 22. November 1916 verstorbenen Franz Joseph I., am 11. November 1918 auf jeden Anteil an den Staatsgeschäften verzichten. Da er nicht formal abdanken wollte, musste er bald darauf, im Frühjahr 1919, Österreich verlassen und lebte fortan im Exil in der Schweiz und – nach zwei gescheiterten Restaurationsversuchen 1921 in Ungarn – in der Verbannung auf der Atlantikinsel Madeira, wo er im Frühjahr 1922 an den Folgen einer schweren Lungenentzündung starb. An die Stelle des großen alten Vielvölkerstaats war nunmehr eine Vielzahl von kleinen, mehr oder minder homogenen Nationalstaaten getreten, und ganz im Sinne dieser allgemeinen Entwicklung hatte auch eine provisorische deutschösterreichische Nationalversammlung schon Ende Oktober 1918 eine eigene Regierung bestellt. Aus einem Großteil der mehrheitlich deutschsprachigen Gebiete Altösterreichs (d. h. ohne die Provinzen Deutschböhmen und Sudetenland sowie Schlesien, Teile Mährens und Südtirol) wurde bald darauf ein vorerst „Deutschösterreich" genannter Staat gebildet, für den die Nationalversammlung am 12. November 1918 die Form der demokratischen Republik beschloss. Ein Zusammenschluss mit dem Deutschen Reich, d. h. der ebenfalls im November 1918 ausgerufenen Weimarer Republik, wurde von den alliierten Siegermächten im Staatsvertrag von Saint-Germain-en Laye (1919) in Gestalt eines förmlichen Unabhängigkeitsgebots für Österreich allerdings ausgeschlossen (was man in Österreich und Deutschland dann als „Anschlussverbot" zu bezeichnen pflegte). Dieser Vertrag legte denn auch den neuen, mit der Ratifizierung des Vertrags durch das österreichische Parlament ab Oktober 1919 verbindlichen Staatsnamen „Republik Österreich" fest. Zu den Besonderheiten dieser Republik gehörte, dass nicht nur die dauerhafte Ausweisung des Kaisers und die Verstaatlichung des Vermögens seiner Familie durch ein sogenanntes „Habsburgergesetz" verfügt, sondern dass der Adel überhaupt und „gewisse Titel und Würden" am 3. April 1919, unmittelbar nach Abreise der kaiserlichen Familie, durch ein „Adelaufhebungsgesetz" offiziell abgeschafft wurden.

4. Späte Erzählungen

Aus volkswirtschaftlicher Sicht stand die Gründung der Republik Österreich schon deshalb unter keinem guten Stern, weil dieses mehrheitlich als „Rumpfstaat" empfundene Staatsgebilde von zahlreichen Quellen seiner alten Produktivkraft abgeschnitten war und so z. B. auf die Leistungen der böhmischen Industrie und der ungarischen Agrarwirtschaft verzichten musste. In weit größerem Ausmaß als in Deutschland war die Wirtschaft dieses neuen Staates insofern nicht allein von Reparationszahlungen, sondern auch von Gebietsverlusten und neuen Zollgrenzen betroffen, und der Alltag seiner Bürger wurde nachhaltiger noch von einer „galoppierenden Inflation" bestimmt. Eine Ende 1924 erfolgende Währungsreform, die zur Ablösung der Krone durch den Schilling führte, ermöglichte eine gewisse Stabilisierung; der folgende, durchaus bescheidene wirtschaftliche Aufschwung fand mit der Weltwirtschaftskrise von 1929 dann allerdings ein rasches Ende.

Politisch war die neugegründete Alpenrepublik zum einen durch die gegensätzlichen Bestrebungen von Zentralismus und Föderalismus, von einer Spannung zwischen nationalen (in Nationalrat und Bundesregierung institutionalisierten) und bundesstaatlichen (in Gestalt der einzelnen Bundesländer vertretenen) Grundsätzen geprägt. Zum anderen gab es von Anfang an einen konfliktreichen Gegensatz von Sozialdemokraten und Konservativen und am rechten Flügel des Parteienspektrums bald auch eine zunehmend mächtige Opposition von Gegnern der Demokratie, die sich u. a. in Gestalt der Nationalsozialisten formierten. Da sich die unterschiedlichen Lager, ähnlich wie in Deutschland, auch in paramilitärischen Gruppen organisierten bzw. durch Verbände wie die „Heimwehr" oder den „Republikanischen Schutzbund" Unterstützung fanden, entluden sich all diese Spannungen schon zu Schnitzlers Lebzeiten – und damit noch vor dem Austrofaschismus ab 1933, dem österreichischen Bürgerkrieg im Februar 1934 und dem „Anschluss" von 1938 – auch in mehreren Aufständen und zahllosen blutigen Scharmützeln.

Inmitten der veränderten, wie er schon in den letzten Kriegsmonaten an Georg Brandes schreibt, „zerrissene[n] und stöhnende[n] [...] Jammerwelt" (2.8.1918; BR II, 165 f.) der Nachkriegszeit sucht auch der Autor Schnitzler seinen Platz. Und so wie er unmittelbar vor und während des Krieges keinerlei Kriegsbegeisterung geäußert und sich auch sonst kaum öffentlich zu Wort gemeldet hatte – was ihm vor allem in christlich-sozialen und deutschnational-völkischen Kreisen angelastet und als der mangelnde Patriotismus eines Juden ausgelegt wurde –, so hält sich Schnitzler dabei allerdings auch jetzt mit öffentlichen Äußerungen zurück. In einem am 19. März 1919 geschriebenen Brief an den 1911 mit dem Friedensnobelpreis ausgezeichneten Pazifisten Alfred Hermann Fried (1864–1921) begründet er diese erklärte Abneigung, „politisch-publizistisch hervorzutreten" nicht mit einem mangelndem Interesse an öffentlichen Angelegenheiten, sondern mit seiner Skepsis gegenüber den spezifischen Erfordernissen der entsprechenden Debatten. Grundsätzlich vermeide er ausführlichere öffentliche Parteinahmen, so erläutert Schnitzler,

4.1 Biographischer und historischer Kontext

> [n]icht etwa, weil ich glaube, daß ich überhaupt in diesen Dingen nichts zu sagen hätte, oder nicht mitreden dürfte, der Grund ist vielmehr der, daß ich genötigt wäre, wenn ich nur einmal anfinge ‚mich zu äußern' mich auch weiterhin im Streit der Meinungen zu beteiligen; – und da nicht nur meine eigentlichen Interessen, sondern vor allem die Art meiner Begabung und daher die Möglichkeit meines Wirkens doch auf einem anderen Gebiete liegen, so finde ich es ebenso überflüssig für mich als für Andere mich auf journalistische Eskapaden einzulassen. (Ebd., 179)

Unabhängig davon bleibt Schnitzler aber ein genauer Beobachter seiner Zeit, der in privaten, vor allem in seinem Tagebuch notierten Äußerungen regelmäßig und mehr oder minder ausführlich auch die politischen Ereignisse der Gegenwart in oft – aus heutiger Sicht – durchaus hellsichtiger Weise kommentiert. Zu dem von den Mächten der sogenannten „Triple Entente" (Vereinigtes Königreich, Frankreich und Russland) ohne Beteiligung des Deutschen Reiches ausgehandelten und von dessen Vertretern dann erst unter Protest am 28. Juni 1919 unterschriebenen Friedensvertrag von Versailles und seinen Hintergründen notiert er so z. B.:

> Die Friedensbedingungen der Entente für uns.– Worte sind nichtig.– Nicht was hier geschieht, empfind ich als das ungeheuerliche – Triumphe sind dazu da um ausgekostet zu werden. Aber die Phrasen von Gerechtigkeit und Völkerfrieden, die das was wir jetzt erleben, eingeleitet haben und noch begleiten – die sind das Neue an der Sache. Grausamkeit, Machtrausch, Schurkerei, Dummheit – das wiederholt sich in allen ‚großen Epochen der Geschichte', auch Lüge;... aber Lüge, die sich im Augenblick selbst, auch für den Blindesten als Lüge demaskirt – Lüge ohne Zweck,– Lüge, die nicht einmal mehr Hohn ist,– kaum mehr Phrase;– kurz die ‚Lüge an sich' – ohne Zweck, ohne Witz, ohne Sinn, ohne Größe;– die erleben wir zum ersten Mal.– (TB, 3.6.1919)

Dass Schnitzler sich in den ersten Jahren der als eine „Zeit des Grauens und der Schurkerei" erlebten Nachkriegszeit, wie er am 16. August 1920 an Georg Brandes schreibt, „sehr bedrückt und verdüstert" fühlt und „allerlei angefangen", aber insgesamt nur wenig gearbeitet und nichts Neues vollendet hat (BR II, 215), ist nun allerdings nicht allein den allgemeinen historischen Verhältnissen geschuldet.

Finanziell gesehen, muss auch Schnitzler angesichts von reduzierten Theaterspielplänen, Papierknappheit, Streiks im Buchgewerbe und nachlassender Kaufkraft des Lesepublikums in der Kriegs- und Nachkriegszeit erhebliche Einbußen verkraften. Die Aufführung seiner Stücke im Ausland verschafft ihm jedoch immerhin eine hilfreiche Summe der vor allem während der Inflationszeit so kostbaren Devisen, und mit dem Verkauf von Filmrechten vermag er sich in den frühen Nachkriegsjahren bald eine neue Geldquelle zu erschließen (1920 erhält er so z. B. viertausend Dollar für die Filmrechte an *Anatol*; später werden neben anderen Theaterstücken auch die Erzählungen *Fräulein Else* und *Spiel im Morgengrauen* verfilmt). In materieller Hinsicht ist seine Lage insofern wiederholt problematisch, im Vergleich zu anderen Zeitgenossen aber immer noch relativ komfortabel. In den Jahren nach dem Ersten Weltkrieg machen ihm indessen noch ganz andere Entwicklungen zu schaffen.

4. Späte Erzählungen

Seinen sechzigsten Geburtstag am 15. Mai 1922 verbringt der Autor ohne Begleitung auf einer Reise in Nürnberg, und rund sechs Monate zuvor bemerkt er in einem Brief an die langjährige Freundin Dora Michaelis (1881–1946):

> […] es war früher einmal schöner auf der Welt, und nicht nur weil man jünger war… Mir ist manchmal als hätt ich noch so manches, ja allerlei ganz schönes aufzuschreiben; – mit meinem Geist käm ich auch meinen Plänen nach, das fühl ich;… aber meine Seele wechselt zwischen Starrheit und Unruhe; – es fehlt ihr die edel-ruhige rhythmische Bewegung, in der künstlerische Arbeit gedeihen kann. (11.11.1920; ebd., 218)

Die Bedrohung seiner Schaffenskraft, die Schnitzler hier in wohlgesetzten Worten beklagt, ließe sich weniger euphemistisch auch als zunehmende Niedergeschlagenheit bis hin zu tiefen Depressionen beschreiben. Neben einer entsprechenden körperlichen Disposition und seiner Verzweiflung über die Wirren der Zeit hat Schnitzlers schlechte psychische Verfassung verschiedene persönliche Gründe: Schnitzler leidet unter dem physiologischen Prozess des Alterns („,Zeit ist nur ein Wort.' – Ja – aber Altwerden ist eine Thatsache.–", notiert er am 17. März 1919 in sein Tagebuch), wobei ihn neben beginnenden Herzbeschwerden insbesondere seine wachsende Otosklerose plagt, in deren Folge er zunehmend schwerhörig wird und nahezu unablässig schmerzhafte Geräusche in seinem Ohr vernimmt.

Vor allem aber quälen ihn zermürbende Auseinandersetzungen mit seiner Frau. Die beiden „Gespenster", die der scharfsichtige Schnitzler bereits vor der Hochzeit mit der um zwanzig Jahre jüngeren Schauspielschülerin Olga Gussmann „an unserm Bett" erblickte, nämlich „meine Vergangenheit, ihre Zukunft" (TB, 5.5.1901), sorgen immer mehr für Streit und Eifersucht, und die Krise seiner Ehe erreicht in den Nachkriegsjahren ihren Höhepunkt. Olga, die sich von Schnitzler unterdrückt und in ihrer künstlerischen Entwicklung als Sängerin behindert sieht, beginnt 1918 ein Verhältnis mit Wilhelm Gross (1894–1939), einem begabten Komponisten und Pianisten, der in Schnitzlers Haus verkehrt. Gross betrügt Olga bald mit einer anderen Sängerin, und eine längere Konzertreise, die Olga 1919 unternimmt, führt von einem Misserfolg zum andern. Als Olga zu Schnitzler zurückkehren will, lehnt dieser jedoch ab und leitet nach siebzehn Jahren monogam geführter Ehe nunmehr entschlossen die am 26. Juni 1921 vollzogene Scheidung ein. Der achtzehnjährige Sohn Heinrich geht bald seine eigenen Wege als Schauspielschüler und später Theaterregisseur, die 11-jährige Tochter Lili bleibt bei ihrem Vater, der weiterhin engen Kontakt zu ihrer Mutter hält und diese bis zum Ende seines Lebens finanziell großzügig unterstützt; Olgas wiederholte Versuche einer Wiederaufnahme des Zusammenlebens weist er jedoch stets entschieden zurück. Im Übrigen nimmt er, wenn auch in stark reduziertem Maße, sein polygames Leben wieder auf und unterhält auch ihn selbst z. T. quälende, weil im Detail mit divergierenden Erwartungen verbundene Beziehungen zu verschiedenen Frauen.

In den 1920er Jahren erhält Schnitzler u. a. den Volkstheaterpreis für *Professor Bernhardi* (1920), die Ehrenmitgliedschaft der Wiener Akademie der bildenden Künste (1923), den vom Journalisten- und Schriftstellerverein gestifteten Burgtheaterring (1926) und wird – obwohl er schon dreimal abgelehnt hat – zum Ehrenpräsidenten des PEN-Clubs ernannt (1923). Zugleich sieht sich der vielfach geehrte, auf Lesereisen in vielen Ländern Europas gefeierte Autor jetzt wiederholt mit dem von einzelnen Kritikern vorgebrachten Vorwurf konfrontiert, seine Werke einer „abgeschlossene[n], abgetan[enen], zum Tod verurteilte[n] Welt" zu widmen (vgl. z. B. Schnitzlers Brief an Jakob Wassermann vom 3.11.1914; BR II, 370–372, zit. 370). Abgesehen davon, dass Schnitzler sich entschieden und mit guten Gründen gegen solche Vorwürfe verwahrt, berühren sie seine Beliebtheit beim lesenden Publikum jedenfalls nicht. Im Gegenteil: Seine Spätwerke wie *Fräulein Else* (1924), *Traumnovelle* (1925/1926), *Buch der Sprüche und Bedenken* (1927) oder auch *Spiel im Morgengrauen* (1926/1927) und *Therese. Chronik eines Frauenlebens* (1928) sind große Verkaufserfolge, die jeweils hohe Auflagen erzielen, sodass Schnitzler zwar nicht mehr als Dramatiker, sehr wohl aber als Erzähler und Prosaist auch bzw. gerade nach 1918 zu den erfolgreichsten Autoren seiner Zeit gehört (dazu und allgemein zur Rezeption Schnitzlers vgl. das Kapitel „Rezeption und Wirkung" in HB, 347–400, bes. 348 f.).

Am 26. Juli 1928 erschießt sich in Venedig die seit rund einem Jahr mit dem auch von ihren Eltern geschätzten italienischen Offizier und Faschisten Arnoldo Cappellini (1889–1954) verheiratete Lili Schnitzler mit der Pistole ihres Ehemanns. Der plötzliche, offenbar nur einem kurzen Augenblick der Verwirrung geschuldete Tod seiner geradezu abgöttisch geliebten Tochter versetzt Schnitzler einen letzten schweren Stoß. Im Oktober 1929 notiert er anlässlich einer erneuten Lektüre von Lilis Tagebüchern: „Mit jenem Julitag war mein Leben doch zu Ende. Die andern wissens nicht – und manchmal ich selber auch nicht" (TB, 3.10.1929). Nur drei Jahre nach Lilis Tod wird Schnitzler, der gegen Ende seines Lebens unter einer ihm selbst erst spät bewusst gewordenen unheilbaren Herzschwäche litt, am 21. Oktober 1931 von seiner Sekretärin Frieda Pollak (1881–1937) bewusstlos auf dem Boden seines Arbeitszimmers in der Sternwartestraße aufgefunden. Wenige Stunden später stirbt er an den Folgen einer Gehirnblutung in den Armen einer seiner letzten Freundinnen, der Schriftstellerin und Übersetzerin Clara Katharina Pollaczek (1875–1951).

4.2 *Fräulein Else* (1924)

Im August 1921 vermerkt Schnitzler im Blick auf seine aktuellen Arbeiten im Tagebuch: „– eine Novelle ‚Else' wird mir am deutlichsten (vielleicht in Gustl Technik).–" (TB, 8.8. 1921). Die Idee zu einer neuen Erzählung, die im Kopf des Autors jetzt offenbar Gestalt annimmt, geht auf einen Entwurf zurück, „der wohl vor 1921 entstand" (Aurnhammer 2013a, 172; detailliert zur Textgenese vgl. ebd.,

4. Späte Erzählungen

171–180). Den Text arbeitet Schnitzler in einem Zeitraum von drei Jahren, zwischen 1921 und 1924, aus, d. h. z. T. parallel zu den nur wenig später veröffentlichten Erzählungen *Die Frau des Richters* (1925) und *Traumnovelle* (1925/1926). Der Schwerpunkt der eigentlichen Schreibarbeit liegt allerdings in einer vergleichbar kurzen Zeit, nämlich zwischen Dezember 1922 und April 1923: „Mit einigem Elan" (TB, 14.12.1922) beginnt Schnitzler die Niederschrift, arbeitet in den nächsten Monaten „in leidlicher Stimmung" (ebd., 1.1.1923) weiter und betrachtet den Text am 13. April 1923 erstmals als „vorläufig zu Ende" (ebd., 13.4.1923); im September desselben Jahres liest er die Novelle erneut durch und beurteilt sie als „recht gelungen" (ebd., 25.9.1922); in den folgenden Monaten überarbeitet und korrigiert er wiederholt den Text, der dann im Oktober 1924 als Vorabdruck in der *Neuen Rundschau* und im November desselben Jahres im Wiener Paul Zsolnay Verlag als Buch erscheint. Der Grund dafür, dass die Novelle nicht wie gewohnt bei S. Fischer, sondern von Paul Zsolnay (1895–1961) in seinem erst wenige Monate alten, im Frühjahr 1924 gegründeten Verlag publiziert wurde, ist ein allgemeiner, durch zeitbedingte Probleme begründeter Konflikt zwischen Schnitzler und seinem Stammverleger um die Honorierung seiner Bücher (vgl. dazu z. B. Schnitzlers Brief an Samuel Fischer vom 28.8.1923; BR II, 323–325; vgl. auch Polt-Heinzl 2002, 39 f.). Auch von Zsolnay war Schnitzler aber bald enttäuscht, sodass er die Rechte später zurückkaufte und die Novelle dann 1928 wieder bei S. Fischer in seinen *Gesammelten Werken* erschien.

Fräulein Else war kommerziell ein – auch von Schnitzler so nicht erwarteter – großer Erfolg (schon in den ersten sechs Wochen nach Erscheinen wurden 25.000 Exemplare verkauft) und Kritiker und Kollegen haben das Werk geradezu enthusiastisch gelobt. In der *Neuen Freien Presse* etwa urteilte Felix Salten in einer Rezension vom 23. November 1924: „Selten ist eine Frauenseele in ihren geheimsten Regungen so durchleuchtet worden […]. Dieses Buch […] wird binnen kurzem von vielen Tausenden, Frauen wie Männern, gelesen und geliebt sein" (Salten 1924, 3). Und neben solchen öffentlichen Äußerungen finden sich zahlreiche Briefe, in denen andere Autoren ihrer Begeisterung Ausdruck verleihen. Unmittelbar nach Lektüre des Zeitschriftenvorabdrucks schreibt so z. B. der Wiener Journalist und Schriftsteller Raoul Auernheimer (1876–1948) am 9. Oktober 1924 an Schnitzler:

> [I]ch will Ihnen nur unter dem noch frischen Eindruck der ersten Lektüre Ihrer neuen Novelle sagen, daß ich ‚Fräulein Else' zu Ihren gelungensten Meisterwerken rechne. Sie gehört sicher zum Allerbesten, was Sie je gemacht haben – das will etwas sagen – und ich wüßte unter den Erzählern der Gegenwart […] niemand, der etwas Gleichwertiges zu machen imstande wäre. […] (Auernheimer-BW, 54 f., zit. 54 f.).

In einem Brief von Stefan Zweig heißt es in einem ähnlichen Sinn:

> […] ich bin schwer in Arbeit – aber ich muss mich für eine Minute unterbrechen, um Ihnen zu sagen, wie außerordentlich ich Ihre Novelle in der ‚Neuen Rundschau' finde: eine trouvaille in der Technik der Novelle, spannend, aufwühlend, ganz ins Tragische aus kleinem Präludium aufsteigend. (4.11.1924; Zweig-BW, 419)

4.2 Fräulein Else

Und auch Hugo von Hofmannsthal spricht schon nach dem Vorabdruck voller Anerkennung von einer „außerordentliche[n] Erzählung" (31.10.1924; Hofmannsthal-BW, 299); später, in seinem letzten erhaltenen Brief an den alten Wiener Freund und Kollegen, nur wenige Wochen vor seinem eigenen Tod, bemerkt er anlässlich einer Re-Lektüre von Schnitzlers Werken: „Ja, so gut Leutnant Gustl erzählt ist, ‚Fräulein Else' schlägt ihn freilich noch; das ist innerhalb der deutschen Literatur wirklich ein genre für sich, das Sie geschaffen haben" (3.6.1929; ebd., 312). Eine baldige, 1929 uraufgeführte Verfilmung der von Schnitzler schon früh auch als Monodrama für die Bühne vorgesehenen Erzählung durch den Regisseur Paul Czinner mit Stars wie Elisabeth Bergner (Else Thalhof), Albert Bassermann (Dr. Alfred Thalhof) und Adele Sandrock (Tante Emma) bestätigte und förderte im Übrigen die Popularität des Stoffs (vgl. Hahn in HB, 393 f.).

In einer ersten erhaltenen, maschinenschriftlichen Notiz zu *Fräulein Else* hat Schnitzler sein Sujet wie folgt skizziert: „Ein junges Mädchen tritt nackt in den Speisesaal des Berghotels. Sie erzählt, dass sie beraubt wurde. Motiv: Sie tut es, um die Männer zu prüfen, die sich um sie bewerben" (CUL, A141,1; vgl. Aurnhammer 2013a, 172 f.). Die Idee, dass ein junges Mädchen sich nackt der in einem „Berghotel" versammelten Gesellschaft präsentiert, gehört also zum Ursprung der Novelle. Den Kern dieser Idee hat Schnitzler beibehalten, den skandalösen Auftritt eines Mädchens im Verlauf der Schreibarbeit aber doch noch anders motiviert und in einen komplexeren Geschehenszusammenhang integriert.

Plot

Else T., ein neunzehn Jahre altes jüdisches Mädchen, klug, schön, sportlich und noch unberührt, verbringt auf Einladung ihrer reichen Tante Emma Ferien im Hotel Fratazza, einem in San Martino di Castrozza gelegenen Grand Hotel in den Südtiroler Dolomiten. Am Tag der erzählten Handlung, dem 3. September (vgl. ELS, 9) eines nicht genannten Jahres, gerät das „anständige[] junge[] Mädchen" (ebd., 50) „aus guter Familie" (ebd., 49) in eine außerordentliche Situation: Rund „zwei Stunden" vor dem „Dinner" erhält die vom Tennisspiel mit ihrem Cousin Paul und dessen Freundin Cissy Mohr kommende Else aus ihrer Heimatstadt Wien einen Expressbrief (ebd., 5), der ihr eröffnet, dass ihr Vater, ein „berühmter Advokat" (ebd., 12), ihm anvertraute Mündelgelder für Glücksspiele und Spekulationen an der Börse eingesetzt und bei dieser Gelegenheit verloren hat. Baron Höning, ein befreundeter Staatsanwalt, hat einen Aufschub ermöglicht, aber die Gelder müssen in einer Frist von drei Tagen zurückgezahlt werden, andernfalls muss der Vater in Haft. Else, so will es die im Namen des Vaters schreibende Mutter, soll nun den Vater und die durch seine Spielleidenschaft schon mehrfach in große Gefahr geratene und jetzt vor dem endgültigen sozialen und finanziellen Ruin stehende Familie retten, indem sie von einem zufällig im gleichen Hotel wohnenden Geschäftsfreund des Vaters, dem reichen Kunsthändler Dorsday, schnellstmöglich einen Kredit in Höhe der unterschlagenen Summe beschafft.

4. Späte Erzählungen

Ein solcher Kredit würde es dem Vater erlauben, den Tatbestand der Veruntreuung zu kaschieren und damit zumindest vorerst einen Skandal zu verhindern. Nach einigem Zögern entspricht die verzweifelte Else dem Wunsch der Eltern und wendet sich an den ihr unangenehmen, weil sie schon wiederholt mit anzüglichen Bemerkungen bedrängenden älteren Herrn von Dorsday, um ihn um Hilfe zu bitten. Dieser sagt zu, knüpft seine Unterstützung aber seinerseits an eine „Bitte" (ebd., 35). Als Gegengabe dafür, dass er dem Vater nochmals eine Summe leiht, die er – wie schon einmal zuvor – vermutlich nicht wiederbekommt, möchte er, dass sich Else für ihn entkleidet, wobei er vollkommene Diskretion über diesen ‚Vorgang' schwört: „Nichts anderes verlange ich von Ihnen", so formuliert es Dorsday, „als eine Viertelstunde dastehen dürfen in Andacht vor Ihrer Schönheit" (ebd.).

Das Gespräch mit Dorsday stellt Else vor ein kaum zu lösendes Problem: Um den sozialen Status ihrer Familie und letztlich auch ihre eigene Reputation als Tochter aus gutem Hause zu erhalten, soll sie den Anstand und damit genau das verletzen, was ihr Ansehen als gutbürgerliches Mädchen in den Augen der Gesellschaft begründet. Else verlässt das Hotel, und während sich die anderen Gäste noch beim Diner befinden, entschließt sie sich zu einer eigenen Art von Lösung: Sie wird Dorsdays „Bitte" erfüllen, ihren Körper aber nicht vor ihm allein in seinem Zimmer oder auf einer „Lichtung im Walde" (ebd., 36), sondern öffentlich, d. h. vor „alle[n]" (ebd., 59) entblößen. Nackt in einen knöchellangen Mantel gehüllt und mit „schwarzen Lackschuhe[n]" (ebd., 62) an den Füßen macht Else sich auf den Weg und legt zunächst einen Brief vor Dorsdays Tür, der ihm den Vollzug seiner „Bedingung" (ebd., 61) bestätigt – dann sucht sie den Kunsthändler in den öffentlichen Räumen des Hotels und findet ihn schließlich im „Musiksalon" (ebd., 68). Zu den Klängen von Schumanns *Carneval* lässt sie ihren Mantel fallen, woraufhin sie lachend zusammenbricht. Auf einer Bahre und in Begleitung von Paul und Cissy wird die scheinbar ohnmächtige Else über die „Dienerschaftsstiege" (ebd., 72) zurück in ihr Zimmer gebracht. Dort schluckt sie in einem unbeobachteten Moment eine erhebliche, von ihr schon zuvor sorgfältig vorbereitete Dosis des Schlafmittels Veronal, die vermutlich ihren Tod bewirkt: „Ich fliege…ich träume… ich schlafe… ich träu…träu – ich flie……" (ebd., 81) lauten die letzten Worte des Textes.

Im Blick auf die Darstellungsform der erzählten Geschichte hat sich Schnitzler im Verlauf der Ausarbeitung seiner Novelle tatsächlich für die von ihm bereits erprobte, schon im August 1921 ins Auge gefasste „Gustl Technik" (TB, 8.8.1921) entschieden. Noch einmal präsentiert der Autor ein Geschehen ohne Erzähler und schafft die Illusion, dass der Leser unmittelbar am Denken und Erleben der Figur teilhaben kann: Auch *Fräulein Else* ist als „Monologerzählung" (Zenke 1976) konzipiert, d. h. mit der Ausnahme von wenigen Dialogpassagen wird das Geschehen durchgängig in Gestalt der reinen Gedankenrede, dem sogenannten inneren Monolog oder auch „autonomen Monolog" (Cohn 1978, 217–265) präsentiert. Aus formaler Sicht bietet *Fräulein Else* – jedenfalls auf den ersten Blick – insofern keine Neuerung, sondern stellt ein spätes Gegenstück zu *Lieutenant Gustl* dar. Auf den oben zitierten Brief von Stefan Zweig antwortet der Autor denn auch mit dem Hinweis:

> Es freut mich herzlich, dass Ihnen das ‚Fräulein Else' so wohlgefällt. Eine trouvaille ist es ja eigentlich nicht, dieselbe Technik habe ich ja im ‚Leutnant Gustl' schon angewandt. Es ist eigentlich merkwürdig, dass sie seitdem so selten benützt wurde, da sie ganz außerordentliche Möglichkeiten bietet. Freilich eignen sich nur wenige Sujets dazu, sonst hätte wahrscheinlich vor allem ich selbst von dieser Form öfters Gebrauch gemacht. (6.11.1924; BR II, 373)

Was die von Schnitzler angesprochene spezifische Art von Sujet angeht, so finden sich auch in dieser Hinsicht zumindest gewisse strukturelle Parallelen zum *Lieutenant Gustl*. Denn auch in *Fräulein Else* wird das Bewusstseinsprotokoll eines bestimmten Typus in einer außerordentlichen sozialen Situation gegeben, wobei die Erzählung „Psychogramm" und „Soziogramm" verbindet (Schmidt-Dengler 1996, 24). Der konkrete historische Bezug des in ihr entworfenen Gesellschaftsbildes bleibt allerdings schon deshalb offen, weil sich die rund fünf Stunden zwischen etwa 19 Uhr und Mitternacht eines „[d]ritten September[s]" (ELS, 9) umfassende erzählte Geschichte – anders als im Fall von *Lieutenant Gustl* – nicht eindeutig datieren lässt.

Im Rahmen der sehr umfangreichen Forschung zu *Fräulein Else* (detailliert über den „Forschungsstand" informiert Aurnhammer 2013a, 166–171) hat man die erzählte Geschichte in aller Regel in der Zeit vor der Jahrhundertwende lokalisiert. Das ist insofern möglich, als sich die jetzt neunzehnjährige Else daran erinnert, dass sie „[m]it dreizehn" (ELS, 6) eine Wiener Inszenierung der ‚Opéra-comique' *Manon* (1884) von Jules Massenet (1842–1912) mit den seinerzeit berühmten Sängern Ernest van Dyck (1861–1923) und Marie Renard (1864–1939) in den Hauptrollen besuchte. Nimmt man ernst, dass hier offenbar auf eine historische Inszenierung an der Wiener Hofoper von 1890 verwiesen wird, so ist die fiktive Handlung damit auf den 3. September 1896 datiert (vgl. ebd., 9; vgl. zu dieser Datierung etwa Perlmann 1987a, 144; vgl. auch Aurnhammer 2013a, 167). Andere in die fiktive Handlung integrierte Realien widersprechen dieser Datierung jedoch, indem sie eindeutig auf eine Zeit nach der Jahrhundertwende verweisen: Das von Else schon seit längerem verwendete Schlafmittel Veronal wurde so z. B. erst 1903 auf den Markt gebracht und hat sich vor allem in den zwanziger Jahren zu einer Art Modedroge entwickelt; als Schauplatz des fiktiven Geschehens wird das Hotel Fratazza genannt, ein Grand-Hotel, das tatsächlich in San Martino di Castrozza existierte, das in der historischen Wirklichkeit aber erst 1908 auf Initiative des Meraner Hoteliers Hermann Panzer hin errichtet und das 1915 von österreichischen Truppen in Brand gesteckt und weitgehend zerstört wurde (vgl. Steinlechner 2006, 132 f.); die Tatsache wiederum, dass die von der Mutter für die Rettung des Vaters erbetene Summe zunächst „dreißigtausend Gulden" (ELS, 11) beträgt und sich schon wenig später nahezu verdoppelt und auf 50.000 Gulden erhöht (vgl. ebd., 55), verweist auf die große Instabilität und den rapiden Verfall des Werts von Geldsummen in den Inflationsjahren der Nachkriegszeit – auch wenn die dabei genannte Währungseinheit, der 1858 eingeführte und offiziell schon 1892 durch die Krone abgelöste österreichische Gulden, nur bis 1900 im Umlauf war. Und wenn man denn die zeitgenössische Kaufkraft des Gulden gegen Ende des 19. Jahrhunderts zugrunde legte, so wäre der von Elses Mutter als eine „verhältnismäßig lächerliche Summe" (ebd., 11) bezeichnete Betrag von 30.000 Gulden ungewöhnlich hoch und ließe sich, sehr grob geschätzt und bei allen Vorbehalten gegenüber solchen Vergleichen, mit einer heutigen Kaufkraft von mindestens 200.000 Euro beziffern – weshalb Stefan Zweig in seinem Brief vom 4. November 1924 denn auch ausdrücklich zu bedenken gab, dass die im Text genannte Summe „grotesk hoch" sei und Schnitzler nahelegte, sie in der Buchfassung erheblich nach unten zu korrigieren (Zweig-BW, 419; vgl. auch Schnitzlers Antwort vom 6.11.1924; BR II, 372 f.).

Berücksichtigt man, dass die genannten konkreten Bezüge auf historische Realien also zumindest widersprüchlich sind, so ist Fräulein Else jedenfalls schon aus äußerlichen Gründen keine echte Zeitgenossin von Leutnant Gustl. Was sowohl den Text *Fräulein Else* als auch seine Protagonistin und ihre Geschichte einerseits mit *Lieutenant Gustl* verbindet und andererseits doch grundlegend von der Jahrhundertwendewelt des Leutnants trennt, zeigt sich, wenn man Schnitzlers Novelle genauer betrachtet.

An die Stelle des jugendlichen Leutnants als männlichem Vorbild der Jahrhundertwendegesellschaft rückt in Schnitzlers zweiter großer, rund zwanzig Jahre später entstandener Monologerzählung eine junge Frau, die ihren Platz in der Gesellschaft nicht verteidigen, sondern finden muss. Zum Anfang des dargestellten Gedankenstroms gehört auch in diesem Fall eine Bedrohung des sozialen Ansehens der Person, und erneut wird bei dieser Gelegenheit ein Missverhältnis von sozialem Schein und Sein offenbart. In diesem Zusammenhang ist auch für die Komposition von *Fräulein Else* von Bedeutung, dass der eigentliche Angriff auf die Integrität der Figur zwar in einem öffentlichen Raum erfolgt (das Gespräch mit Dorsday findet auf einer Promenade statt, unmittelbar vor dem Foyer des Hotels), gleichwohl aber nur die beiden unmittelbar Beteiligten zum Zeugen hat. Wie der Leutnant Gustl steht Else vor einem Dilemma, und wie Gustl zur Frage der Ehre, muss sich Else nach Dorsdays diskreter „Bitte" zur Frage des Anstands in einem inneren Prozess nunmehr allein ins Verhältnis setzen. Die Bedrohung der Integrität ihrer Person ist aber komplexer und um ihr zu begegnen, steht Else im Unterschied zu Leutnant Gustl kein vorgegebenes, sozial sanktioniertes Handlungsmuster zur Verfügung. Während Gustl nach seiner regungslos hingenommenen Beleidigung durch einen Bäckermeister zwei klare Handlungsoptionen hat (denen zufolge er entweder den Dienst quittieren oder aber sich umbringen müsste) und in seinem Fall eindeutig geregelt ist, was „ein Mann sein, ein Offizier sein" für einen „brave[n] Kerl" (GUS, 23), bedeutet, wird die Frage, in welchem

Sinne sie ‚eine Frau' sein möchte, für Else zum entscheidenden Problem. Konsequenterweise gelten die dargestellten Gedanken der weiblichen Figur denn auch einem sehr viel breiteren Spektrum von Themen, Handlungsmöglichkeiten und Bildern des eigenen Selbst (zu Elses „Identitätssuche im Spannungsfeld von Konvention und Rebellion" ausführlich Neymeyr 2007). „O, was bin ich für eine Person" (ELS, 24) denkt Else, die eine körperlich reife Frau ist (dass ihr „diese Tage", ebd., 9, unmittelbar bevor stehen, wird im Text wiederholt thematisiert) und gleichwohl noch über keinerlei erotische Erfahrung verfügt und die sich selbst mal als „kleines Luder" (ebd., 53) mit „hundert Geliebte[n]" (ebd., 18), mal als „sporting girl" (ebd., 9), „Snob" (ebd., 7), in Europa lebende Ehefrau eines reichen Amerikaners mit „Villa an der Riviera" (ebd., 6), „Aristokratin", „Marchesa", „Bettlerin" oder schlicht „Tochter eines Defraudanten" imaginiert (ebd., 18). „Nie werde ich unsere Existenz verstehen" […]; Ich bin ja ganz allein. Ich bin ja so furchtbar allein, wie es sich niemand vorstellen kann" (ebd., 22) und „Jeder hat eigentlich Angst vor dem Andern, jeder ist allein" (ebd., 23) – solche Gedanken offenbaren die Einsamkeit eines jungen, sich unverstanden fühlenden Mädchens, das ohne wirkliche Hilfe einer Familie ist (vgl. z. B. ebd., 49 f.), das sich ständig mit seiner Wirkung auf andere befasst (vgl. Saxer in HB u. Bronfen 1996, 468) und das angesichts der eigenen und fremden Formen des Begehrens und einer unaufrichtigen, dieses Begehren tabuisierenden bürgerlichen Moral auf seinem Weg vom „Mädchen" bzw. „Fräulein" zur „Frau" schlicht überfordert ist. Am Ende bleibt Else nur die Regression in ein rein körperliches, buchstäblich von allen Hüllen befreites Selbst. „Ach, kommen Sie doch näher, schönes Fräulein" – so spricht Else in der Intimität ihres Zimmers zur vergeblich ersehnten Vertrauten, dem Spiegelbild des eigenen, von allen ‚Verkleidungen' befreiten nackten Körpers,

> ich will ihre blutroten Lippen küssen. Ich will ihre Brüste an meine Brüste pressen. Wie schade, daß das Glas zwischen uns ist, das kalte Glas. Wie gut würden wir uns miteinander vertragen. Nicht wahr? Wir brauchten gar niemanden andern. (ELS, 60)

Wenn Else die Einsamkeit ihres Zimmers schließlich wieder verlässt und sich in einem Mantel, „unter dem […] nichts ist, als ich, ich selber" (ebd., 62), in Gesellschaft begibt, um sich dort vor den Augen Dorsdays und anderer Gäste des mondänen Hotels zu entblößen, so handelt sie aus ihrer Sicht durchaus „vernünftig" (ebd., 58). Sie zieht den Akt, der die soziale Existenz ihrer Familie retten soll, in die Öffentlichkeit eben der Gesellschaft, deren Doppelmoral von ihr die Preisgabe des Anstands im Verborgenen verlangt. Die wahren Gründe von Elses scheinbar skandalösem Verhalten werden allerdings nicht den beteiligten Figuren, sondern allein dem Leser als Zeugen ihrer Gedanken verständlich. Ihm entdeckt die Geschichte von Elses Enthüllung die Verlogenheit einer ‚guten Gesellschaft', deren Werte sich im Aufrechterhalten des bloßen Scheins erschöpfen, die ihre Töchter an reiche Männer zur Eheschließung verkauft und die dem Eros der Frau huldigt, ohne ihr eine autonome Sexualität zu gestatten. In dieser „Schwindelbande" (ebd., 74)

4. Späte Erzählungen

hat eine junge Frau wie Else keinen Platz. Im Unterschied zum Leutnant Gustl, der sich die Kleidung und das Ansehen seines Standes um den Preis der Verdrängung bewahrt, zeigt Schnitzler die auf ihre Integrität bedachte Else daher am Ende nackt und ohne sozialen Schutz. Ohne Lebensraum in der Gesellschaft bleibt seiner Figur als „einzige Rettung" (ebd., 57) die Flucht in einen hysterischen Anfall, das Gefühl einer großen Scham (vgl. Saxer 2010, 221–226) und die Zerstörung ihres bewussten Selbst. (Die angesichts der Menge von höchstens sechs „Pulvern" Veronal wiederholt gestellte Frage, ob Schnitzler für seine Figur tatsächlich auch die physische Selbstvernichtung vorgesehen hat, ist da nur von sekundärem Interesse, vgl. Scheible 1994, 28 f.; Scheffel 2012a, 352 f.; Aurnhammer 2013a, 167 u. 209; Stephi Bachrach, 1897–1917, ein mögliches Vorbild für die Figur der Else, hatte bei ihrem Selbstmord seinerzeit, wie Schnitzler im Tagebuch verzeichnet, immerhin „24 Pulver Veronal" und zusätzlich „27 cgr. Morph[ium]" genommen, TB, 17.5.1917.)

Vergleicht man die erzählerische Umsetzung des inneren Monologs in *Lieutenant Gustl* und *Fräulein Else*, zeigt sich überdies Schnitzlers Entwicklung im Rahmen seiner literarischen Erkundungen der menschlichen Psyche. In dem Spätwerk leuchtet Schnitzler tiefer in das Innere seiner Figur (zu den möglichen Bezügen zu Freuds *Bruchstück einer Hysterie-Analyse*, 1905, bei der Konzeption der Figur vgl. Aurnhammer 2013a, 181–183; zu weiteren intertextuellen Bezügen vgl. ebd., 184–214). Der Raum des Bewusstseins ist um die Darstellung von Träumen und bildhaften Assoziationen erweitert, das Denken der Figur scheint noch weniger rational gesteuert und radikaler in seiner Inkohärenz erfasst. Außerdem bezieht der Autor nunmehr auch das im *Lieutenant Gustl* nahezu vollkommen ausgeblendete Medium des Textes in seine Gestaltung ein. Der Gegensatz zwischen Innen- und Außenwelt ist durch einen unterschiedlichen Schriftschnitt (recte vs. kursiv) markiert, und das an drei Stellen eingefügte Zitat einer die Linearität des Textes durchbrechenden Notenschrift illustriert, wie weit die Auflösung von Elses bewusstem Selbst reicht und in welchem Ausmaß sich dieser psychische Prozess einer diskursiv geordneten Sprache und damit letztlich auch der Illusion einer ‚Objektivität' von verbaler Darstellung entzieht (zur Bedeutung von Schumanns Klavierzyklus *Carnaval* in diesem Zusammenhang und dem hier zitierten Stück „Reconaissance" vgl. auch Aurnhammer 2014 und Görner 2015).

Eindrücklich bestätigt *Fräulein Else* aber auch Schnitzlers Bedeutung als ein „Pionier des Frauenrechts" (Blum 2001). Elses ungehörte Verzweiflung findet hier eine Stimme, und mit Hilfe der Innensicht offenbart Schnitzlers Text das Drama einer ebenso attraktiven wie offensichtlich vielseitig begabten jungen Frau, der das überschaubare Repertoire herkömmlicher Frauenrollen zwischen Mutter und Dirne nicht entspricht, die nach Alternativen sucht und die mit ihren – auch für sich selbst – widersprüchlichen Bedürfnissen und Wünschen doch in keines der sozial anerkannten Bilder von Weiblichkeit passt. Unabhängig davon, dass einige Details der fiktiven Geschichte von *Fräulein Else* in die Jahrhundertwendezeit verweisen, sind es doch die Sorgen und Wünsche einer modernen jungen

Frau, die Schnitzler in ihrem Rahmen reflektiert – einer Frau, die in ihrem Streben, sich jenseits von Familie und potentiellen Ehemännern auf ihre „eigenen Beine" (ELS, 50) zu stellen, Züge der ‚Neuen Frau' der zwanziger Jahre trägt und die letztlich eine „charakteristische Gestalt der Nachkriegszeit" (Scheible 1994, 26) verkörpert (vgl. auch Schmidt-Dengler 2002, 53–64). Und nicht nur in dieser inhaltlichen Hinsicht ist *Fräulein Else* das Kind einer neuen Epoche. „Wozu nachdenken, ich schreibe ja keine Memoiren. Nicht einmal ein Tagebuch wie die Bertha" (ELS, 7) oder

> [f]ür wen habe ich sie denn, die herrlichen Schultern? Ich könnte einen Mann sehr glücklich machen. Wäre nur der rechte Mann da. Aber Kind will ich keines haben. Ich bin nicht mütterlich. Marie Weil ist mütterlich. Mama ist mütterlich, Tante Irene ist mütterlich. Ich habe eine edle Stirn und eine schöne Figur. (Ebd., 21)

In solchen Passagen begründet Schnitzler auch stilistisch eine Art von neuem und – jedenfalls auf den ersten Blick – direktem und unverstelltem Ton, den dann etliche Jahre später zum Beispiel Irmgard Keun in ihrem neusachlichen Tagebuchroman *Das kunstseidene Mädchen* (1932) verwendet, um die Geschichte der sozial entwurzelten, durch die zeitgenössische Großstadtgesellschaft der Weimarer Republik irrenden ehemaligen Angestellten Doris zu erzählen.

4.3 *Traumnovelle* (1925/1926)

Schnitzlers erster Einfall zum Stoff der 1925 vollendeten *Traumnovelle* reicht weit in seine Anfänge als Schriftsteller zurück. Schon Ende der 1880er Jahre notiert er folgendes Sujet: „Er lässt seine Geliebte allein zuhause, sperrt zu, geht ins Konzert, in Gesellschaft, erlebt was; wie er nach Hause kommt und sie schlafend findet" (vgl. das Typskript mit der Datierung „End[e] 80er" in CUL, A144,1 bzw. SAF, C.XLII). Sieht man von dieser ebenso frühen wie knappen Notiz ab, so stammt die erste ausführlichere, im Nachlass erhaltene Handlungsskizze vom „20.6.1907". Sie sieht am Ende die Integration eines anderen, 1902 unter dem Arbeitstitel „Verlockung" skizzierten Stoffes vor, den Schnitzler einige Jahre später allerdings doch separat ausarbeitet und 1911 unter dem Titel *Die Hirtenflöte* publiziert (vgl. CUL, A144,1 bzw. SAF, C.XLII; zur *Hirtenflöte* vgl. Belz in HB). In einer Tagebuchnotiz aus der Zeit seiner ersten eingehenderen Beschäftigung mit dem Stoff hält Schnitzler fest:

> N[ach]m[ittags]. zu O[lga] über mein Sujet: Der junge Mensch, der von seiner schlafenden Geliebten fort in die Nacht hinaus zufällig in die tollsten Abenteuer verwickelt wird – sie schlafend daheim findet wie er zurückkehrt; sie wacht auf – erzählt einen ungeheuern Traum, wodurch der junge Mensch sich wieder schuldlos fühlt. ‚Gutes Geschäft' sagte Olga; die den Stoff sehr charakteristisch für mich fand.– (TB, 15.6.1907)

Den Kern dieser im Juni 1907 skizzierten Idee greift Schnitzler dann zunächst im Rahmen seiner Arbeit an der „Tragikomödie in fünf Akten" *Das weite Land* (1911) auf, wo er die Figur des von seiner Frau geschiedenen Hoteldirektors Doktor von Aigner in einer Anfang 1909 entworfenen Fassung des Stücks in einem zentralen Gespräch mit dem Protagonisten Friedrich Hofreiter eine im Ansatz vergleichbare Geschichte erzählen lässt (vgl. u. a. CUL, A96,7, Fassung des 3. Akts von *Das weite Land*; zu dieser im Rahmen der aktuellen Arbeiten an einer historisch-kritischen Edition von Schnitzlers Werken gemachten Entdeckung durch englische Germanisten vgl. http://www.theguardian.com/books/2015/jun/24/alternative-ending-discovered-to-book-behind-eyes-wide-shut). Im weiteren Verlauf der Arbeit an dem Stück wird die Möglichkeit einer solchen Integration des Stoffes jedoch wieder verworfen. Die eigentliche Ausarbeitung des Sujets zu einer eigenständigen Erzählung beginnt Schnitzler wohl erst viele Jahre später in einer einschneidenden Phase seines eigenen Ehelebens, nämlich in genau dem Augenblick, da er die innere Bindung zu seiner geschiedenen Frau Olga für endgültig gelöst ansieht. Im Oktober 1921 vermerkt er im Tagebuch:

> – Nun erscheint die Beziehung zu O[lga] völlig hoffnungslos. […] Ihre Einsichtslosigkeit durch gedankliche Inzucht unheilbar: der geringste Widerspruch, Zweifel macht sie dem Widersprechenden zum Feind – sie hört gewissermaßen immer nur das zu Ende an, was Echo ihrer selbst ist. – Dabei (das ist das schlimme) – ist in mir doch eine quälende Sehnsucht nach ihr – d.h. nach der, die sie doch (mit all ihren Fehlern) so lange für mich war, die sie irgendwie auch heute noch ist, und die sie mir nie wieder werden kann. – Der Zusammenbruch ist nun erst vollkommen. Diese Scheidung war nicht nur Rettung, sie war irgendwie auch letzte Hoffnung. Eine vergebliche. […] Die Doppelnovelle begonnen. (TB, 12.10.1921)

Die Arbeit am Text seiner zunächst „Doppelgeschichte", später „Doppelnovelle" und erst ab Ende 1924 „Traumnovelle" (vgl. z. B. ebd., 6.12.1924) oder auch „Doppel(Traum-)novelle" (ebd., 17.12.1924) genannten Erzählung erfolgt schließlich in großen Teilen parallel zur Ausarbeitung von *Fräulein Else* (1924) und *Die Frau des Richters* (1925) – wobei die Entwicklung des ursprünglichen Stoffes zu einer in mehrfacher Hinsicht als „Doppelnovelle" angelegten Ehegeschichte auch für den Autor selbst in einem mehr oder minder unmittelbaren biographischen Zusammenhang zur eigenen Lebensgeschichte und seinem Verhältnis zu Olga steht. So vermerkt Schnitzler etwa 1923 im Tagebuch: „N[ach]m[ittags]. an der Doppelnov., sie vorläufig abgeschlossen; noch viel daran zu thun. Sehr bewegt wegen Associationen vom Schlußgespräch aus zu meinen Gesprächen mit O[lga].–" (ebd., 17.3.1923; zu weiteren Bezügen zu Olga, die den Text der *Traumnovelle* schon in einer Manuskriptfassung liest, vgl. z. B. ebd., 18.6. u. 3.8.1925). Anfang 1925 hat Schnitzler seine erneute Überarbeitung des Textes „vorläufig zu Ende" (ebd., 3.1.1925) gebracht und nach weiteren Feilarbeiten im Sommer (vgl. z. B. ebd., 17.6. u. 29.7.1925) erscheint sein Werk zwischen Dezember 1925 und März 1926 zunächst als Vorabdruck in der mondänen, als „Illustrierte Mode-Zeitschrift" aufwendig bebilderten Berliner Zeitschrift *Die Dame* des Ullstein-Verlags (zum medialen Kontext und zum Verhältnis von Text und Bildern vgl. Scheffel 2014). Obwohl sich u. a. auch der Wiener Zsolnay-Verlag nachhaltig um den Text bemüht, gibt Schnitzler die Rechte für den Buchdruck am Ende an seinen ebenfalls intensiv um die *Traumnovelle* werbenden und zu einer hohen Tantieme von immerhin 25 % Prozent des Ladenpreises bereiten Stammverleger Samuel Fischer (zu den entsprechenden Hintergründen und dazu, dass der Verleger den Titel noch in „kein Traum ist völlig Traum" hatte ändern wollen, vgl. Fischer-BW, 145–149 u. 885, zit. 147). Im S. Fischer Verlag erscheint die Erzählung 1926 als Einzelausgabe mit einer Titelillustration des prominenten Malers und Illustrators Hans Meid (1883–1957) und in einer Anfangsauflage von 25.000 Exemplaren; ihr Verkauf ist so erfolgreich, dass es bis 1930 insgesamt dreißig Auflagen gibt (vgl. Urbach 1974, 132).

Vergleicht man die Notiz vom Ende der 1880er Jahre sowie die Skizze von 1907 mit der am Ende in der *Traumnovelle* erzählten Geschichte, so zeigt sich, welche Entwicklung zwischen der Ausgangsidee und der endgültigen Fassung des Stoffes liegt, die Schnitzlers langjähriger Briefpartner Georg Brandes in seinem letzten erhaltenen Schreiben an den Wiener „verehrte[n] Freund" als „sonderbar tiefsinnig[]" bezeichnet (Brandes-BW, 153) und angesichts derer Sigmund Freud im Postskriptum eines Briefes vom 24. Mai 1926 an Schnitzler vermerkt: „[Ü]ber Ihre Traumnovelle habe ich mir einige Gedanken gemacht" (Freud 1955, 100).

Plot

Ein kleines Mädchen liest seinen Eltern an einem Spätwinterabend ein Märchen vor und wird von einem „Fräulein" (TRA, 5) zu Bett gebracht. „[A]llein geblieben unter dem rötlichen Schein der Hängelampe" (ebd.) setzen Fridolin, „ein Mann von fünfunddreißig Jahren, praktischer Arzt" (ebd., 23), und seine Ehefrau Albertine eine „vor dem Abendessen begonnene Unterhaltung" über ihre Erlebnisse auf einem Maskenball fort, den sie am Abend zuvor, „gerade noch vor Karnevalschluß", besuchten (ebd., 5). In der Folge sprechen Mann und Frau erstmals über ein Gefühl des Hingezogenseins zu einer jeweils anderen Person und über bis dahin „verborgene[...], kaum geahnte [...] Wünsche" (ebd., 7). Als Albertine gerade offenbart, dass Fridolin schon vor der Ehe „alles" von ihr hätte haben können (ebd., 13), wird dieser zu einem Patienten mit einem Herzanfall gerufen. Als er dessen Wohnung erreicht, ist der alte Hofrat jedoch bereits gestorben. Während Fridolin den Totenschein ausstellt, gesteht ihm die mit einem anderen Mann verlobte Tochter des Toten, dass sie ihn schon seit längerem liebe. Fridolin nutzt die Ankunft weiterer Besucher, um sich zu empfehlen. In der von einem „Vorfrühlingswinde" (ebd., 20) durchwehten Nacht erlebt er weitere Abenteuer. Ein rempelnder Corpsstudent stellt seinen Mut auf die Probe; eines der auf den Straßen „herumstreifenden Mädchen" fordert ihn „zum Mitgehen auf" (ebd., 24), was er halb widerstrebend tut, ohne sich ihr allerdings weiter zu nähern; „wie heimatlos" (ebd., 27) zieht er fort und betritt „ein Kaffeehaus niederen Ranges" (ebd., 28), in dem er „dreiviertel ein Uhr" (ebd., 31) einen alten Studienfreund trifft, der seinen Lebensunterhalt als Pianist „in den verschiedensten Lokalen" (ebd., 32) bestreitet. Dieser erzählt ihm, dass er noch diese Nacht auf einem geheimen Ball spielen wird, bei dem alle Frauen Masken, aber keine Kleider tragen. Fridolin besorgt sich in einem nahe gelegenen Maskenverleih rasch eine Mönchskutte und Larve und folgt heimlich dem Wagen, der den Pianisten zu einem Haus auf dem Galitzinberg fährt. Er findet Zutritt, erhält Einblick in das seltsame Treiben, und seine „unsägliche Lust des Schauens" wandelt sich „in eine fast unerträgliche Qual des Verlangens" (ebd., 45). Schnell wird er jedoch als Eindringling entlarvt und mit schwerer „Sühne" (ebd., 50) bedroht, aber eine schöne Unbekannte, die ihn schon wiederholt warnte, erklärt sich bereit, „ihn auszulösen" (ebd., 51). Ungeachtet seines heftigen Widerstandes wird er daraufhin aus dem Haus geleitet und nach längerer Fahrt in verschlossener Kutsche um „drei Uhr morgens" (ebd., 56) auf „freie[m] Feld" (ebd., 55) ausgesetzt. Um „vier Uhr morgens" (ebd., 58) kehrt er endlich nach Hause zurück, wo seine Frau soeben aus einem tiefen Traum erwacht, den sie ihm auf seine Bitte hin detailliert erzählt. Zu dessen verstörendem Geschehen gehört, dass sie lustvoll an einer Art Massenorgie teilgenommen und „laut" lachend zugeschaut hat, wie ihr Ehemann ans Kreuz geschlagen wurde, nur weil er einer Fürstin nicht als Geliebter dienen, sondern seiner Frau „in aller Ewigkeit die Treue halten" wollte (ebd., 65). Fridolin kommen seine „eignen Erlebnisse" nunmehr „nichtig[]" vor und er beschließt, sie „alle zu Ende zu erleben, sie ihr dann getreulich zu berichten und so Vergeltung" an seiner Frau zu üben (ebd., 66).

Nach kurzem Schlaf geht Fridolin am nächsten Tag seinen ärztlichen Pflichten nach, besucht zwischendurch die Stationen der vergangenen Nacht und versucht, an seine Abenteuer anzuknüpfen – allerdings ohne Erfolg. „Fräuln Mizzi" (ebd., 82), das Straßenmädchen, ist wegen einer Geschlechtskrankheit im Spital, und sein Studienfreund Nachtigall, so erfährt er in einem „elende[n] Gasthof" (ebd., 68), ist von zwei unbekannten Herren abgeholt und offenbar zum Verschwinden gezwungen worden. Am endlich wiedergefundenen Ort des nächtlichen Balls erhält er eine namentlich adressierte „Warnung" (ebd., 75), von weiteren Nachforschungen sofort abzusehen; als er in einem Café in der Zeitung liest, dass eine unter fremdem Namen einquartierte „auffallend hübsche Dame" (ebd., 84) sich am Morgen in einem vornehmen Hotel vergiftet hat, versucht er gleichwohl zu ermitteln, ob sie die „herrliche Frau" (ebd., 49) ist, die er als „Preis" (ebd.) zu erringen hoffte und die sich für ihn opferte. Er besucht schließlich das ihm gut vertraute Pathologisch-anatomische Institut, kann sich angesichts eines ihm fremden weiblichen Leichnams aber an nichts mehr erinnern und kehrt, „wie vierundzwanzig Stunden vorher" (ebd., 95), nach Hause zurück, wo er im Ehebett neben seiner schlafenden Frau die von ihm vergessene Maske der vergangenen Nacht vorfindet, die Albertine auf sein Kissen gelegt hat. Schluchzend sinkt er nieder und erzählt ihr „die Geschichte der vergangenen Nacht" (ebd., 95). Am Ende liegen beide Ehepartner „einander traumlos nah", bis mit „einem sieghaften Lichtstrahl durch den Vorhangspalt und einem hellen Kinderlachen von nebenan der neue Tag begann" (ebd., 97).

4.3 Traumnovelle

Nicht ein Liebes-, sondern ein Ehepaar steht im Mittelpunkt der letzten Fassung der Novelle, und die Möglichkeit einer ausgeglichenen, durch wechselseitige Offenheit befestigten Gemeinschaft von Mann und Frau wird offenbar bejaht: Auf den Abend und das Dunkel in der Eingangsszene folgen am Schluss ein „sieghafte[r] Lichtstrahl" (ebd.), ein morgendliches Kinderlachen und die Rückkehr in den bürgerlichen Familienalltag, mit dessen Schilderung die in sieben Kapitel untergliederte und nach dem Muster einer deutlichen Kreisbewegung komponierte Erzählung begann. Obwohl Albertine davon träumte, ihren Ehemann lachend zu betrügen und ihn foltern und ans Kreuz schlagen zu lassen, und trotz Fridolins rachsüchtiger Suche nach sexuellen Abenteuern im nächtlichen Wien, finden die Eheleute wieder zusammen und sind am Ende „einander traumlos nah" (ebd.).

Mit ihrem – zumindest vordergründig – optimistischen Schluss bildet die *Traumnovelle* eine Ausnahme in Schnitzlers Œuvre, zählt sie hier doch zu den wenigen Werken, die „nicht mit der persönlichen Katastrophe einer Gestalt, dem Ende einer menschlichen Beziehung oder zumindest mit Resignation" (Scheible 1977, 70) enden. Diese Tatsache ist umso bemerkenswerter, als Schnitzler in früheren Geschichten von Ehe- und Liebespaaren sogar vergleichbare Handlungselemente mit gegenteiligem Ergebnis verwendet. So verstößt der Dichter Filippo in dem Schauspiel *Der Schleier der Beatrice* (1900) voller Empörung seine Geliebte Beatrice, nur weil sie davon träumte, die Frau eines anderen Mannes zu sein (vgl. DW I, 576 f.); in der wie ein frühes Seitenstück zur *Traumnovelle* angelegten und vom Autor selbst ursprünglich in eine unmittelbare Verbindung zu deren Stoff gesetzten *Hirtenflöte* (1911) führt Dionysias nach dem Muster von „Ausbruch, Abenteuerreise und Rückkehr" (Perlmann 1987b, 191) verlaufende Irrfahrt ins Grenzenlose zur Auflösung ihrer Ehe mit Erasmus (für einen Vergleich beider Texte vgl. Schrimpf 1963, bes. 190–192), und in der Komödie *Zwischenspiel* (1905) ist es gerade die wechselseitig vereinbarte – wenn auch nicht vollkommene – Aufrichtigkeit der Partner, die zum Ende der Ehe der Protagonisten Amadeus und Cäcilie führt (vgl. dazu Orth in HB, 79–82).

Dass Schnitzler sich angesichts der zermürbenden, auch nach der Scheidung fortgeführten Auseinandersetzungen mit seiner Frau (die die Trennung zunächst selbst gewollt hatte, dann aber doch nicht akzeptierte; vgl. z. B. TB, 21.11.1925) eine Gegenwelt schaffen und mit der *Traumnovelle* in einer Art kompensatorischen Bewegung persönlich entlasten wollte, ist eine mögliche biographische Erklärung für den ungewohnt hoffnungsvollen Ausgang seiner Geschichte. Von Interesse für ihr Verständnis aber ist vor allem die Motivation dieses Ausgangs im Rahmen der narrativen Fiktion.

Im Ansatz hat Schnitzler die erzählte Geschichte wie ein psychologisches Experiment angelegt (zu ihrer Lektüre als „Beziehungsexperiment" vgl. Neumann 2009, 309). Zu Beginn führt er vor, wie zwei Eheleute sich selbst und ihrem Partner bis dahin verschwiegene Sehnsüchte offenbaren und wie sie auf diese Weise aus der Illusion konventionell begründeter Rollenbilder und eines scheinbar selbstverständlichen Miteinanders erwachen. Nicht der Besuch der Redoute, der die Eheleute noch in der Nacht zuvor „zu einem schon lange Zeit nicht mehr so heiß erlebten Liebesglück" (TRA, 6) zusammenführte, sondern ein Gespräch über ihre „verborgenen, kaum geahnten Wünsche" (ebd., 7) leitet die den Fortbestand von Ehe und bürgerlicher Kleinfamilie gefährdende Krise ein. Im Folgenden betreten sie, was ihr Autor als „eine Art fluktuierendes Zwischenland zwischen Bewusstem und Unbewusstem" (AB, 455) bezeichnet hat. (Der, wie im Zusammenhang mit *Frau Bertha Garlan* und *Lieutenant Gustl* bereits erwähnt, mit den Schriften seines Wiener Zeitgenossen Sigmund Freud gut vertraute, aber gegenüber dem fest gefügten Lehrgebäude der Psychoanalyse äußerst kritische Schnitzler versteht darunter einen Bereich des „Halbbewussten", in dem sich sowohl Elemente von Freuds Über-Ich wie auch des sogenannten Es versammeln. Freuds schematische Trennung in Ich, Über-Ich und Es hält er dagegen für „geistreich, aber künstlich", PSY, 283. Ähnlich skeptisch beurteilt Schnitzler Freuds hohe Bewertung der frühkindlichen Sexualität, die Verallgemeinerung des Ödipuskomplexes und den Entwurf einer Traumsymbolik mit allgemeingültigem Anspruch. Für eine detaillierte Rekonstruktion von Schnitzlers Psychologie vgl. Thomé 1993, 598–645. Zur vielfach untersuchten Beziehung zwischen Schnitzler und Freud vgl. zuletzt Le Rider in HB). Für den Aufenthalt in diesem „Zwischenland" sind die beiden Figuren allerdings ungleich gerüstet. Aus historischer Sicht gestaltet Schnitzler in ihnen zugleich die gendertypischen Vertreter zweier unterschiedlicher Epochen: Albertine entspricht in mancher Hinsicht dem Konzept der modernen ‚Neuen Frau' der Nachkriegs- und Nachkaiserzeit, während Fridolin den Denkmustern der männlich dominierten Gesellschaft der Vorkriegszeit und Donaumonarchie verhaftet ist.

Albertine, die „zuerst den Mut zu einer offenen Mitteilung" (TRA, 8) findet, erweist sich in ihren Erzählungen zwar einerseits als dem Augenblick und der erotischen Lockung hingegeben, andererseits aber als ihrem Ehemann fest verbunden. „Wenn er mich riefe", sagt Albertine etwa, als sie von einer ungeheuren, noch nie zuvor empfundenen Bewegung beim Anblick eines jungen Mannes während ihres letzten gemeinsamen Sommerurlaubs in Dänemark erzählt, „– so meinte ich zu wissen –, ich hätte nicht widerstehen können. Zu allem glaubte ich mich bereit; dich, das Kind, meine Zukunft hinzugeben, glaubte ich mich so gut wie entschlossen, und zugleich – wirst du es verstehen? – warst du mir teurer als je" (ebd.). Vorsichtig kommentierende Formulierungen wie „so meinte ich zu wissen", „glaubte ich mich bereit", „glaubte ich mich so gut wie entschlossen" sowie die Frage „wirst du es verstehen?" machen deutlich, dass Albertine zwischen der Gegenwart des Erzählten und der des Erzählens unterscheidet, ihre Gefangenheit in der damaligen Situation aus einer gewissen Distanz betrachtet und auch die mögliche Reaktion ihres Zuhörers reflektiert. Zugleich dokumentieren ihr Verhalten und ihre Erzählweise, dass sie den Willen und die Fähigkeit zur genauen Selbstbeobachtung besitzt und dass sie in der Lage ist, auch Vorgänge am Rande ihres Bewusstseins wahrzunehmen und mit allen Widersprüchen sprachlich genau zu erfassen. Ihre besondere Befähigung zur kritischen Selbstreflexion bestätigt im Verlauf der erzählten Geschichte die ungewöhnliche differenzierte, in der direkten Figurenrede dargestellte Erzählung eines Traums, in dem sie hemmungslos eine animalische Form von Sexualität jenseits aller Konvention auslebt und ihrer Aggression gegen einen Partner Ausdruck verleiht, der sich nicht als der erhoffte Märchenprinz, sondern als ein im Innersten schwacher Mann erwiesen hat (zu Albertines Erzählweise und ihrem Traum im Einzelnen vgl. Scheffel 1997, 184–189).

Der widerstrebend, nur auf Albertines Aufforderung hin „mit verschleierter, etwas feindseliger Stimme" (TRA, 9) erzählende Fridolin vermag dagegen offenbar weder zum Innern seiner Frau noch zu seinem eigenen wirklich Zugang zu finden. Albertines Eingeständnis sexueller Wünsche, die nicht an die Institution der Ehe gebunden sind, überfordert den in seinem Fühlen und Handeln von den Konventionen der gutbürgerlichen Gesellschaft seiner Zeit geprägten Mann (zur Verlogenheit der ‚gesellschaftlichen Moral' in der Jahrhundertwendezeit, die selbstverständlich davon ausging, „daß ein weibliches Wesen keinerlei körperliches Verlangen habe, solange es nicht vom Manne geweckt werde, was aber selbstverständlich nur in der Ehe erlaubt war", vgl. Zweig 1981, 86–113, zit. 97). Seine Reaktion auf Albertines Erinnerung an den Abend vor ihrer Verlobung offenbart, dass er den mit ihrem Geständnis verbundenen Vorwurf mangelnden Mutes nicht versteht bzw. nicht verstehen will. Statt zu erläutern, warum er Albertine nicht als Geliebte, sondern nur als Ehefrau umwerben wollte, unterstellt der offensichtlich in seinem Selbstwertgefühl verletzte Fridolin seiner Frau den Wunsch nach reiner Triebbefriedigung und eine allein dem Zufall unterworfene Wahl des Partners (wobei zu seinem Gestus männlicher Überlegenheit gehört, dass er für sich selbst – trotz seiner „Jünglingserlebnisse", TRA, 11 – durchaus die Sicherheit in der Wahl des Partners beansprucht, die er Albertine ausdrücklich abspricht, vgl. ebd., 13).

Den unterschiedlichen Voraussetzungen der beiden Protagonisten entspricht, dass Fridolin im weiteren Verlauf der Geschichte zunächst nicht als Erzähler, sondern nur als Handelnder in Erscheinung tritt. Während die weibliche Figur ihr Denken und Fühlen also in direkter Rede und ohne die Hilfe einer fremden Stimme eigenständig artikuliert, wird der Zugang zum Bewusstsein der männlichen Figur durch eine heterodiegetische narrative Instanz geöffnet. Im Rahmen einer – anders als etwa in der Paargeschichte *Sterben* – auf den männlichen Protagonisten fixierten internen Fokalisierung, die zwischen dem zweiten und dem Anfang des siebten Kapitels dominiert, wird der Leser zum Zeugen von Empfindungen und Vorgängen im Innern der Figur, die sich der durch Wien irrende Fridolin selbst nicht bewusst machen will oder kann. Mit Hilfe von erzähltechnischen Mitteln wie der erlebten Rede und Ansätzen des inneren Monologs lässt sich in actu mitverfolgen, wie der seiner selbst einst so sichere Arzt in der besonderen Atmosphäre einer lauen Vorfrühlingsnacht „immer weiter fort aus dem gewohnten Bezirk seines Daseins in irgendeine andere, ferne, fremde Welt" (ebd., 28) entrückt wird, und wie der Aufenthalt in dieser Welt Fridolins starre Denk- und Verhaltensmuster so offensichtlich überfordert, dass er schließlich einsehen muss, was Albertine mit der Platzierung der Maske auf seinem Kopfkissen sinnfällig zum Ausdruck bringt: Nicht nur zu Albertines, sondern auch zu seinem alltäglichen Leben gehören „Schein und Lüge" (ebd., 77), d. h. stereotype Bilder von sich und dem Anderen und zugleich ein Inneres, das bei näherem Hinsehen voller Widersprüche und Rätsel, voller geheimer Ängste und Sehnsüchte ist.

Gegen Ende der Erzählung, als Fridolin im Pathologisch-anatomischen Institut den toten Körper einer ihm fremden Frau verlässt, heißt es:

> Er wusste: auch wenn das Weib noch am Leben war, das er gesucht, das er verlangt, das er eine Stunde lang vielleicht geliebt hatte, [...]; – was da hinter ihm lag in der gewölbten Halle, im Scheine von flackernden Gasflammen, ein Schatten unter andern Schatten, dunkel, sinn- und geheimnislos wie sie –, ihm bedeutete es, ihm konnte es nichts anderes mehr bedeuten als, zu unwiderruflicher Verwesung bestimmt, den bleichen Leichnam der vergangenen Nacht. (Ebd., 94 f.)

Fridolin, der kurz zuvor erschrocken entdeckte, dass er sich die am Tag nach dem Maskenball verzweifelt gesuchte schöne Unbekannte „mit den Zügen Albertinens vorgestellt hatte" (ebd., 88), verabschiedet hier nicht allein die Illusionen der vergangenen Nacht. Er lässt auch ein Wunschbild hinter sich, das nur zwei Typen des Weiblichen kennt: hier die treu ergebene Gattin, Hausfrau und Mutter, dort das geheimnisvolle, verführerisch lockende Weib. Konsequenterweise verzichtet Fridolin seinerseits auf die imaginierten Rollen des überlegenen Verführers, Retters, Ritters oder Ehebrechers, die er im Verlauf seiner nächtlichen Abenteuer zu keinem Zeitpunkt überzeugend ausgefüllt hatte (in den einzelnen Abenteuern spielt Fridolin jeweils mehrere der genannten Rollen, doch sind die Akzente unterschiedlich gesetzt: Gegenüber der Tochter des verstorbenen Hofrats versucht er sich als Verführer, gegenüber der minderjährigen Tochter des Maskenverleihers Gibisers als Retter, auf dem geheimen Maskenfest als ‚Ritter' und gegenüber Albertine als Ehebrecher aus Kalkül).

Anders als Albertine im Rahmen ihres Traumes führt Fridolin keines seiner Abenteuer wirklich zu Ende. Stattdessen gewinnt auch er eine gewisse Distanz zu seinem Fühlen und Handeln und übernimmt am Ende der zweiten Nacht der erzählten Zeit die Rolle eines Erzählers, der sich und Albertine nunmehr auch mit eigener Stimme seine Erfahrungen im Reich des Halbbewussten sprachlich erschließt: „Ich will dir alles erzählen" (ebd., 96), erklärt er Albertine – und nicht mehr Rache an seiner Frau, wie ursprünglich geplant, sondern der aufrichtige Wunsch, mit dem Erlebten nicht länger allein zu bleiben, ist jetzt das Motiv für sein Erzählen.

Dass auch Fridolin Zugang zu seinem Innern findet und sich überdies dem „Gerechtigkeitsgedanken in der Erotik" (Blum 2001, 447) öffnet, ist die psychologisch realistische Bedingung dafür, dass beide Ehepartner sich am Ende als „erwacht" (TRA, 97) betrachten können – mit dem Ergebnis, dass nicht etwa eine

„Desillusionierung im negativen Sinn" (Kim 2007, 228), sondern eine „Neulegitimation" ihrer bürgerlichen Existenz erfolgt und die Ehe der Figuren eine „neue Qualität der Bewusstheit" gewinnt (Lukas 1996, 211). Zur erzählten Geschichte der *Traumnovelle* als einer Art literarischer „Theorie der Liebe" (Neumann 2009, 315) gehört jedoch, dass die Fortsetzung der ehelichen Gemeinschaft nicht allein durch diesen Bewusstwerdungsprozess ermöglicht wird. Entscheidend dafür ist überdies die Erfahrung beider Protagonisten, dass die Bindung an ihren Partner zwar nicht der Natur all ihrer sexuellen Wünsche, wohl aber ihren jeweiligen seelischen Bedürfnissen entspricht. Die von Schnitzler inszenierte vollkommene Parallelität dieser Erfahrung ist allerdings ebenso wenig ‚realistisch' wie etwa die Tatsache, dass Albertines Traum zahlreiche Analogien zu den nächtlichen Erlebnissen Fridolins enthält (einschließlich der ‚Zufälle', die den Abbruch von Fridolins Abenteuern bewirken).

Sowohl das Kompositum des Titels ‚Traum*novelle*' als auch der Anfang der Erzählung weisen denn auch deutlich darauf hin, dass Schnitzlers Geschichte nicht allein den Gesetzen eines psychologischen Realismus gehorcht. Tatsächlich beginnt die Erzählung nicht unmittelbar mit dem Alltag einer Wiener Familie, sondern mit einer Szene, die einer ganz anderen, fremden Welt entstammt:

> ‚Vierundzwanzig braune Sklaven ruderten die prächtige Galeere, die den Prinzen Amgiad zu dem Palast des Kalifen bringen sollte. Der Prinz aber, in seinen Purpurmantel gehüllt, lag allein auf dem Verdeck unter dem dunkelblauen, sternbesäten Nachthimmel, und sein Blick –'
> Bis hierher hatte die Kleine laut gelesen; jetzt, beinahe plötzlich, fielen ihr die Augen zu. Die Eltern sahen einander lächelnd an, Fridolin beugte sich zu ihr nieder, küßte sie auf das blonde Haar und klappte das Buch zu, das auf dem noch nicht abgeräumten Tische lag. Das Kind sah auf wie ertappt […]. (TRA, 5)

Dieser unmittelbare Beginn mit einer Märchenszene lässt sich als ein Hinweis darauf verstehen, dass auch die folgende Rahmengeschichte im Zeichen der Formel ‚Es war einmal' beginnt und wie ein Märchen zu lesen ist, das seine Helden eine Folge von Abenteuern bestehen lässt und letztlich einem guten Ende entgegenführt. Der typisierenden Erzählweise im Märchen entspricht, dass die hier in den Blickpunkt gestellte Kernfamilie aus Vater und Mutter besteht, die durchweg nur beim Vornamen genannt werden, und einer „Kleinen", die bis zum Ende der Erzählung namenlos bleibt (wobei ein Blick auf die Genese des Textes bestätigt, dass die Idee der Typisierung offensichtlich einer bewussten Absicht des Autors entspricht, denn Schnitzler hat sie erst im Verlauf des Arbeitsprozesses konsequent umgesetzt und ursprünglich für das Kind den Eigennamen „Mela" vorgesehen, vgl. CUL, A144,3, p. 1 bzw. SAF, C.XLII). Auch den durch die Nennung realer Orts- und Straßennamen (Josefstadt, Schreyvogelgasse etc.) erweckten Anschein eines unmittelbaren Wirklichkeitsbezugs unterläuft die Erzählung, da das erzählte Geschehen, genau besehen, nur räumlich, aber – ähnlich wie im Fall der etwa zeitgleich ausgearbeiteten *Fräulein Else* – nicht historisch lokalisierbar ist, sondern in einer „Niemalszeit" spielt, die „zugleich vor und nach dem Ende der Doppelmonarchie liegt" (vgl. Spiel 1981, zit. 130).

4. Späte Erzählungen

Mit dem Fragment einer Geschichte in der Geschichte führen die ersten Sätze der *Traumnovelle* aber auch eine Reihe von Themen und Motiven des Märchens in die Erzählung ein. Auf diese Weise werden nicht nur eine ganze Reihe von intratextuellen Bezügen eröffnet (hier wie dort finden sich die Motive der Nacht, der Einsamkeit, der Reise sowie der Spannung von Körper und Kleidung im Sinne einer in mehrfacher Hinsicht schützenden Hülle). Darüber hinaus ist das, was dem an ein Krankenbett gerufenen Fridolin nach seinem Gespräch mit Albertine im nächtlichen Wien widerfährt, insgesamt so ‚märchenhaft' im allgemeinen Sinne von wunderbar und unwahrscheinlich, dass manche Interpreten der Erzählung seine Erlebnisse schlicht als ‚unwirklich' und im Sinne eines der Erzählung unterstellten psychologischen Realismus konsequenterweise als „Traum" bewerten (z. B. Jandl 1950, 14 f.) – und damit alle ausdrücklich gegenteiligen Hinweise vernachlässigen: Kurz nachdem er auf freiem Feld ausgesetzt worden ist, fragt sich Fridolin in der ersten Nacht so z. B., ob er nicht in Fieberträumen „in diesem Augenblick [...] daheim zu Bett" liege, reißt die Augen „so weit auf als möglich", fühlt nach seinem Puls und stellt fest: „Kaum beschleunigt. Alles in Ordnung. Er war völlig wach" (TRA, 57); in der zweiten Nacht entdeckt er just in dem Augenblick, da er die Wirklichkeit seiner Abenteuer erneut bezweifelt, auf seinem Kopfkissen als untrüglichen Beweis die Maske, die er in der Nacht zuvor getragen hatte (ebd., 95). Neben der seltsamen Häufung der Abenteuer in einem Zeitraum von wenigen Stunden und all den merkwürdigen, z. T. nur lückenhaft motivierten Ereignissen, die mit dem Besuch des Maskenballs einer Art Geheimgesellschaft verbunden sind (woher weiß Fridolin z. B., dass er sich für den Besuch des Festes der geheimen Gesellschaft ein Mönchskostüm besorgen muss, obwohl sein Studienfreund Nachtigall zuvor nur ganz allgemein von einem Maskenfest gesprochen hat; vgl. ebd., 35–37), finden sich aber auch im engeren Sinn Handlungselemente, die einem Märchen zu entstammen scheinen. Dazu gehören z. B. eine Kutsche mit blinden Fenstern, deren Türen sich wie von Zauberhand öffnen und schließen (ebd., 55), und eine dreifache Warnung (ebd., 44–47 u. 75), die der von der Seite einer mit ungeahnter Sehnsucht begehrten Frau gerissene Fridolin in der Tradition des Märchens als „Prüfung seines Muts" (ebd., 49) interpretiert. Überdies ergibt sich im Verlauf von Fridolins nächtlichen Abenteuern auch noch ein konkreter Bezug auf das am Anfang vorgelesene Märchen: Die Tochter des Maskenverleihers weist mit „leuchtenden Augen" darauf hin, dass nicht die für den Besuch des Maskenballs gewünschte Mönchskutte, sondern das Gewand eines Prinzen ihm auf den Leib geschnitten sei (ebd., 38). Diese Identifizierung Fridolins als Prinz wiederholt sich in Albertines Traum, in dem die eingangs unterbrochene Märchengeschichte auf besondere Weise fortgeführt ist: der in „Gold und Seide" „kostbar gekleidete" Fridolin wird hier in der Nacht vor der Hochzeit von Galeerensklaven zu Albertine gerudert, hebt seine ebenfalls „wie eine Prinzessin" gekleidete Braut aus dem Fenster eines Zimmers am Wörthersee und fliegt mit ihr durch die Nacht davon (ebd., 61).

Berücksichtigt man, welches Werk die ersten Sätze der *Traumnovelle* zitieren, so verbindet sich mit dem – schon in einer handschriftlichen Ergänzung zur ersten Skizze des Sujets von 1907 ausdrücklich vorgesehenen (vgl. CUL, A144,1) – Zitat einer Geschichte in der Geschichte neben den genannten intratextuellen Bezügen zugleich ein ganzes Netz von intertextuellen Anspielungen (vgl. dazu und zu weiteren Bezügen u. a. zu Goethes Novelle *Nicht zu weit* und Homers *Odyssee* zuletzt auch Aurnhammer 2013a, 215–269). Denn offensichtlich verweist der Name ‚Amgiad' (i.e. eine der möglichen französischen Umschriften des arabischen Namens ‚Amǧad') des eingangs genannten Prinzen auf *Die Erzählungen aus den Tausendundeinen Nächten* und damit auf ein Buch, das ebenso berühmt für seine Geschichten wie für die in zahlreichen Variationen praktizierte Erzählkunst seiner Figuren ist: Zur Rahmengeschichte dieser wohl bekanntesten Erzählungssammlung der Weltliteratur gehört, dass die Wesirstochter Schehrezâd dem von der Untreue der Frauen bitter enttäuschten König Schehrijâr Nacht für Nacht spannende Geschichten erzählt und ihn auf diese Weise davon abhalten kann, sie, wie so viele Mädchen vor ihr, nach vollzogener Liebesnacht am frühen Morgen töten zu lassen (vgl. Scheffel 2012b, 44–50). Das Problem der Treue zwischen Mann und Frau sowie das für die erzählte Ehegeschichte so wichtige Motiv der lebenserhaltenden Kraft des Erzählens, des „Erzählens als Enttöten, Erzählen als Konstruktion wider Destruktion" (Klotz 1982, 334), findet sich hier also an zentraler Stelle.

Die Geschichte der Prinzen Amgiad und Assad, die Schehrezâd im Rahmen der „Geschichte von Kamar ez-Zamân" (Anonym 1976, 357–569) erzählt, war Schnitzler wenn nicht durch eigene Lektüre, dann zumindest dank der Vermittlung durch Hugo von Hofmannsthal nachweislich vertraut. In der Version Hofmannsthals, der aus dem „Amgiad Assad Motiv" (TB, 15.11.1894) ein Theaterstück hatte machen wollen, handelt es sich hier um die Geschichte von Zwillingsbrüdern, die sich, so Hofmannsthal in seinen *Aufzeichnungen*, „unter dem Zwang ihrer Entwicklung entgegenstreben" (Hofmannsthal 1978, 37; vgl. Kim 2009; in *Tausendundeine Nacht* sind die beiden Söhne des Kamar ez-Zamân dagegen nur Halbbrüder. Dafür ist das Prinzip der genauen Symmetrie der jeweiligen Erlebnisse im ersten Teil der Geschichte streng durchgehalten. Auch den Motiven der Trennung, der Irrfahrt eines der beiden Protagonisten und des Sichwiederfindens begegnet man hier; vgl. Anonym 1976, 477 ff.). Über das allgemein Märchenhafte und die genannten Motive hinaus verweist das eingangs zitierte Märchen also auch auf ein spezifisches Strukturelement der *Traumnovelle*, nämlich die oft bemerkte „strenge Symmetrie" (Scheible 1977, 124) in der Komposition der als „Doppelgeschichte" angelegten Erzählung.

Schließlich stellt das eingangs zitierte Märchen ein wichtiges Verbindungsglied zu einem Kontext dar, mit dessen Hilfe sich die für die Erzählung charakteristische Spannung zwischen einer psychologischen und einer ästhetischen Begründung der erzählten Wirklichkeit präzisieren lässt. Sein Stoff führt in die Epoche des Wiener Fin de Siècle und damit in eine Zeit zurück, in der die Autoren von ‚Jung Wien' das Traum- und Märchenhafte des menschlichen Daseins literarisch zu erfassen versuchten.

4. Späte Erzählungen

Am 26. November 1895 schrieb Schnitzler an Hofmannsthal, unmittelbar nachdem er dessen *Märchen der 672. Nacht* (1895) gelesen hatte:

> […] die Geschichte hat nichts von der Wärme und dem Glanz eines Märchens, wohl aber in wunderbarer Weise das fahle Licht des Traums, dessen rätselhafte wie verwischte Übergänge und das eigene Gemisch von Deutlichkeit der geringen und Blässe der besonderen Dinge. […] Ihre tiefere Bedeutung verliert die Geschichte durchaus nicht, wenn der Kaufmannsohn aus ihr erwacht statt an ihr zu sterben; ich würde ihn sogar mehr beklagen; denn das tödliche fühlen wir besser mit als den Tod. – Ich will mit alldem nicht sagen, daß mir nicht auch ein Märchen desselben Inhalts, *ganz* desselben recht wäre; aber Sie haben die Geschichte bestimmt als Traum erzählt; – erinnere ich mich jetzt zurück, so sehe ich den Kaufmannsohn im Bett stöhnend sich wälzen, und er tut mir sehr leid. –
> Damit wäre auch alles zum Vorzug gewandelt, was sonst befremden müßte: eine seltsame Trockenheit, etwas hinschleichendes im Stil – was die Stimmung des Traums unvergleichlich malt, der Märchenwirklichkeit aber zum Nachteil ist. (Hofmannsthal-BW, 63 f.)

Schnitzlers Brief unterstreicht, dass sich die *Traumnovelle* nicht zuletzt auch als eine späte Antwort auf Hofmannsthals *Märchen* und den Ästhetizismus der Autoren des Jungen Wien lesen lässt. Auch Schnitzler sieht die von Hofmannsthal bemerkte „Märchenhaftigkeit des Alltäglichen" (Hofmannsthal 1975, 208), doch versteht der naturwissenschaftlich geschulte „Dichter-Arzt" (K. Mann 1990, 91) sie in einem anderen Sinn als Leopold von Andrian (1875–1951), Hofmannsthal oder Beer-Hofmann (1866–1945), die in Werken wie *Der Garten der Erkenntnis* (1895), *Das Märchen der 672. Nacht* oder *Der Tod Georgs* (1900) die freischwebend-ästhetische Existenz eines in narzisshafte Ich-Befangenheit verstrickten Protagonisten gestalten (zum Vergleich der drei Texte Scherer 1993).

Angesichts prinzipiell offener, nicht mehr selbstverständlich von überlieferten Vorstellungen gestützten Bildern des Selbst und einer um die Welt der Träume und verdrängten Wünsche erweiterten psychischen Wirklichkeit des Menschen stellt Schnitzler in seiner *Traumnovelle* die Frage nach der Bedeutung des menschlichen Bewusstseins für die Konstruktion von persönlicher Identität. Zugleich reflektiert er die Möglichkeit einer Überwindung der im Blickpunkt seiner und so vieler anderer Werke der Moderne stehenden Vereinzelung des Subjekts. Grundlegend für seine Geschichte von den Voraussetzungen einer über den Augenblick hinausgehenden Gemeinschaft von Mann und Frau sind dabei zwei unterschiedliche Prinzipien des Erzählens. Im Rahmen der erzählten Geschichte zeigt er psychologisch realistisch, wie seine Figuren aus der Illusion eines scheinbar selbstverständlichen, tatsächlich aber märchenhaften Miteinanders erwachen, indem sie ihre unausgesprochenen Wünsche artikulieren und dank einer besonders reflektierten Form von Erzählen Abstand zu bislang gültigen Konzepten von sich selbst und Zugang zu ihrem Innern gewinnen. Zu diesem Prozess gehört ein bemerkenswertes Bild vom Verhältnis der Geschlechter: Es ist der Mann, der mit seiner konventionellen Form des Denkens hinter der als vergleichsweise modern konzipierten Frau zurücksteht und der sich erst im Verlauf der erzählten Geschichte zu ihrer Bewusstseinsstufe und ihrem komplexeren Bild von der Wirklichkeit eines prinzipiell dynamischen Lebens entwickelt. Dass dies so problemlos gelingt und dass beide Figuren dem bislang Verdrängten mit Hilfe des Erzählens so selbstverständlich den Stachel der Bedrohung nehmen und das „Kernlose des Lebens" (Hofmannsthal 1978, 42) unbeschadet erkennen und gemeinsam überwinden, übersteigt jedoch die Grenzen eines psychologischen Realismus. Es ist nur deshalb möglich, weil Schnitzler – anders als Hofmannsthal – das „fahle Licht des Traums" in seiner Erzählung vom Erzählen und Erwachen der Figuren bewusst um die „Wärme" und den „Glanz" des Märchens ergänzt und letztlich auch die Abfolge des Geschehens in der *Traumnovelle* bewusst märchenhaft komponiert.

Die Begriffs- und Systembildungen der Freudschen Psychoanalyse, aber auch von Religion und Wissenschaft im Allgemeinen, hat Schnitzler als eine „Flucht aus der chaotischen Wahrheit [...] in den trügerischen Trost einer willkürlich geordneten Welt" (AB, 26) verstanden. In seiner *Traumnovelle* versucht der radikale Skeptiker und „Dichter für Schwindelfreie" (TB, 23.12.1917) solchen Trug zu vermeiden. In diesem Sinne bindet er die hier vorgeführte Suche nach Wahrheit und die Entdeckung des alle soziale Bindungen gefährdenden „Abgrund[s] der Triebwelt" (Spiel 1981) durch Mann und Frau in die Form einer Gegenwelt ein, deren Sinnbildungsmuster und tröstende Ordnung er seinerseits *erkennbar* nach den poetologischen Regeln eines Märchens aus einer fernen Welt gestaltet.

Drehbuch und Verfilmung

Seit den Anfängen des neuen Mediums Film zu Beginn des 20. Jahrhunderts war Schnitzler ein ebenso passionierter wie regelmäßiger Kinogänger, und nicht zuletzt aus wirtschaftlichen Gründen arbeitete der seit Kriegsausbruch 1914 unter finanziellen Einbußen leidende Autor wiederholt mit der Filmindustrie zusammen, indem er teils eigene Filmdrehbücher schrieb, teils die Rechte an seinen Werken verkaufte (zu Schnitzlers Verhältnis zum Film, seinen zahlreichen urheberrechtlichen Auseinandersetzungen mit Filmproduktionsfirmen sowie zu weiterführender Literatur vgl. Hahn in HB, 47–52). Als der von Schnitzler geschätzte und als einer der Hauptvertreter der Neuen Sachlichkeit im Film geltende österreichische Regisseur Georg Wilhelm Pabst (1885–1967) sich 1930 über einen Mitarbeiter an den Autor wendet, um die Filmrechte an der *Traumnovelle* zu erwerben (TB, 9.12.1930), zeigt dieser sich sehr aufgeschlossen und beginnt unmittelbar anschließend den Text seiner Erzählung in ein Drehbuch umzuarbeiten (ebd., 11.12.1930). Offensichtlich hat der Autor dabei einen Film mit Ton, aber „ohne Sprache" im Blick (vgl. seinen Brief an Heinrich Schnitzler, 20.12.1930; BR II, 732–734, zit. 733). Pabst, der zu dieser Zeit *Die Dreigroschenoper* verfilmt und kurz darauf einen Rechtsstreit mit dem über die Art der Verfilmung seines Werks empörten Autor Bertolt Brecht (1898–1956) führen muss, gibt seinen Plan jedoch wenige Monate später, im März 1931, endgültig auf, weil er nicht noch einmal „als Vergewaltiger geistiger, dichterischer Arbeit" erscheinen möchte (zit. n. von Bülow 2001, 150) – wobei sein Rückzug dazu führt, dass Schnitzler, der von Pabst keine positiven Signale mehr erhalten hatte, seinerseits schon Ende 1930 die Arbeit am Drehbuch einstellt (zu dem 30 Seiten und 54 Szenen umfassenden, in *Circuito Cinema*, Jg. 62, 2000, 53–61, abgedruckten Fragment vgl. von Keitz in HB, bes. 269 f.). Nachdem der Stoff dann erstmals 1969 von Wolfgang Glück mit Karlheinz Böhm und Erika Pluhar verfilmt worden war, sicherte sich Stanley Kubrick (1928–1999) die alleinigen Filmrechte, die er wiederholt verlängerte, bis er den Text dann rund dreißig Jahre später tatsächlich in Kooperation mit Frederic Raphael und dem Schauspielerehepaar Tom Cruise und Nicole Kidman in den Hauptrollen verfilmte (wobei er u. a. Schnitzlers Drehbuch-Idee folgt, die Erzählung im Film nicht mit einem rückblickenden Gespräch des Ehepaars über den Besuch eines Balls, sondern mit dem Besuch des Balls selbst zu beginnen). Nicht zuletzt dank Kubricks nicht in allen Details, aber doch bis in viele Dialoge bemerkenswert texttreuer, nur wenige Tage vor dessen eigenem Tod fertig gestellten Verfilmung unter dem Titel *Eyes wide shut* (1999), zählt die *Traumnovelle* heute zu den wohl populärsten und meist rezipierten Werken ihres Autors (zu Verfilmung und entsprechender Forschungsliteratur vgl. Hahn 2014, bes. 195–296).

4.4 *Spiel im Morgengrauen* (1926/1927)

Zu den Meistererzählungen, die Schnitzler in den 1920er Jahren vollendet, gehört auch die spannende, im Vergleich zu *Fräulein Else* und *Traumnovelle* allerdings weniger beachtete Novelle *Spiel im Morgengrauen* (knappe Überblicke über die Forschung bieten Tweraser 1998, 94 f., u. Cagneau in HB). Erste erhaltene Skizzen entstehen im Mai 1916 (vgl. Neumann/Müller 1969, 94), die eigentliche Ausarbeitung beginnt Schnitzler Ende September 1923 unter dem Titel „Bezahlt" (TB, 29.9.1923); eine erste Fassung der später auch „Offiziersnovelle" (z. B. ebd., 3.3.1924), „Leutn[ants]novelle" (z. B. ebd., 5.3.1924), „Badner Novelle" (z. B. ebd., 7.10.1925), „Beglichne Schuld" (z. B. ebd., 25.10.1925) oder „Ein Lieutenant zahlt seine Schulden" (an Olga Schnitzler, 20.9.1926; BR II, 449) genannten Erzählung legt er „mit zwei Schlüssen" im Juni 1924 „bei Seite" (TB, 15.6. u. 16.6.1924). Im September 1925 vermerkt er im Tagebuch „N[ach]m[ittag] les ich für mich die Ltnts. Novelle (Badner Novelle) durch, die noch unfertig aber nicht übel ist.-" (ebd., 13.9.1925); in den folgenden Monaten ‚feilt' er am Text, arbeitet wiederholt an dessen Schluss und diktiert ihn „notdürftig zu Ende" (ebd., 4.2.1926), um im April 1926 mit einer gewissen Resignation zu notieren, dass er „wieder einmal vorläufig zu Ende" sei (ebd., 10.4.1926) und wenige Wochen später erneut festzustellen: „Las in den letzten Tagen die Badner Novelle, die bis zum Schluss hin (der neu zumachen) nicht übel ist" (ebd., 3.5.1926). Und in einem Brief an Franz Werfel vermeldet Schnitzler bald darauf: „Überdies versuch ich eine Novelle zu vollenden, – zu der mir vielleicht zwanzig vielleicht drei Seiten fehlen – ich weiss nur leider nicht welche.–" (22.6.1926; BR II, 442). Im Blick auf die Gestaltung des für ihn offensichtlich besonders problematischen Endes der Erzählung ist Schnitzler so unsicher, dass er den Text nacheinander seiner Tochter Lili („sie kann auch mit dem Schluss nichts anfangen", ebd., 4.5.1926) und seinem Freund und Kollegen Gustav Schwarzkopf zu lesen gibt („Bei Gustav, ihm die Badner Nov. gebracht, wegen des fraglichen Schlusses", ebd., 9.7.1926); eine erneut überarbeitete Fassung liest er dann seinem Sohn Heinrich und seiner geschiedenen Frau Olga vor („Las O. und Heini Badner Novelle vor. Gute Einfälle dazu.–", ebd., 30.7.1926). Ab November 1926 arbeitet er schließlich an den „Correcturbogen" der „Badner Novelle", die „jetzt ‚Spiel im Morgengraun'" heißt (ebd., 16.11.1926). Zwischen dem 5. Dezember 1926 und dem 9. Januar 1927 erscheint die Novelle als Vorabdruck in der im Ullstein-Verlag verlegten *Berliner Illustrirten Zeitung*, der 1891 gegründeten, größten deutschen illustrierten Massenzeitung, die in den Jahren der Weimarer Republik eine Auflage von fast zwei Millionen erreicht. Noch vor Ende des Vorabdrucks vermerkt Schnitzler anlässlich eines Besuchs im Berliner Ullstein Verlag lakonisch: „Berlin.– Ullstein Verlag: [...] Erfolg der Novelle beim Publikum.–" (ebd., 28.12.1926). Samuel Fischer befürchtet, dass durch den Vorabdruck in einem Massenmedium der weitere „Absatz erheblich behindert" würde, verspricht angesichts der von ihm bewunderten, wie er an den Autor schreibt, „ungeschwächte[n] Meisterschaft [...], mit der Sie den Leser gefangen zu nehmen vermögen", aber gleichwohl eine beträchtliche „Voraushonorierung", sodass auch die Buchausgabe dieser Novelle dann 1927 in seinem Verlag veröffentlicht wird (vgl. Fischers Brief vom 17.1.1927; Fischer-BW, 148 f., zit. 148). Die Befürchtungen des Verlegers bestätigen sich allerdings nicht, und wie nicht nur zahlreiche positive Kritiken, sondern auch die Verkaufszahlen schnell belegen, kann Schnitzler mit aller Berechtigung im Frühjahr 1927 im Tagebuch verzeichnen: „Erscheinen ‚Spiel im Morgengraun', Erfolg.–" (TB, 2.5.1927). „Ja, das ist wieder eine ausserordentliche Novelle, geradlinig im Ablauf und doch kreisförmig rund, rein abgeschlossen [...]", so schreibt denn auch etwa Stefan Zweig unmittelbar nach Erscheinen der Buchausgabe begeistert an Arthur Schnitzler und ergänzt:

> Vorbildlich bleibt mir die Ruhe Ihres Erzählens erregter und erregender Zustände: ich fühle, wie viel mir da von Ihnen zu lernen nottut und ich schäme mich nicht, willig dies Vorbildliche Ihrer ruhig referierenden und dabei den Atem der andern festhaltenden Kunst einzugestehen. (18.5.1927; Zweig-BW, 428)

In welchem Ausmaß *Spiel im Morgengrauen* seine Leser „gefangen" zu nehmen vermag, erlebt der Autor selbst wenige Monate später in bemerkenswerter Weise. Im September 1927 besteigt er „das erste Mal" in seinem Leben ein Passagierflugzeug, um von Venedig nach Wien zu fliegen. „Das seltsamste: wie menschenleer die Welt, da auch auf den Straßen und in den Ortschaften aus solcher Höhe niemand zu erblicken. Unvergleichliche Fahrt über den Wolken wie auf flockigem Meer – [...]", so notiert er begeistert im Tagebuch, um wenig später ein interessantes Erlebnis anderer Art hinzuzufügen: „Im Flugzeug sass eine Dame, – die unentwegt – ‚Spiel im Morgengrauen' las, aber mich (auch späterhin) nicht erkannte." Und Schnitzler kommentiert: „Ich fühlte mich mit der Natur solidarischer als mit meinem ‚Werk' (das in dieser Gegenüberstellung Anführungszeichen benöthigt) – und fand die Lesebeflissenheit der Dame absurd.–" (TB, 15.9.1927).

Dass die „Lesebeflissenheit" der in einem Flugzeug über den Wolken sitzenden und nicht aus dem Fenster, sondern „unentwegt" in ein Buch schauenden Dame möglicherweise „absurd", im Fall der vorliegenden Erzählung aber doch auch verständlich ist, zeigt schon ein oberflächlicher Blick auf die erzählte Geschichte.

Plot

An einem frühen Sonntagmorgen wird Wilhelm Kasda, „ein kleiner Infanterieleutnant vom Achtundneunzigsten" (SPI, 18), in der Wiener Alserkaserne aus tiefem Schlaf geweckt. Vor seiner Tür steht ein ehemaliger Kamerad, ein Oberleutnant, der wegen Spielschulden den Dienst quittieren musste. Otto von Bogner, „vor wenigen Jahren noch ein liebenswürdiger, wohlsituierter und schneidiger Offizier", jetzt Kassierer in einem „Büro für elektrische Installation" (ebd., 9), ist in großer Not, da er wegen der Arztkosten für seinen kranken Sohn in die Kasse griff und für den kommenden Tag eine kurzfristig angesetzte Revision erwartet. Bogner bittet Kasda, ihm bei der Wiederbeschaffung von knapp tausend Gulden zu helfen. Kasda erklärt sich bereit, „*hundert* von den hundertzwanzig" Gulden seines augenblicklichen Besitzes für Bogner im Rahmen einer sowieso geplanten kleinen „Hasardpartie" (ebd., 13) im Badener Café Schopf einzusetzen.

Er fährt „aufs Land", wo er sich in der „Hoffnung auf eine Einladung zum Mittagessen" zu der ihm seit kurzem bekannten Fabrikantenfamilie Keßner begibt (ebd., 16). Tatsächlich wird er eingeladen und verbringt mehrere Stunden in angenehmer Gesellschaft. Am Nachmittag bricht er auf ins Café, wo er bald am Kartenspiel seiner Bekannten teilnimmt. Nach kurzem Hin und Her gewinnt er die tausend Gulden für Bogner und noch „einige hundert" dazu (ebd., 24). Kasda nutzt die erste Gelegenheit, um den Spieltisch zu verlassen und wieder zu den Keßners zu gehen. Diese sind jedoch fortgefahren, woraufhin er überlegt, ob er nach Wien zurückkehren oder ihnen „ins Helenental" folgen soll, und „die Entscheidung dem Schicksal" überlässt (ebd., 26). Da zwei in der Nähe stehende Kutschen besetzt bzw. zu teuer sind, entschließt er sich zu einem „Abendgang durch den Park" (ebd.) und kehrt bald an den Spieltisch zurück. Nach einer weiteren Runde befindet er sich „im Besitz von über zweitausend Gulden" (ebd., 28). Die Spieler gehen zum Abendessen, und Konsul Schnabel, ein reicher Zivilist, überlässt Kasda seinen Wagen für die Fahrt zum Bahnhof. Der Aufbruch verzögert sich, da Kasda noch die Keßners mit Freundinnen trifft. Als er den Bahnhof erreicht, fährt sein Zug soeben ab. Zum dritten Mal kehrt Kasda ins Café zurück, spielt in der dort erneut versammelten Runde und hat nach einigen Aufs und Abs „um zwei Uhr [...] viertausendzweihundert Gulden" gewonnen (ebd., 34). Wenig später, als die von Konsul Schnabel gesetzte Frist „Punkt halb drei" (ebd., 35) abgelaufen ist, hat er jedoch, wie sein Gegner „freundlich" bemerkt, „elftausend Gulden netto" verloren, die er als Ehrenschulden bis „Dienstag Mittag zwölf Uhr" zurückzuzahlen hat (ebd., 42) – andernfalls wird er den Dienst quittieren müssen. Kasda fährt mit dem Konsul nach Wien zurück, schläft kurz, lässt sich „marod" (ebd., 52) melden und versucht, das für sein Überleben als Offizier notwendige Geld bei seinem vermögenden Onkel Robert Wilram zu besorgen. Der jedoch ist, wie er dem Neffen gesteht, einer jungen Frau verfallen, die er geheiratet und der er sein gesamtes Vermögen „freiwillig" überschrieben hat (ebd., 71). Als sich herausstellt, dass Kasda diese Frau, ein ehemaliges „Blumenmädel" (ebd., 73), von einer gemeinsamen Liebesnacht her kennt, schöpft er neue Hoffnung und sucht die nunmehr als erfolgreiche Geschäftsfrau tätige Leopoldine Wilram, geborene Lebus, auf. Diese will ihren „Advokaten zu Rate" (ebd., 81) ziehen und Kasda später über eine Entscheidung informieren.

Am Abend besucht Leopoldine den in der Kaserne wartenden Leutnant, erkundigt sich in unverbindlichem Ton nach seinem Leben, diniert mit ihm und bleibt schließlich über Nacht. Als sie am frühen Morgen wegen einer „wichtige[n] Konferenz" (ebd., 92) aufbricht, wagt Kasda endlich, die Frage nach dem Geld zu stellen, worauf Leopoldine ihm tausend Gulden „für die vergangene Nacht" hinlegt und ihn erinnert, von ihm selbst „damals nur zehn gekriegt" zu haben (ebd., 94). Kasda erahnt eine „verborgene [...] Gerechtigkeit" (ebd., 96), schickt seinen Burschen mit dem Tausendguldenschein zu Bogner, dessen Revisioin um einen Tag verschoben wurde, und verschließt gegen „halb fünf" (ebd., 98) seine Tür. Als diese rund drei Stunden später im Beisein Bogners aufgebrochen wird, findet man den toten Leutnant mit einem Revolver neben sich; just in diesem Augenblick erscheint Robert Wilram, um die ihm von Leopoldine überlassene Summe von elftausend Gulden fristgerecht zu überbringen.

Offensichtlich greift Schnitzler in *Spiel im Morgengrauen* unterschiedliche Themen, Motive und Figuren aus seinem Œuvre auf. Dazu zählt etwa die in seinen Werken wiederholt behandelte Frage nach dem Verhältnis von Zufall, Schicksal und eigenem Willen; das Motiv des u. a. schon in *Reichtum* (1891) im Blickpunkt stehenden Spiels; die Figur des in *Liebelei* (1895) und vielen anderen Werken zu findenden ‚süßen Mädels' sowie vor allem die Figur des Protagonisten, des jungen, von seinen Bekannten ‚Willi' genannten Leutnants Wilhelm Kasda. Mit ihr nimmt Schnitzler in seiner „Badner Novelle" einen sozialen Typus in den Blick, dem sich mehr als zwanzig Jahre zuvor in *Lieutenant Gustl* in eindrücklicher Weise gewidmet hat und den er jetzt, nach dem Ende von Erstem Weltkrieg und Kaiserzeit, noch einmal in eine im Ansatz vergleichbare Situation geraten lässt. Wie dem Leutnant Gustl droht auch Willi Kasda der Verlust von Standesehre und sozialem Status. Anders als in *Lieutenant Gustl* geht es in Schnitzlers Spätwerk allerdings nicht mehr in erster Linie darum, die Leitfigur der Jahrhundertwendegesellschaft in dieser Situation bloßzustellen und ihren auf das Prinzip der Verdrängung eigener Ängste und der Aggression gegen Schwächere gegründeten „autoritären Charakter" (Fliedl in GUS, 90 f.) zu enthüllen. Dass in dieser Hinsicht ein deutlicher Unterschied besteht, zeigt sich, wenn man den Ausgang beider Geschichten vergleicht. Willi Kasda vollzieht am Ende den Akt der Selbstvernichtung, den Gustl als die einzig mögliche Lösung seines Problems schon beschlossen, aber so lange vor sich her geschoben hat, dass er die erlittene Kränkung schließlich verdrängen und unbekümmert weiterleben kann.

In *Lieutenant Gustl* hilft dem Protagonisten ein – aus Gustls Sicht – glücklicher Zufall, seinen Status quo zu bewahren: Der Verursacher und einzige Zeuge von Gustls Beleidigung wird über Nacht vom Schlag getroffen und verschwindet damit aus der Welt. Vom Schluss der erzählten Geschichte her betrachtet hätte allerdings auch der Leutnant Willi Kasda überleben können: Robert Wilram überbringt die Summe, die erforderlich ist, um Willis Spielschuld zu begleichen. Schnitzler hat insbesondere am Ende seiner Erzählung, so zeigt der oben skizzierte Arbeitsprozess, lange und wiederholt gearbeitet, in den unterschiedlichen Fassungen und Varianten der Geschichte auch ein Weiterleben Kasdas erwogen, mehrheitlich aber den Freitod seines Protagonisten projektiert (vgl. z. B. CUL, A170,5; vgl. auch William H. Rey, der fälschlicherweise davon spricht, dass Schnitzler stets den Tod des Leutnants vorgesehen habe; Rey 1968, 126–154, bes. 147). Angesichts sowohl der Textgenese als auch des Endes der erzählten Geschichte in der letzten Fassung ist also vor allem von Interesse, wie der Autor Willis Tod motiviert, oder anders gefragt: Warum lässt Schnitzler seinen Leutnant schon etliche Zeit vor Ablauf der ihm gesetzten Frist zum Revolver greifen, sodass Wilram in der letzten Fassung der Novelle zwar zur rechten Stunde, aber doch zu spät im Zimmer seines Neffen erscheint? Denn tatsächlich erschießt Willi sich am Ende ja mehrere Stunden vor dem gegen halb acht erfolgenden Aufbruch seiner Tür und damit auch noch vor der von ihm gegenüber Leopoldine falsch genannten, erheblich früher angesetzten und von Wilram eingehaltenen Frist von „acht Uhr früh" (SPI, 79).

Blickt man auf die Ereignisse vor Willis Tod, so wird schnell deutlich, dass die Geschichte des Leutnants Kasda komplexer gestaltet ist als die von Leutnant Gustl. Diese Komplexität gilt für die Motivierung des Geschehens und vor allem für das Ende des Leutnants, die Konstellation der handelnden Figuren und auch für die Darstellungsform der Erzählung. Ähnlich wie in *Frau Bertha Garlan* oder *Casanovas Heimfahrt* wird das Geschehen chronologisch von einer heterodiegetischen narrativen Instanz und – bis kurz vor Schluss – durchgängig aus der Sicht des Protagonisten präsentiert (was wiederum eine Außensicht auf alle anderen Figuren bedingt). Wie auch in zahlreichen anderen Erzählungen Schnitzlers findet sich hier also einerseits die Form einer fixierten internen Fokalisierung und andererseits ein variationsreiches Spiel mit der Grenze von „Erzählertext" und „Figurentext" sowie der Distanz zum Erzählten (Schmid 2008, 156–159). Neben fließenden Übergängen zwischen vermittelnder Erzählerrede, Bewusstseinsbericht, erlebter Rede und Gedankenzitat gehört zum Spiel mit der Distanz in diesem Fall, dass der Protagonist in der Erzählerrede zunächst in neutral-sachlichem Ton als „junger Offizier" eingeführt, dann mit seinem offiziellen Vornamen „Wilhelm" (SPI, 5) und bald nur noch mit seinem Rufnamen „Willi" bezeichnet wird, sodass es auch in dieser Hinsicht einen gleitenden Übergang hin zu einer Mitsicht mit dem Protagonisten gibt. Weiterhin gehört dazu, dass die bis kurz vor Schluss fixierte interne Fokalisierung in dem Augenblick variabel wird, da Willi Kasda die Tür zu seiner Stube verschließt. So heißt es nun nicht mehr aus der Sicht von Willi, sondern aus der seines Burschen am Ende des vorletzten Kapitels der Erzählung: „Auf der Stiege hörte er noch, wie der Schlüssel in der Tür hinter ihm sich drehte" (ebd., 99). Ab diesem Augenblick gibt es keine Mitsicht mehr mit Willi und die letzten Gedanken und Empfindungen des Protagonisten werden – anders als z. B. in *Sterben* – nicht mehr dargestellt. Und nicht unmittelbar – wie in *Sterben*, wo allein ein Gedankenstrich und ein Absatz die Grenze zwischen Leben und Tod markieren –, sondern erst nach einer Ellipse von drei Stunden wird die Präsentation des Geschehens fortgesetzt, wobei sich im Rahmen der im letzten Kapitel dargestellten Szene nunmehr auch kurze Formen der Mitsicht mit den vor Willis totem Körper stehenden bzw. knienden Figuren Otto von Bogner und Robert Wilram finden (was sich wiederum mit einem Wechsel in die Außensicht auf Kasda verbindet, zu der gehört, dass der korrekt in einen Mantel gekleidete Protagonist in der Rede des Erzählers nun wieder sachlich als „Leutnant Kasda" bezeichnet wird, ebd., 102).

Im Blick auf den Umfang der erzählten Zeit sowie die Komposition der Erzählung gibt es Parallelen zu vielen früheren Erzählungen Schnitzlers. Ähnlich wie etwa in *Lieutenant Gustl* oder *Fräulein Else* sind auch die in *Spiel im Morgengrauen* erzählten Ereignisse auf einen knappen Zeitraum konzentriert. Die erzählte Zeit umfasst genau zwei Tage (Sonntagmorgen bis Dienstagmorgen) im Frühjahr eines nicht datierten Jahres. Anfang und Ende der in fünfzehn Kapitel unterteilten Erzählung sind – wie auch z. B. in der *Traumnovelle* – unmittelbar aufeinander bezogen: Die erzählte Geschichte beginnt und endet in der Offiziersstube, die Willi Kasda in der Alserkaserne in Wien bewohnt. Hier wird Willi in der ersten Szene von seinem Burschen aus tiefem Schlaf gerissen, hier versucht sein Bursche 48 Stunden später ein zweites Mal, aber diesmal vergeblich, ihn durch lautes Klopfen an der Tür aus festem Schlaf zu wecken, und hier wird sein Leichnam in der letzten Szene von Joseph stumm bewacht. Die Ereignisse, die zwischen diesen beiden Szenen liegen, folgen dem u. a. aus der *Traumnovelle* bekannten Modell eines „doppelten Kursus" (Thomé 1993, 673), zu dem eine dem Ansatz nach etwa auch in *Reichtum* und *Lieutenant Gustl* zu findende „Wiederholungsstruktur" gehört (vgl. die entsprechenden Abschnitte weiter oben): In der ersten Nacht verliert Willi das „Spiel-Duell mit dem Konsul", in der zweiten Nacht das „erotische ,Duell' mit Leopoldine" (Lukas 1996, 132), die am zweiten Abend der erzählten Zeit neben seinem Bett steht, als er erneut aus tiefem Schlaft erwacht – abgesehen davon, dass sich für Willi bis zu einem bestimmten Punkt des Geschehens wiederholt, was er, folgt man seinen Gedanken vor und während des Spiels, ausdrücklich nicht wiederholen will, nämlich das Schicksal seines beim Spiel nicht aufhören könnenden ehemaligen Kameraden Otto von Bogner (ausführlich zum symmetrischen Aufbau der Erzählung vgl. Lindken 1970, 15–54).

Welche Kausalzusammenhänge verbinden die Ereignisse zwischen Willis Erwachen in der ersten und seinem Tod in der letzten Szene der Erzählung? Eine mögliche Erklärung wäre, dass Willi stirbt, weil er einem in Not geratenen Kameraden hatte helfen wollen. Der dank des Erzählverfahrens der Mitsicht eröffnete Blick in das Fühlen und Denken des Protagonisten offenbart jedoch, dass davon nicht wirklich die Rede sein kann. Willi hatte unabhängig von Bogners Besuch an diesem Sonntag wie schon an den Wochenenden zuvor zum Spiel fahren wollen; auf dem Weg dorthin wird ihm erstmals „die Enge seiner Verhältnisse" (SPI, 16) so recht bewusst; während des Spiels denkt er in erster Linie an sich und nicht an Bogner, und nur um sein persönliches Glück zu versuchen, kehrt er noch zweimal an den Spieltisch zurück, obwohl er schon weit mehr als die für Bogner erforderliche Summe gewonnen hat. Im Rahmen einer „rhythmische[n], manchmal fast unmerkliche[n] Verschränkung von Erzählbericht und erlebter Rede" sowie einem „atemlose[n] Rhythmus" von „kurzen Sätze[n] und zahlreichen Wiederholungen" (Cagneau in HB, 232; „Er gewann, verlor, trank ein Glas Kognak, gewann, verlor, zündete sich eine neue Zigarette an, gewann und verlor", SPI, 34) lässt sich in einer großartig gestalteten Szene scheinbar unmittelbar miterleben, wie den Leutnant Kasda das Spielfieber packt, sodass er am Ende wie aus schwerem Traum erwacht und erst in diesem Augenblick realisiert, in wenigen Minuten 11.000 Gulden, d. h. „ungefähr die Gage von drei oder vier Jahren, mit Zulagen" (ebd., 42) verloren zu haben.

Dass Willi Kasda wider alle guten Vorsätze und ungeachtet seiner bis kurz vor Ende des Spiels wiederholten Selbstermahnungen, „vorsichtig" (z. B. ebd., 31) zu sein und mit dem „System Flegmann" (ebd.) größere Verluste zu vermeiden, den Verlust einer solchen Summe riskiert, liegt wesentlich im Erwachen ihm bislang so nicht bewusster Wunschträume begründet. Auch dieses Erwachen im übertragenen Sinn lässt sich dank einer Mitsicht mit dem Protagonisten mitverfolgen (zu Schnitzlers Gestaltung der psychischen Prozesse Kasdas und ihrem Bezug zur zeitgenössischen Psychologie detailliert Thomé 1993, 670–693). Zunächst betreffen diese Wünsche die materielle Verbesserung seiner dürftigen Ausstattung als Infanterieleutnant. Als er 3.000 Gulden gewonnen hat, zieht Willi demnach zufrieden Bilanz: „Das bedeutete: neuer Waffenrock, neues Portepee, neue Wäsche, Lackschuhe, Zigaretten, Nachtmähler zu zweit, zu dritt, Fahrten in den Wienerwald, zwei Monate Urlaub mit Karenz der Gebühren" (SPI, 34). Doch wenig später, nach dem Gewinn einer weiteren Summe, verspürt er eine „unbändige, wahrhaft höllische Lust weiterzuspielen", denn noch ein paar Tausender mehr, so stellt er sich jetzt vor: „*Das* wäre ein Fonds, damit könnte man sein Glück machen. Es musste ja nicht immer Bakkarat sein – es gab auch die Wettrennen in der

Freudenau und den Trabrennplatz, auch Spielbanken gab es, Monte Carlo zum Beispiel, unten am Meeresstrand, – mit köstlichen Weibern aus Paris..." (ebd., 35). Deutlich steht Willi also nunmehr das Wunschbild einer ganz anderen Existenz, eines mondänen Lebens als Spieler im großen Stil vor Augen.

Was Schnitzlers Novelle in diesem Zusammenhang mit geradezu beklemmender Eindringlichkeit vorführt, ist kein außergewöhnlicher Charakter im Moment des Ausbruchs einer zerstörerischen Leidenschaft, wie das etwa Dostojewskis Roman *Der Spieler* (1867) tut (ausführlich zum Motiv des Spiels z. B. Kecht 1992 u. Iehl 2013, 221–236). Am Beispiel von Wilhelm Kasda wird vielmehr gezeigt, wie schnell und scheinbar selbstverständlich ein gewöhnlicher Mensch in eine Situation gerät, die er mit seinen gewohnten, der Konvention entlehnten Verhaltensmustern nicht bewältigen kann. Neben einem durchschnittlichen Charakter ist im Fall von Wilhelm Kasda allerdings auch von Bedeutung, dass zu seinem Beruf und seinem sozialen Stand spezifische Voraussetzungen gehören.

Als einfacher Leutnant lebt Willi in Umständen, die immer schon durch die Differenz zwischen Schein und Sein, zwischen vergleichsweise hohem sozialen Ansehen und geringem Einkommen gekennzeichnet waren. In Willis Fall, so wird ihm selbst bewusst, ist diese Schieflage seit einiger Zeit zunehmend kritisch, da die herkömmlichen Voraussetzungen für das Leben eines Leutnants nicht mehr gegeben sind. So sind die Quellen der in vergleichbaren Fällen üblichen familiären Hilfe neuerdings versiegt: Der Onkel hat seinen nach dem Tod von Willis Vater gewährten ‚Zuschuss' eingestellt, und das nach dem Tod der Mutter verbliebene kleine Erbe ist soeben verbraucht (SPI, 16 u. 54). Auch die traditionelle ‚gute Partie' ist für Willi – wie sein Besuch bei der wohlsituierten Familie Keßner offenbart – keine realistische Aussicht, denn entsprechende Hoffnungen könnte er nur unter der Bedingung hegen, dass sich die materiellen Voraussetzungen für sein Auftreten verbesserten (ebd., 18). Wider allen äußeren Anschein ist Willis Gang zum Spieltisch also die natürliche Konsequenz aus seiner sozialen Situation.

Das Spiel ist für Willi Kasda allerdings nicht nur aus finanziellen Gründen von Bedeutung. Aus historischer Sicht gehören die erzählten Ereignisse offensichtlich in die Kaiserzeit und zugleich in einen kulturhistorischen Kontext, in dem die Existenz des Leutnants einerseits an Glanz verloren hat, andererseits aber noch besonderen Bedingungen unterliegt (im Einzelnen bleibt die Datierung des erzählten Geschehens vage; der von Schnitzler als Währungseinheit z. B. auch noch in *Fräulein Else* genutzte, 1858 eingeführte und offiziell schon 1892 durch die Krone abgelöste österreichische Gulden war bis 1900 im Umlauf; Willi selbst wohnt als Leutnant eines „K.u.K-Infanterieregiments" in der 1912 abgerissenen Alserkaserne; sein ehemaliger Kamerad Bogner arbeitet dagegen in einem in die Zukunft des 20. Jahrhunderts verweisenden „Büro für elektrische Installation"). Zu den Bedingungen seines Daseins gehört, dass für den Leutnant im Fall des Spiels – wie auch in dem des Duells – eine überlieferte, in den Rahmen einer modernen bürgerlichen Leistungsgesellschaft nicht mehr so recht passende Kollision zwischen ständischer Konvention und allgemeinem Recht besteht: Für den normalen Bürger unterliegt das Spiel strafrechtlichen Sanktionen und begründet zivilrechtlich keinerlei Zahlungsverpflichtung; für den zur Risikobereitschaft verpflichteten Offizier bedeutet es dagegen die Simulation des Kampfes und die ohne den Verlust seiner Ehre nicht zu verletzende Verpflichtung, Spielschulden grundsätzlich innerhalb von vierundzwanzig Stunden zu begleichen (zur besonderen Rechtssituation des spielenden Offiziers in der Kaiserzeit vgl. Laermann 1985, 191–193).

Vor dem skizzierten Hintergrund wird deutlich, dass Willi Kasda tatsächlich weniger durch einen äußeren Zufall als gewissermaßen systembedingt auf eine ‚schiefe Bahn' gerät. Die aus dem rollentypischen Missverhältnis von Glanzbedürfnis und tatsächlichem materiellen Elend erwachsene Geldnot bringt ihn an den Spieltisch, wo in ihm bald die Sehnsucht nach einem anderen, großartigen Leben erwacht und wo er in seiner aktuellen Rolle versagt, indem er (in gleicher Weise wie der für diese Schwäche von ihm verachtete Otto von Bogner) jede Kontrolle und damit genau das verliert, was ihn als Offizier eigentlich auszeichnen sollte. Dabei unterstreichen die Art und der Verlauf des Spiels das vollkommene Scheitern des Leutnants. Denn Willi spielt nicht Roulette, sondern ein Kartenspiel, das sich bald zu einem „Einzelkampf" (SPI, 33) zwischen ihm und dem Konsul Schnabel entwickelt: Als er zum ersten Mal den Spieltisch verlässt, notiert er so z. B., „dass ihm nur das Auge des Konsuls mit einem kalten, raschen Aufschauen von den Karten gefolgt war" (ebd., 24); und später, nach einem Gewinn von „viertausendzweihundert Gulden", erträumt er sich, „*noch* einige, alle die blanken Tausender aus der Brieftasche des Konsuls in die seine herüberzuzaubern" (ebd., 35). Willi unterliegt also am Ende nicht einer anonymen Schicksalsmacht wie der ‚Bank', sondern einem individuellen Gegner, der ihn – wie der Blick in Willis Gedanken belegt – durch sein Verhalten zum Weiterspielen reizt und der ihn mit einer Erhöhung des Einsatzes wie er „in diesem Kreise noch nicht erlebt worden war" (ebd.) und mit wiederholtem Kredit überhaupt erst zum Verlust einer entsprechend hohen Summe provoziert.

Im Rahmen des Spiels und der anschließenden Kutschfahrt nach Wien zeigt sich, dass Konsul Schnabel in der erzählten Welt überhaupt einen Gegentyp zum sozialen Typus des Leutnants verkörpert. Schnabel verfügt über die Lebensart und das Geld, das Willi gerne hätte, und im Unterschied zu Willi, der sich von äußeren Umständen leiten lässt und zu keiner Zeit eine selbständige Entscheidung trifft, erweist er sich als willensstark und unterschiedlichen Situationen gewachsen (ein Unterschied, der sich z. B. auch darin zeigt, dass Willi seine Rückkehr zum Spieltisch zweimal von äußeren Zufällen abhängig macht, während der aus Willis Sicht jederzeit souverän wirkende Konsul selbständig und konsequent über Anfang und Ende des Spiels entscheidet). Außerdem offenbart das Gespräch zwischen Willi und dem Konsul grundlegende Unterschiede in der Art und Weise, wie die beiden wurden, was sie sind: Während für den Offizierssohn Kasda, wie der Konsul bemerkt, „die Existenz […] sozusagen vorgezeichnet" dagelegen hatte, zählt Schnabel zu den „Menschen, die durch keinerlei Vorurteile der Geburt, des Standes oder – sonstige behindert" waren und sind (ebd., 46). Dabei schließt diese Art von Freiheit ein, dass Schnabel, wie er selbst hervorhebt, „mindestens ein halbes Dutzend Mal oben und wieder unten" (ebd.) gewesen ist.

Das „Proteisch-Unfixierbare" (Lindken 1970, 30), das den Konsul auszeichnet und das Willi zunächst reizt und später hilflos macht, gilt auch für den Gegenspieler, dem Willi am zweiten Tag begegnet. Leopoldine Lebus hat ihre körperliche Attraktivität zu nutzen verstanden, um im Unterschied zu Willi (und buchstäblich auch auf seine Kosten) eine ‚gute Partie' zu machen und sich das Vermögen seines Onkels Robert Wilram überschreiben zu lassen. Leopoldine hat sich auf diese Weise vom ausgehaltenen „Blumenmädel" (SPI, 73) zu einer erfolgreichen, ihrerseits Männer aushaltenden Geschäftsfrau gewandelt, die sich „von niemandem abhängig" fühlt „wie – ein Mann" (ebd., 90). Unabhängig davon, ob sie infolge einer solchen „Umkehrung der Geschlechterrollen" (Cagneau in HB, 235) wirklich „ein freier Mensch" (SPI, 90) geworden ist, hat auch sie sich jedenfalls wie der Konsul Schnabel als willensstark, flexibel und geschickt erwiesen und die ihresgleichen – jedenfalls in der Welt der Kaiserzeit – herkömmlicherweise zugedachte Rolle des passiven „instrument de plaisir" (TB, 26.5.1893) weit hinter sich gelassen.

Wenn Willi von Leopoldine am Ende 1.000 Gulden als Lohn für eine Liebesnacht erhält, dann bedeutet das die späte Rache des von Willi einst gedankenlos bezahlten und damit zur Ware erniedrigten ‚süßen Mädels' (zum Profil dieses von Schnitzler vielfach gestalteten Typus vgl. z. B. Gutt 1978, 85–89). Für Willi zerschlagen sich bei dieser Gelegenheit alle selbstgefälligen Hoffnungen, die er sich bei der Erinnerung an seine Nacht mit der ihm als „blonde[r] Wuschelkopf" (SPI, 73) vor Augen stehenden Leopoldine machte. Stattdessen wiederholt sich am Ende dieses ‚zweiten Spiels' (Lukas 1996, 275) das Gefühl der Ohnmacht, das er tags zuvor empfunden hat. Gegenüber Mann und Frau und sowohl in Gesellschaft als auch im intimen Leben macht Willi also die Erfahrung, dass die ihm vertrauten Verhaltensmuster einer auf das überlieferte Prinzip von ‚Ehre' und ‚Schneidigkeit' gegründeten Existenz der Wirklichkeit des Daseins außerhalb von Kaserne und militärischem Dienst nicht entsprechen. Da Willi offenbar nicht über die Kraft verfügt, seine alte Welt zu verlassen und sich für die Wechselfälle des Lebens zu öffnen, erfüllt er die militärische Konvention und bewahrt sich Ehre und sozialen Stand auf Kosten seines Lebens. Dass er den Akt der physischen Selbstvernichtung etliche (d. h. immerhin rund sieben) Stunden vor Ablauf der ihm gesetzten Frist vollzieht und den erhaltenen „Schandlohn" (SPI, 97) noch fristgerecht an Bogner weiterleitet (was überdies einen ironischen Bezug herstellt zu der von ihm eingangs gegenüber Bogner zitierten Redeweise ‚Pech in der Liebe, Glück im Spiel' sowie seiner Kommentierung „Also vielleicht ist auf ein Sprichwort mehr Verlaß als auf die Menschen", ebd.,13), verschafft dem tief gedemütigten Kasda dabei erstmals das tröstliche Gefühl, „aus eigener Machtvollkommenheit" (ebd., 99) zu handeln.

4. Späte Erzählungen

Schnitzlers Erzählung vom Freitod Willi Kasdas führt nicht zuletzt die zerstörerische Macht des Geldes in unterschiedlichen Facetten vor. Berücksichtigt man, dass der Konflikt von Ehre und Geld Kasdas Ende als Leutnant bewirkt, sowie die Tatsache, dass der ‚Selfmade'-Mann Schnabel in der ‚Neuen Welt' zu Hause ist (wo er ein „Geschäft" in Baltimore betreibt, ebd., 51) und die über Geld und Körper frei und sachlich bestimmende Leopoldine wesentliche Züge der ‚Neuen Frau' in sich vereint (was auch z. B. ihre „einfache glatte, beinahe strenge Frisur" unterstreicht; ebd., 77), so wird deutlich, dass auch die in *Spiel im Morgengrauen* erzählte Geschichte nur vordergründig eindeutig in die alte Welt der Vorkriegszeit gehört (zum Bild der ‚Neuen Frau' in den zwanziger Jahren vgl. z. B. die zeitgenössischen Äußerungen männlicher Autoren in Huebner 1929; vgl. außerdem von Soden/Schmidt 1988). Auch in dieser Novelle geht es in erster Linie nicht darum, kritisch auf eine vergangene Epoche zurückzuschauen, d. h. „die auf fragwürdigen Konventionen und Standesvorurteilen aufgebaute Scheinwelt der Vorkriegszeit" zu „entlarv[en]" und im Rückblick auf die alte Gesellschaft der Kaiserzeit noch einmal eine „Décadence-Diagnose" zu stellen (Neymeyr in SPI, 115). Wie auch schon das Fräulein Else ist der Leutnant Wilhelm Kasda bei näherem Hinsehen kein echter Zeitgenosse von Leutnant Gustl. Indem Schnitzler die männliche Leitfigur der in mancher Hinsicht noch vormodernen Jahrhundertwendegesellschaft in seiner zweiten „Leutnantsnovelle" mit den Problemen und den Vertretern einer ‚Neuen Zeit' konfrontiert, verhandelt er vielmehr die Fragen einer Umbruchszeit und insofern der Gegenwart der zwanziger Jahre.

Drehbuch und Verfilmung

Schon wenige Monate nach der Veröffentlichung von *Spiel im Morgengrauen* kann Schnitzler wiederholtes Interesse an einer Verfilmung des Stoffes verzeichnen, wobei er Anfragen von unterschiedlichen Filmgesellschaften erhält (vgl. u. a. TB, 29.7., 3.8., 5.11. u. 5.12.1927). Keine dieser Anfragen wird allerdings konsequent weiter verfolgt – und aus Schnitzlers Sicht zeichnen sie sich außerdem durch eine gewisse Ignoranz gegenüber Werk und Autor aus. Die Essenz eines solchen Gesprächs skizziert er im September 1927 so z. B. wie folgt: „Spät telef. ein Berliner Filmmensch ‚Hören Se mal, Herr Schn.;– Sie haben einen Roman geschrieben, Spiel im Morgengrauen;– wir möchten das Filmrecht kaufen... um wie viel', ich erklärte schreiben zu wollen" (ebd., 15.9.1927). Obwohl er vom „herum[]handeln" und dem wiederholten Hin und Her „angeekelt" ist (ebd., 15.10.1928), beginnt Schnitzler auf Anregung von Direktor Hohenberg von der Filmfirma Horn (ebd., 24.11.1928) Ende November 1928 mit einer ausführlicheren, schon im Hinblick auf die Frage der Verfilmbarkeit hin angelegten Inhaltsangabe der Erzählung (zu den Einzelheiten vgl. Wolf 2006, bes. 132 f.). Statt der gewünschten knappen „Synopsis" entwickelt er dann aber schon einen eigenständigen Entwurf für eine Verfilmung der Novelle, die er als „Skizze zu einem Regiebuch" betitelt und die „sein am weitesten entwickeltes Filmdrehbuch" darstellt (von Keitz in HB, 268). Dieser Entwurf ist 31 Seiten lang, gliedert sich in „120 nummerierte Szenen und ist in fünf Akte eingeteilt" (ebd.). Im Blick auf die filmische Darstellung der in *Spiel im Morgengrauen* erzählten Geschichte orientiert sich der Entwurf im Wesentlichen an der Geschehensfolge der Novelle, arbeitet aber mit „Zwischenbildern", die in gewisser Weise einer (in diesem Fall anders als in der Vorlage nicht fixierten, sondern variablen) internen Fokalisierung entsprechen, indem sie Erinnerungen oder Wunschträume der Figuren zeigen und die von „,Hauptbildern' getragene lineare Handlung" unterbrechen (ebd.; für eine weitere Charakteristik der formalen Qualitäten von Schnitzlers Entwurf und seiner filmhistorischen Bedeutung vgl. Wolf 2006, 134 f.). Wie im Fall der *Traumnovelle* bleibt es allerdings auch in diesem Fall bei einem Entwurf. Nachdem auch die Gespräche mit der Filmfirma Horn und weiteren deutschen Firmen im Sande verlaufen (vgl. ebd., 137 f.), vergibt Schnitzler die Filmrechte 1929 schließlich nach Hollywood an die Metro-Goldwyn-Mayer (MGM). Unter dem Titel *Daybreak* wird der Stoff in der Regie von Jacques Feyder mit dem zeitgenössischen Star Ramón Novarro (1899–1968) in der Hauptrolle verfilmt, ohne dass der Autor auf das die Vorlage erheblich verändernde und u. a. die Rettung des Leutnants als ‚Happy End' vorsehende Drehbuch Einfluss nimmt (bzw. in irgendeiner Weise hätte Einfluss nehmen können) und ohne dass Schnitzler den im Mai 1931 in den USA uraufgeführten Film bis zu seinem Tod je gesehen hätte (zum Verhältnis von Erzählung und Film im Einzelnen vgl. von Keitz/Lukas 2010).

4.5 *Ich* (1968)

Wenige Monate nach dem Bucherstdruck von *Spiel im Morgengrauen*, im Oktober 1927, verzeichnet Schnitzler im Tagebuch „Schöner Herbsttag Spazierg. [...] Eine kleine Novellette (Park) zufällig begonnen" (TB, 14.10.1927). Diese „Novellette" mit dem Arbeitstitel „Park" gilt heute als einer der „der wohl brillantesten Kurztexte Schnitzlers" (Orosz/Plener 2002, 355). Wie bei *Traumnovelle* und *Spiel im Morgengrauen* ist die Idee zum Sujet der Geschichte schon älter und geht in diesem Fall auf einen Einfall im vorletzten Jahr des Ersten Weltkriegs zurück. Einem Tagebucheintrag zufolge feiert Schnitzler an einem Sonntag im Mai 1917 mit Freunden und Familie seinen 55. Geburtstag im Voraus und unternimmt an diesem Tag einen längeren Spaziergang mit dem von ihm als Gesprächspartner hoch geschätzten Wiener Privat-Gelehrten Arthur Kaufmann. Die beiden plaudern über „philosophisches" und geraten offensichtlich bald in eine lockere, anregende Stimmung:

> Scherze. Ich erfinde eine Morgenstern-Figur, die zwei Uhren trägt, eine 10 Min. zu früh, eine andre 10 Min. zu spät gehend, um genau zu wissen, wie spät es ist. – Die überflüssige Tafel ‚Park' bringt mich auf einen Menschen, der nach Hause kommend, solche Aufschriften neben Tisch, Sessel, Kasten anbringt, auch auf seine Frau einen Zettel hängt ‚Gattin' u.s.w.– (TB, 13.5.1917)

4. Späte Erzählungen

Wahrscheinlich unmittelbar anschließend entwirft Schnitzler die folgende, im Nachlass erhaltene Skizze:

> Am Eingang des Schwarzenbergparks eine Tafel mit der Aufschrift: Park. Jemand ist sehr impressioniert davon. Wie er nach Hause kommt, heftet er seinem Mobiliar Zettel mit Bezeichnungen an: Tisch, Divan, Kasten. Dann greift diese Zwangsvorstellung weiter, er versieht auch seine Frau mit einem Zettel, seinen Sohn, die Köchin, endlich pickt er auf sich selbst einen Zettel, auf dem steht: Ich – und spaziert so auf die Straße. (EV, 523)

In seiner gut zehn Jahre später ebenfalls nach einem Spaziergang begonnenen „Novellette" greift Schnitzler diese seinerzeit von einer „überflüssige[n] Tafel" angeregte Idee auf und entwickelt daraus eine kurze, raffiniert gebaute Geschichte, die er in rund vierzehn Tagen zu einer vermutlich nur noch in wenigen Details unfertigen Fassung ausarbeitet (wobei vor allem das Ende in der überlieferten letzten Textfassung noch skizzenhaft wirkt). „Zufällig" ist die Wiederanknüpfung an den Stoff allerdings nicht wirklich, denn Schnitzler überarbeitet in diesen Wochen seine 1904 begonnene, unvollendet gebliebene ‚Tragikomödie in fünf Akten' *Das Wort*, die im Wesentlichen einem eng verwandten Gegenstand, nämlich dem Thema der Sprache und ihrer Verwendung sowie der „literarische[n] Rede als Sonderfall des Sprechens überhaupt" (Brecht in HB, 145) gewidmet ist. Wie auch *Das Wort* bleibt Schnitzlers Novellette allerdings unveröffentlicht (in diesem Fall wohl aus eher zufälligen Gründen, denn Schnitzler hatte den Text offenbar durchaus für eine Publikation vorgesehen; vgl. TB, 31.10.1927) und wird erst mehr als 30 Jahre nach dem Tod des Autors aus dem Nachlass zunächst im *S. Fischer-Almanach* (1968) unter dem Titel *Novellette* und später in der von Reinhard Urbach herausgegebenen Sammlung *Entworfenes und Verworfenes. Aus dem Nachlaß* (1977) unter dem dann auch in weiteren Veröffentlichungen verwendeten Titel *Ich* publiziert.

Plot

Der in der Wiener „Andreasgasse vierzehn, zweiter Stock" wohnende „Herr Huber" lebt das geregelte Leben eines biederen Wiener Angestellten und Familienvaters (EV, 445), bis er eines Tages, am Pfingstsonntag, bei seinem gewohnten Sonntagsspaziergang an einem Baum des Schwarzenbergparks eine bis dahin noch nicht wahrgenommene Holztafel mit dem in großen schwarzen Buchstaben hingeschriebenen Wort ‚Park' entdeckt. Die Tafel erscheint ihm zunächst „ziemlich überflüssig", aber, so überlegt er weiter, „[v]ielleicht gab es Leute", die den Park „für ein Paradies gehalten hätten, wenn die Tafel dort nicht gehangen wäre" (ebd., 444). Herr Huber erkennt in der Tafel insofern ein Prinzip der Ordnung, das er begrüßt – wobei er sogleich irritiert das Problem der Relativität der Wahrnehmung von Raum und Zeit entdeckt: der ihm „wohlbekannte" Teich, so überlegt er noch im Park, ist für „eine Eintagsfliege" so z. B. kein Teich, sondern „wahrscheinlich ein Meer" ebenso wie der „Mittag" für eine solche, ihn in diesem Augenblick umschwirrende Fliege wohl nicht die Hälfte des Tages, sondern ihren „fünfzigsten Geburtstag" bedeutet (ebd.). Zu seiner weiteren Verunsicherung trägt bei, dass er sich auf einmal gar nicht mehr sicher sein zu können glaubt, ob er seine Erlebnisse und Überlegungen in diesem Augenblick in Wirklichkeit macht oder ob er sie vielleicht nur träumt. Herr Huber begibt sich auf den Heimweg, wobei er nunmehr überrascht von der „elektrische[n] Kraft" der Straßenbahn und auch davon ist, dass er von Dingen weiß und Dinge tut, von denen er gar nicht bewusst weiß, dass er sie weiß bzw. tut. Zu Hause erzählt er von der Eintagsfliege, die unterdessen ihren „fünfundfünfzigsten Geburtstag" feiert. Bald darauf nimmt er sein Notizbuch, schreibt Namen und beginnt, sie auf die Gegenstände der Wohnung zu heften; dieses Benennungs- und Ordnungsprojekt weitet er bald auf Personen und Abstrakta aus und versucht es im Kaffeehaus, bei der Zeitungslektüre und zu Hause z. T. vergeblich fortzusetzen. Am nächsten Morgen hat seine Frau „den Arzt verständigt. Wie der hereintritt, tritt ihm der Kranke entgegen mit einem Zettel auf der Brust, auf dem mit großen Buchstaben steht: ‚Ich'.–" (ebd., 448).

„Bis zu diesem Tage war er ein völlig normaler Mensch gewesen" (ebd., 442). So beginnt die Erzählung vom Herrn Huber, die das aus vielen Werken Schnitzlers vertraute Spiel mit dem Prinzip der Wiederholung auf eigene Weise wiederholt und variiert. In Gestalt einer im Sinne der Formel ‚einmal erzählen, was sich wiederholt ereignet hat' angelegten „iterativen Erzählung" (Martínez/Scheffel 2012, 48 f.) wird im Folgenden vom von Wiederholungen bestimmten, in seinem „gewohnten Gang" (EV, 443) verlaufenden Alltag der aus Vater und Mutter sowie einem „achtjährigen Buben" (ebd., 442) und einer sechsjährigen Tochter bestehenden Familie Huber raffend erzählt. Danach verlangsamt sich die Erzählgeschwindigkeit und nach der immer noch raffenden Erzählung von einem Theaterbesuch und seinen Folgen am Abend zuvor, „dem Samstag vor Pfingsten" (ebd.), wird nunmehr in Gestalt der singulativen und tendenziell szenischen Erzählung von einem der „Sonntagsgewohnheit" von Herrn Huber entsprechenden „kleinen Ausflug" erzählt (ebd., 443), der das Leben des als „sogenannter Rayonchef in einem Warenhaus mäßigen Ranges" (ebd., 442) arbeitenden Mannes verändert. Auslöser dafür ist allerdings – im Unterschied zu so vielen anderen Erzählungen Schnitzlers – kein außerordentliches Geschehen in der Lebenswelt des Herrn Huber im Sinne eines singulären, von Außen auf ihn einwirkenden Ereignisses. Am Ursprung der im Sinne Goethes für eine Novelle konstitutiven „sich ereignete[n] unerhörte[n] Begebenheit" (Goethe 1999, 221) steht in seinem Fall nicht mehr und nicht weniger als das im Rahmen seiner Sonntagsspaziergänge übliche Überschreiten einer „kleine[n] Brücke" (EV, 443) und eine daraufhin folgende neue Wahrnehmung von einem Teil der dem Protagonisten scheinbar bestens vertrauten Welt. „Sie fiel ihm auf, aber er dachte gleich: daß sie immer dagewesen war, man sah es ihr an, dass es eine ganz alte Tafel war" (ebd.). So heißt es in der nunmehr an einer Mitsicht mit der Figur orientierten Erzählrede von der „roh hölzerne[n]" Tafel, die Herr Huber auf einmal an einem Baum in einer der „weiß

Gott wie oft gesehen[en]" Baumgruppen entdeckt (ebd.). Und so wie die Tafel mit dem in „großen schwarzen Buchstaben" geschriebenen Nomen ‚Park' nach wohl „hundert" Gängen über die „kleine Brücke" unvermutet ins Blickfeld und ins Bewusstsein von Herrn Huber tritt, so gerät im Gegenzug Herr Huber aus der Bahn des Gewohnten und tritt am Ende seinerseits dem Arzt mit einem auf die Brust gehefteten Zettel entgegen, auf dem sich das wahlweise als Nomen oder Pronomen zu verstehende, „mit großen Buchstaben" geschriebene Wort ‚Ich' befindet. Vergleicht man schließlich Anfang und Ende von Schnitzlers Text, so steht die Geschichte vom Normalitätsverlust des Herrn Huber zwischen einem Personalpronomen in der dritten und ersten Person, zwischen dem Satz „Bis zu diesem Tage war er ein völlig normaler Mensch gewesen" und dem vieldeutigen, in seiner Referenz prinzipiell an den Kontext seiner Verwendung gebundenen, letztlich auch die Frage nach der menschlichen Identität aufwerfenden Wort „Ich".

Auf knappem Raum und in leichtem Ton führt Schnitzler in *Ich* eine Reihe der Themen zusammen, die im Zentrum der Moderne und immer wieder auch im Blickpunkt seiner Werke stehen. Dabei findet sich im Ansatz auch hier das „narrative 3-Phasen-Modell" (Lukas 1996, 15), das die Figur in diesem Fall vom ‚Nicht-Leben' in der bürgerlichen Konvention über eine Krise zu einer neuen Form des ‚Nicht-Lebens' mit – wie der Gedankenstrich am Ende des Textes buchstäblich bedeutet – offenem Ausgang führt. Am Beispiel des plötzlich ‚krank' werdenden, als ein vom Sprach-Ordnungswahn gepackter Ehemann, Familienvater und Rayonchef nicht mehr alltagstauglichen Herrn Huber gestaltet die Novellette eine Form der Entfremdung von Ich und Alltagswelt und reflektiert grundlegende Überforderungen und Verunsicherungen, die sich mit der Dynamisierung der Lebenswelt in der Moderne („Die Häuser rasten an ihm vorbei", heißt es, nachdem Herr Huber die Straßenbahn bestiegen hat; EV, 445) und dem am Beispiel der Zeitungslektüre von Herrn Huber vorgeführten Gefühl einer ‚Überall-Gleichzeitigkeit' verbinden. Im Einzelnen eröffnet sie in diesem Zusammenhang mehr oder minder ironische Rückbezüge zu Ernst Machs Empiriokritizismus und der von Hermann Bahr schlagwortartig verbreiteten Rede von der ‚Unrettbarkeit des Ich' (Wunberg 1998, bes. 12; vgl. auch Orosz/Plener 2002), vor allem aber zu Positionen der Sprachkritik in der Nachfolge des Philosophen und Schriftstellers Fritz Mauthner (1849–1923) (vgl. Scheffel 2013).

Wie Christoph Brecht in einer detaillierten Lektüre ausgeführt hat, lässt sich die Novellette dabei keineswegs nur als eine späte Bekräftigung der um die Jahrhundertwende verbreiteten Sprachskepsis lesen (vgl. Brecht 1998). Anders als Hofmannsthals berühmte, in eine schwere Sprachkrise geratende Schriftsteller-Figur des Lord Chandos in *Ein Brief* (1902) zeigt sich Schnitzlers braver Herr Huber zunächst ja keineswegs durch ein Auseinanderklaffen von Sprache und Welt, von Zeichen und Bezeichnetem irritiert. „Vielleicht gab es Leute", so überlegt er nach kurzem Zweifel am Sinn der neu entdeckten Tafel, die den Park für ein Paradies gehalten hätten, wenn die Tafel dort nicht gehangen wäre. Haha, ein Paradies. Und da hätte vielleicht einer sich danach benommen – seine Kleider abgeworfen und öffentliches Ärgernis erregt. Wie sollte ich [denn] wissen, sagte er auf der Polizei, daß es nur ein Park war und nicht das Paradies. Nun konnte das nicht mehr passieren. Es war höchst vernünftig gewesen, die Tafel dorthin zu hängen. (EV, 444)

Herr Huber ist also zunächst nicht verunsichert, sondern vielmehr „zutiefst beeindruckt von der konstitutiven Rationalität, die in einer solchen Verdopplung der Welt liegt" (Brecht 1998, 42). Gegen jede Form von Durchlässigkeit oder Mehrdeutigkeit, die einen Übergang vom ‚Park' ins ‚Paradies' erlaubte, steht die Tafel als Verbot. Sie verkörpert ihm ein Bezeichnen, das mit aller Konsequenz eine elementare Grenze markiert und „das den Weg zurück zum *Baum des Lebens* wie der Cherub mit dem Flammenschwert verstellt (vgl. Gen 3, 24)" (ebd., 43). Vom Geist solcher Rationalität beseelt hat Herr Huber das Gefühl, dass er ausersehen sei, das in der Tafel entdeckte bzw. offenbarte Prinzip des, wie sich mit Mauthner formulieren ließe, sprachlichen „Wertzeichens" (Mauthner 1923, 95 f.) missionarisch zu verbreiten und ein jedes Ding in der gefallenen Welt mit dem ihm gemäßen Namen zu bekleiden. Dabei gälte es freilich, so überlegt Huber, „von allen Dingen und Menschen auch zu wissen, wie sie heißen. Welch ungeheure Verwirrung war in der Welt. Niemand kennt sich aus" (EV, 448). Wie denn auch, wenn, wie Huber leidvoll erkennen muss, die Welt voller Geheimnisse steckt und in all ihren Erscheinungen nur höchst relativ, weil an den jeweiligen Standort und an die Maßstäbe des erkennenden Subjekts gebunden ist – und wenn am Ende „nicht alle Zeichen Namen und auch Namen nur Zeichen, wenn schließlich Zeichen nur Zeichen für andere Zeichen sind" (Brecht 1998, 43). „Unbegreiflich", so lässt Schnitzler seinen Herrn Huber z. B. im Blick auf die „Kaffeehauskassierin" in seinem Stammcafé räsonieren,

> daß diese gleichgültige Kassierin plötzlich die wichtigste Person war. Einfach dadurch, daß er sie ansah. Von allen andern wußte er gar nichts, alle waren sie Schatten. [...] Die Frage war jetzt nur, was für einen Zettel man ihr ankleben sollte. Magdalene? Fräulein Magdalene? Oder Sitzkassierin? (EV, 447)

Schnitzler, der seine Figur ausgerechnet am Gedenktag des die babylonische Sprachverwirrung überwindenden Pfingstwunders in solche Überlegungen und Konflikte stürzt, nutzt die hergebrachten Topoi von einer ‚Ursprache' und einer ‚Sprachverwirrung' also offensichtlich zur Parodie. Mit „boshafter Genauigkeit" (Brecht 1998, 44) nimmt er die sprachskeptische Moderne mit ihrer absoluten Kritik an der Sprache à la Mauthner, aber auch ihre Versuche der Überwindung einer prinzipiell für korrupt befundenen Sprache durch Poesie und eine wie auch immer geartete Ursprünglichkeit à la Hofmannsthal aufs Korn und führt sie ironisch ad absurdum. Zugleich reflektiert der nur scheinbar harmlose Text den skeptischen Geist und die vergleichsweise pragmatische Position, die das Schaffen seines Schöpfers im Ganzen bestimmt (detailliert zu „Schnitzlers Sprachdenken vor dem Hintergrund der sogenannten Sprachkrise um 1900" und zu den „Artiku-

4. Späte Erzählungen

lationen des Sprachdenkens" in seinen literarischen Werken vgl. Kaiser in HB, zit. 338 u. 342). Anders als Hofmannsthals Lord Chandos erhofft sich der Autor Schnitzler keinen Weg vor oder zurück in das Paradies einer ‚eigentlichen Sprache' und auch kein unvermitteltes Verhältnis zur Welt im Zeichen eines „Denken[s] mit dem Herzen" (Hofmannsthal 1991, 52). Ja, so ließe sich ergänzen, der als Arzt naturwissenschaftlich geschulte Autor erlaubt sich und seinen Figuren nicht einmal ernsthaft die Sehnsucht danach. „Worte stimmen ja nie ganz – je präziser sie sich gebärden, umso weniger" (ES I, 761), so stellt der Schriftsteller Heinrich Bermann in dem Roman *Der Weg ins Freie* fest, und sein Schöpfer Schnitzler bemerkt in einem Aphorismus: „Jedes Wort hat fließende Grenzen; diese Tatsache zu ästhetischer Wirkung auszunützen ist das Geheimnis des Stils" (AB, 368). Was Mauthner und Hofmannsthals Lord Chandos als Ärgernis empfinden und was man im historischen Kontext der Moderne wortreich zum Skandalon erhebt (vgl. Göttsche 1987), eben dies ist und bleibt für Schnitzler nicht mehr als die notwendige Voraussetzung von Literatur. Aber nicht nur deshalb verweigert er einer radikalen Sprachkritik die Gefolgschaft. Aus seiner Sicht gibt es durchaus noch andere Argumente gegen das von dem Sprachkritiker Mauthner in den drei voluminösen Bänden seiner *Beiträge zu einer Kritik der Sprache* (1901/1902) exemplarisch entfaltete und in späteren Schriften geradezu monomanisch wiederholte „Todesurteil gegen den Wert aller Sprache" (Mauthner 1922, 130). So heißt es in einer seiner Betrachtungen:

> Wenn alle Dialektik versagt, so hört man zuweilen als letztes Argument: Was sind Worte? Wer dergleichen ausspricht, hatte niemals das Recht, eine Diskussion zu beginnen. Worte sind gewiß nicht alles, es gibt immer noch etwas zwischen den Worten, hinter den Worten – aber all dies Unaussprechliche bekommt ja erst einen Sinn dadurch, daß die Worte da sind, und durch die verschiedene Distanz, das verschiedene Verhältnis, das es eben zu den Worten hat. (AB, 337)

Auch der Nietzsche-Leser Schnitzler (vgl. Aurnhammer 2013b, bes. 228) geht selbstverständlich von dem in *Ich* facettenreich reflektierten Phänomen der Uneindeutigkeit von Worten sowie einer letztlich unüberbrückbaren Differenz zwischen Worten und Wirklichkeit aus. Gleichwohl hält er Worte nicht für überflüssig, sondern, im Gegenteil, für unabdingbar. „Worte ... wir haben doch nichts anderes", so lässt er seinen Hofrat Winkler in der unvollendeten Tragikomödie *Das Wort* bemerken (W, 147). Worte sind in Schnitzlers Sinne sozusagen das Negativ, vor dem das Unaussprechliche überhaupt erst deutlich wird. Dabei sind Worte für Schnitzler nicht nur grundsätzlich notwendig, sondern im Idealfall auch höchst sorgfältig zu gebrauchen. In diesem Sinne formuliert er in einer zum Umfeld der Arbeit an *Das Wort* gehörenden Notiz:

> Unsere ganze Moral besteht vielleicht nur darin, aus diesem unpräzisen Material, das uns das Lügen so leicht, so verantwortungslos, so entschuldbar macht, aus der Sprache etwas Besseres zu machen. Mit Worten so wenig zu lügen als möglich ist. (Ebd., 27)

Wo aber genau verläuft im Fall des *konkreten* Denkens und Sprechens die Grenze zum Unaussprechlichen, was ist und was unterscheidet in einer gegebenen Situation des sozialen Miteinanders Wahrheit und Lüge? Der minutiösen Reflexion genau dieser Fragen angesichts einer systematisch nicht zu erfassenden „friedlosen Vielfältigkeit der Einzelfälle" (ES II, 985) gelten Schnitzlers literarische Entwürfe einer spezifischen, in dieser Hinsicht denn doch über die Möglichkeiten einer launigen Novellette mitsamt ihren vergleichsweise statischen und wenig ‚komplexen' Figuren (vgl. Martínez/Scheffel 2012, bes. 148) weit hinausführenden Form von „psychologischer Literatur" (vgl. AB, 454).

4.6 Der Sekundant (1932)

Die Erzählung *Der Sekundant* zählt zu den Werken, an denen Schnitzler noch bis zum Ende seines Lebens arbeitet. Wie es bei seinen späten Texten die Regel ist, geht die Kernidee auf frühere Entwürfe zurück. In diesem Fall stammen sie aus der Vorkriegszeit und dem Jahr 1911 (vgl. Urbach 1974, 136). Wie bei *Traumnovelle* und *Spiel im Morgengrauen* handelt es sich dabei aber um nicht mehr als die ersten knappen Skizzen zu einem Novellensujet. Während die noch kurz vor seinem Tod publizierte, vielfach als Spätwerk bezeichnete Novelle *Flucht in die Finsternis* (1931) in Wirklichkeit auf einer sehr viel jüngeren, im Wesentlichen schon 1917 vollendeten Textfassung basiert, die der Autor Ende 1930 wohl nur noch stilistisch überarbeitete (vgl. TB, z. B. 3.11. u. 6.11.1930), gehört *Der Sekundant* zusammen mit der *Abenteurernovelle* (Fragm. 1937) also zu den beiden letzten Novellen, die Schnitzler ab 1927 neu und mit unterschiedlichem Erfolg auszuarbeiten versucht. Wie der schon vor der Jahrhundertwende begonnene, zwischenzeitlich kurz wiederaufgenommene und dann ab 1921 in verschiedenen Arbeitsphasen detaillierter ausgearbeitete *Theaterroman* (Fragm. 1967) bleibt auch die *Abenteurernovelle* am Ende Fragment. *Der Sekundant* dagegen liegt in einer vollständigen, wenn auch von seinem Autor durchaus skeptisch beurteilten Fassung vor.

„N[ach]m[ittags]. begann ich die Novelle der ‚Sekundant' zu schreiben." – so verzeichnet Schnitzler im Herbst 1927 (ebd., 21.10.1927) den Beginn des Projekts einer, wie er an seinen Sohn Heinrich schreibt, „Novelle (von mäßigerm Umfang) die mich beschäftigt" (21.11.1927; BR II, 511). Im März des folgenden Jahres ist seine Arbeit am Text soweit gediehen, dass von einem „vorläufige[n] Schluss" die Rede sein kann (TB, 7.3.1928; ähnlich 8.3.1928). In den folgenden Monaten liest Schnitzler den diktierten Text in unregelmäßigen Abständen wiederholt durch (ebd. u. a. 20.7., 21.7.1928 u. 20.8.1929), um dann ab November 1929 die Niederschrift einer neuen Fassung zu beginnen („‚Sekundanten' neu begonnen", ebd., 14.11.1929), die er knapp ein Jahr später zu einem „vorläufig[en] Abschluss" (ebd., 30.10.1930) bringt. Mit dieser Fassung ist der gegenüber seinen eigenen Texten nach wie vor grundsätzlich überaus kritische Autor jedoch unzufrieden:

4. Späte Erzählungen

„Im Hotel las ich die Nov. Sekundant durch mit der ich wenig zufrieden bin", notiert er im Tagebuch (ebd., 19.11.1930) und liest den Text wenige Tage später einer seiner letzten Freundinnen, der Autorin und Übersetzerin seiner Werke ins Französische, Suzanne Clauser (1898–1981) mit ähnlichem Ergebnis vor: „Um 7 Suz. – Las ihr ‚Sekundanten' vor. Mir scheint er misslungen, wozu sich Suz. allmälig auch bekehrte" (ebd., 22.11.1930). Nach mehrmonatiger Pause nimmt er die Arbeit im Sommer 1931 erneut auf („Nachmittag, man solls nicht glauben, fing ich ganz ernsthaft, wie ein Erwachsener, den Sekundanten neu zu schreiben an", vermeldet er am 22. Juli 1931 stolz an Suzanne Clauser; BR II, 798), wobei er nun eine neue Form der narrativen Darstellung versucht, indem er von der bislang verwendeten ersten nunmehr in die dritte Person wechselt (vgl. Martens 1990, 16); diese letzte Fassung bleibt allerdings unvollendet (TB, 30.9.1931), und einer seiner letzten erhaltenen Briefe an Suzanne Clauser belegt, unter welchen großen Schwierigkeiten der vom Selbstmord seiner Tochter tief getroffene, von den zeitgenössischen politischen Entwicklungen vielfach abgestoßene und von gesundheitlichen Problemen schwer gezeichnete Schnitzler gegen Ende seines Lebens zu arbeiten versucht:

> Mit dem Sekundanten geht es unsäglich langsam; – die Wahrheit ist, dass mir jede Lust zur Arbeit fehlt; – es hilft nicht viel sich den Kopf zu zerbrechen, ob die Gründe Ausrede, oder die Ausreden Gründe sind; – ob man nicht will – oder nicht kann oder am Ende nicht soll; im Resultat ist es ja doch dasselbe. – (9.9.1931; BR II, 807)

Nach Schnitzlers Tod am 21. Oktober 1931 überlässt sein Sohn Heinrich die frühere, zumindest formal in sich abgeschlossene Fassung des Textes von 1930 der traditionsreichen, seit 1914 im Ullstein Verlag verlegten und 1934 zwangsweise eingestellten Berliner *Vossischen Zeitung*, wo sie ein Jahr vor der sogenannten ‚Machtergreifung' der Nationalsozialisten vom 1. bis zum 4. Januar 1932 in Fortsetzungen erscheint. 1935 setzt das Wiener Burgtheater die letzte Schnitzler-Inszenierung ab, im Deutschen Reich erfolgt wenig später ein allgemeines Verbot der Aufführung und des Nachdrucks von Schnitzlers Werken (vgl. Ilgner in HB, 349). Erst viele Jahre nach dem Ende von ‚Drittem Reich' und Zweitem Weltkrieg sowie der rassenideologisch wie kulturpolitisch motivierten Verleumdung des jüdischen Autors erfolgt der Bucherstdruck von *Der Sekundant* im zweiten Band der 1961 im S. Fischer Verlag verlegten *Erzählenden Schriften*.

Plot

Ein „Herr von Eißler" (ES II, 889), „dreiundzwanzig Jahre alt" (ebd., 882) und „jüdischer Abstammung" assistiert zum „siebente[n]" Mal in seinem Leben als Sekundant bei einem Duell (ebd., 883). Ursache des Ehrenzweikampfes ist ein Liebesverhältnis, das der selbst scheinbar glücklich verheiratete „Fabrikant" (ebd., 885) Eduard Loiberger mit der Ehefrau des Ulanenrittmeisters Urpadinsky über einen Sommer hinweg ohne dessen Wissen unterhielt. Wie in solchen Fällen üblich, werden die Vorbereitungen zum Duell diskret und ohne Kenntnis der Ehefrauen oder anderer Personen getroffen. Im Verlauf des mit Pistolen und unter „schwer[en]" Bedingungen (ebd., 884) in der Nähe einer Kleinstadt auf der „üblich[en] Waldlichtung" (ebd., 885) ausgetragenen Zweikampfes wird Loiberger beim dritten Kugelwechsel tödlich getroffen. Auf der Rückfahrt vom Ort des Geschehens überlegen seine beiden Sekundanten, wer nun der bis dahin vollkommen ahnungslosen Agathe Loiberger die „Trauernachricht" (ebd., 888) vom Tod ihres vorgeblich zum Klettern in die Dolomiten gereisten Gatten überbringt. Im Unterschied zum zweiten Sekundanten, dem Anwalt Doktor Mülling, war Eißler mit Loiberger nur vage bekannt, und so erklärt er sich als der „Fernerstehende" (ebd.) bereit, diese heikle Aufgabe zu übernehmen.

Schon unmittelbar, bevor er die in dem Dorf St. Gilgen am Wolfgangsee bei Bad Ischl gelegene „großartige[] Villa" der Loibergers betritt, empfindet er allerdings das, was ihm „in den nächsten Minuten bevorstand, als so grotesk, so unerträglich, so undurchführbar", dass er sich versucht fühlt, „umzukehren [...], ja einfach davonzulaufen" (ebd.). Ein Diener begrüßt ihn, er wartet im „sommerlich durchschatteten Salon" (ebd., 891) auf Agathe und vergegenwärtigt sich währenddessen die Abende in ihrem geselligen Haus sowie ihre Person und sein Verhältnis zu ihr. Als die „unten" vom See herbeikommende Agathe zusammen mit einer Freundin den Salon betritt, ist sie zunächst überrascht, begrüßt dann mit offensichtlicher Freude den von ihr wie gewohnt als „das Kind" bezeichneten Eißler und lädt ihn zum gemeinsamen Mittagessen mit ihrer Freundin ein, die sich jedoch verabschiedet, während Eißler ein „fragender, ein verheißungsvoller, ja ein so lockender Blick" Agathes streift, dass ihn „beinahe schwindelt[]" (ebd.). Allein mit Agathe, die offenbar glaubt, dass Eißler die ihm bekannte Abwesenheit Loibergers zu einem intimen Treffen nutzt, verliert dieser jeden Mut, endlich auszusprechen, was er längst schon hatte aussprechen wollen. Stattdessen folgt er Agathe in ihr „Boudoir", um dort ein „einfaches Mahl" mit Champagner einzunehmen (ebd., 893). Bald darauf gibt er einem deutlich spürbaren gemeinsamen „Verlangen" (ebd.) nach und verbringt während der „allgemeinen Nachmittagsruhe" (ebd., 896) ein Schäferstündchen mit der von ihm schon seit längerem bewunderten schönen Frau. Er fällt in Schlaf und „tausend Träume" (ebd., 893), in deren Verlauf er u. a. mit Agathe vor der Todesnachricht flieht oder auch auf Leben und Tod mit Loiberger um Agathe kämpft. Kurz darauf kommt Doktor Mülling in das Haus der Loibergers, da er Eißler, anders als verabredet, um vier Uhr nicht in seinem Hotel angetroffen hat. Mit seinem Besuch ist es für Eißlers Mitteilung nunmehr endgültig zu spät. „Erschrick nicht" ist das letzte, was er sagen kann, und schon auf Agathes erschrockene Frage „Was ist geschehen?" hat er „nicht mehr die Möglichkeit, zu antworten" (ebd., 899). Angesichts der unterdessen zurückgekehrten „in Tränen ausbrechend[en]" Freundin und des ihr ernst und „wortlos die Hand" drückenden Mülling beginnt Agathe ein Unglück zu ahnen und bittet den Anwalt, ihr „die ganze Wahrheit" zu erzählen (ebd., 900). Nach seinem detaillierten Bericht

bricht Agathe noch am gleichen Abend auf und überführt den Leichnam ihres Gatten am nächsten Morgen nach Wien. In das Haus am See kehrt sie niemals zurück.
Viele Jahre später treffen sich Eißler und Agathe noch einmal in Gesellschaft; sie ist unterdessen neu verheiratet und ihr Blick taucht „so klar, so erinnerungslos, so unschuldsvoll" (ebd., 901) in den von Eißler, dass scheinbar keinerlei Verbindung zwischen den beiden Personen besteht oder auch nur je bestanden hat.

Schon ein erster Blick auf die erzählte Geschichte zeigt, dass der Novelle auch insofern der „Status eines Spätwerks" zukommt, als sie „Schnitzlers wichtigste Themen noch einmal bündelt und über die Duell- und Ehebruchsproblematik und die zentrale Bedeutung von Traumschilderungen hinaus [...] vielerlei Reminiszenzen an frühere Texte enthält" – und zwar sowohl im Blick auf die im Mittelpunkt stehende Form von Gesellschaft als auch die Konzeption und Konstellation von Figuren (so erinnert z. B. die Figur des jungen Eißler an Willi Eißler in dem Roman *Der Weg ins Freie*, und die Figur des sich als „Dilettant auf allen möglichen anderen Gebieten", ebd., 885, betätigenden Fabrikanten Eduard Loiberger ähnelt einem Typus wie ihn Friedrich Hofreiter in der Tragikomödie *Das weite Land* verkörpert; vgl. dazu im Einzelnen Sander in HB, 250–253, bes. 252). In der postum publizierten, von Schnitzler vollendeten, wenn auch nicht als ‚vollendet' betrachteten Fassung gehört zu dem skizzierten Geschehen vor allem aber auch eine besondere Form seiner Präsentation.

„Ich war damals dreiundzwanzig Jahre alt, und es war mein siebentes Duell, –" So beginnt die als Darstellung in der ersten Person angelegte erzählte Geschichte. Anders als in den Spätwerken *Traumnovelle* oder *Spiel im Morgengrauen* wird in diesem Fall also nicht von einer gleichsam körperlosen, heterodiegetischen narrativen Instanz erzählt, sondern von einem homo- und in diesem Fall auch autodiegetischen Erzähler. Dieser erinnert sich im Alter an einen Vorfall in seiner Jugend und erzählt „die Geschichte meines siebenten Duells" (ES II, 882) einem in der ‚Sie-Form' angesprochenen anonymen Gegenüber – wobei er schon bald darauf hinweist, dass „bis zum heutigen Tage kein Mensch von dieser sonderbaren Geschichte etwas erfahren hat", und im Blick auf den Adressaten seiner Erzählung ein Paradoxon formuliert: „Auch Ihnen mit Ihrem ewigen Lächeln hätte ich nichts davon erzählt, – aber da Sie ja in Wirklichkeit gar nicht existieren, so werde ich Ihnen auch weiterhin die Ehre erweisen, zu Ihnen zu reden, junger Mann, der immerhin so viel Takt besitzt, zu schweigen" (ebd., 883). Die hier entworfene Erzählsituation hat also ein besonderes Profil: In schriftlicher Form wird ein Erzählen dargestellt, das scheinbar mündlich erfolgt (so ist ja von ‚reden' die Rede), dessen Medium und Adressat aber letztlich unbestimmbar bleiben, sodass sich die Erzählsituation insgesamt jedenfalls nicht einfach ‚realistisch' auflösen lässt (denn abgesehen davon, dass der Sprecher seinen Adressaten zur stummen Imagination erklärt, gibt es keinerlei Erklärung für die Schriftlichkeit seiner Erzählung in Gestalt z. B. einer Herausgeber-, Brief- oder Tagebuchfiktion). In diesem Sinne

4.6 Der Sekundant

greift Schnitzler also auf eine Form der Darstellung in der ersten Person zurück wie er sie vor längerer Zeit schon einmal in der kleineren, wie ein Seitenstück zu *Lieutenant Gustl* zu lesenden Monologerzählung *Die griechische Tänzerin* (1902) verwendete. Zu den Folgen dieser Erzählform gehört hier wie dort, dass alle Informationen mitsamt der ‚Figurencharakterisierung' nur ‚figural', d. h. durch die Rede der in die eigene Geschichte verstrickten und schon deshalb nur bedingt zuverlässigen erzählenden Figur erfolgen. Überdies ist diese Figur mit einem vergleichsweise kleinen Merkmalssatz ausgezeichnet und bleibt insofern in mancher Hinsicht ‚flach' (sodass es im Fall von *Der Sekundant* z. B. im Blick auf die genaue Herkunft des Erzählers oder auch sein Schicksal und seine soziale Stellung nach dem erzählten Geschehen um das „siebente Duell" erhebliche Leerstellen gibt; zur Konzeption von literarischen Figuren und den Formen ihrer Charakterisierung vgl. Martínez/Scheffel 2012, bes. 148–150). Im Unterschied zu der primär im Präsens gehaltenen Erzählung *Die griechische Tänzerin* (und auch zu dem eindeutig als innerer Monolog angelegten *Lieutenant Gustl*) findet sich in *Der Sekundant* allerdings nicht nur ein großer zeitlicher Abstand zwischen dem erzählenden und dem erlebenden Ich, sondern auch eine Kluft zwischen zwei als verschieden konzipierten Verstehenshorizonten von erzählendem Ich und imaginiertem Adressaten. Beides wird in der Rede des erzählenden Ich explizit thematisiert.

Auch wenn das erzählte Geschehen zeitlich nicht genau lokalisiert ist, gehört es doch eindeutig in die alte Kaiserzeit und in die Jahre vor Ausbruch des Ersten Weltkriegs. Der einzige konkrete Hinweis auf ein historisches Ereignis, nämlich darauf, dass man „in den nächsten Tagen de[n] König von England und sein[en] Premierminister zum Besuche unseres Kaisers in Ischl erwartet" (ES II, 886), scheint das Duell und seine Folgen überdies auf einen Sommer zwischen den Jahren 1905 und 1908 zu datieren (Eduard VII. war nach Kuraufenthalten in Marienbad 1905, 1907 und 1908 zu Besuch bei Kaiser Franz Joseph in Ischl gewesen; vgl. Urbach 1974, 136). Wichtig für den Erzähler und sein Erzählen ist außerdem die Vorstellung, dass offenbar schon der Begriff „Duell" bei seinem Gegenüber Unverständnis auslöst. „Lächeln sie meinetwegen", so lautet schon sein zweiter Satz, „Ich weiß, es ist in unserer Zeit üblich geworden, sich über derartige Veranstaltungen lustig zu machen" (ES II, 882). Zur imaginierten Erzählsituation gehört also, dass sich der Vertreter einer alten, vergangenen Welt in einer neuen Zeit und gegenüber dem Vertreter einer neuen Generation an ein Geschehen erinnert, das er als typisch für eine vergangene Form von Gesellschaft betrachtet. Dabei beginnt der sprechende Ich-Erzähler damit, dass er um Verständnis für die Werte einer Gesellschaft wirbt, die sich nicht allein am Sicht- und Greifbaren orientierte und in der der „Schein einer immer vorhandenen Todesbereitschaft" dem „gesellschaftlichen Leben eine gewisse Würde oder wenigstens einen gewissen Stil" zu verleihen vermochte (ebd.). „[I]ch versichere Sie", so erläutert er,

> das Leben war schöner, bot jedenfalls einen edleren Anblick damals – unter anderem gewiß auch darum, weil man es manchmal aufs Spiel setzen musste für ir-

135

gend etwas, das in einem höheren oder wenigstens anderen Sinn möglicherweise gar nicht vorhanden oder das wenigstens den Einsatz, nach heutigem Maß gemessen, eigentlich nicht wert war [...]. (Ebd.)

Und offensichtlich im Blick auf die Schlachtfelder und das anonyme Massensterben im letzten Weltkrieg fügt er hinzu

> Immerhin bleibt zu bedenken, dass man im Laufe der letzten Jahrzehnte auch für viel Geringeres völlig nutzlos und auf Befehl oder Wunsch anderer Leute sein Leben zu opfern genötigt war. Im Zweikampf hat doch immer das eigene Belieben mitzureden gehabt, auch dort, wo es sich scheinbar um einen Zwang, um eine Konvention oder um Snobismus handelte. (Ebd.)

Die kulturelle Differenz und die Spannungen zwischen den unterschiedlichen Wertsystemen einer ‚Alten' und einer ‚Neuen Zeit', die Schnitzler in der erzählten, nur vordergründig in der Kaiserzeit angesiedelten Welt seiner späten Erzählungen mittelbar reflektiert, werden in *Der Sekundant* also erstmals unmittelbar angesprochen und sie finden überdies in der Erzählsituation eine konkrete Gestalt.

Unabhängig vom genauen Inhalt der erzählten Geschichte gehört zu der in *Der Sekundant* gestalteten Fiktion einer Erzählung, wie bereits ausgeführt, dass hier erstmals erzählt wird, was noch nie erzählt worden ist. „Die Erzählung", so formuliert der Philosoph Bernhard Waldenfels in seiner *Phänomenologie der Aufmerksamkeit*, „bezieht sich auf eine Erfahrung, die erst im Erzählen und Wiedererzählen Gestalt gewinnt" (Waldenfels 2004, 50). Berücksichtigt man ein solches Wechselverhältnis, demzufolge nicht nur die Erzählung einer Erfahrung, sondern auch die Erfahrung einer Erzählung bedarf, so führt *Der Sekundant* also auch vor, wie jemand einer längst vergangenen Erfahrung Gestalt zu geben versucht, indem er sie sprachlich als Erzählung vergegenwärtigt – wobei seine Art von Erzählen auszeichnet, dass er gewissermaßen ins Nichts hinein ‚spricht', weil sein ‚Zuhörer' nicht nur nicht wirklich existiert, sondern, wie der Erzähler erläutert, seine Nichtexistenz überhaupt eine Voraussetzung dafür ist, dass der Erzähler sein langjähriges Schweigen erstmals bricht.

Welche Art von Erfahrung gewinnt auf eine solche besondere Weise Gestalt? Zur „sonderbaren Geschichte" des Erzählers gehört, so erläutert er zu Beginn, dass er von „der Peripherie gleichsam in den Mittelpunkt rückte" (ES II, 883), was es überhaupt erst ermögliche, „von meinem Duell" (ebd., 882) zu sprechen. Dieses Detail ist ihm offensichtlich wichtig, denn eigentlich, so betont er ausdrücklich, wäre er „recht gerne [...] einmal selbst einem gefährlichen Gegner gegenübergestanden" (ebd., 883). Dass es „niemals" dazu kam, wiederum lag – jedenfalls nach Angaben des Erzählers – nicht in einem Mangel an Gelegenheiten und auch nicht in seiner eigenen „Bereitwilligkeit" begründet, an der „niemals der geringste Zweifel bestand" (ebd.). Ja, so erklärt er weiter, „vielleicht war übrigens das mit ein Grund, daß ich niemals eine Forderung erhielt, und daß in den Fällen, wo ich mich zu fordern genötigt sah, die Angelegenheiten stets ritterlich beigelegt wurden" (ebd.). Nicht also etwa ein persönliches Motiv oder auch ein sozialer Grund wie seine „jüdische Abstammung", sondern eine höhere „Bestimmung" haben aus Sicht des Erzählers den durchaus erwünschten eigenen Auftritt als „Duellant" verhindert (ebd., 882 f.).

Was berechtigt Eißler nun dazu, im Blick auf die folgende Geschichte davon zu sprechen, dass er in diesem Fall von „der Episodenfigur" zu einer „Hauptperson" wurde (ebd., 883)? Das ist eine nicht leicht zu beantwortende und für die Interpretation des Textes grundlegende Frage. Grundsätzlich hat sein Rollenwandel jedenfalls nur mittelbar mit dem zu tun, was sich mit dem Handlungsmuster eines Ehrenzweikampfs verbindet. Das nach den üblichen Regeln ablaufende und wie „ein Marionettenspiel" (ebd., 886) erinnerte Duell selbst ist nur insofern bemerkenswert, als es – anders als alle anderen Duelle, bei denen der Erzähler als Sekundant assistierte – tatsächlich tödlich endet. Besonders wird die Geschichte des Erzählers in dem Augenblick, da seine Rolle als Sekundant eigentlich beendet ist und er nunmehr in einem sozialen Kontext handeln muss, für den es, wie er vermerkt, „begreiflicherweise keine allgemein gültigen Vorschriften" (ebd., 888) gibt. Wie vermittelt man mitten im Leben an einem schönen Sommertag der betroffenen Ehefrau einen Tod, der nach Konventionen erfolgte, die allein Männer als handelnde Subjekte berücksichtigen? (Zur kulturhistorischen Bedeutung des Duells als ein „Akt autonomer Selbstbestätigung" von Männern und seiner Geschichte im Einzelnen vgl. Frevert 1991, zit. 229) Das ist das eine Problem, das sich für Eißler stellt. Das andere Problem ist, dass er mit dem Betreten des Hauses zur unüblichen Stunde und in Abwesenheit des Hausherrn in eine Situation gerät, die sein weibliches Gegenüber nach den geltenden Konventionen offensichtlich in einem ganz anderen Sinne, nämlich als einen projektierten Bruch der Konvention interpretiert: „Und wenn sie nun ihrer Freude über mein Kommen so unverhohlen Ausdruck gab", so kommentiert der Erzähler, „so bedeutete das nichts anderes, als dass sie mich für ungeduldig und für verliebt genug hielt, um mit voller Überlegung die Abwesenheit ihres Gatten zu diesem unvermuteten und verwegenen Besuch zu nutzen" (ES II, 892). In dieser doppeldeutigen Situation bleibt Eißler stumm, d. h., er findet im Leben nicht die passenden Worte für den Tod und damit letztlich auch keine eigene Stimme. Sein sprachliches Nichthandeln wiederum hat zur Folge, dass der lebende Eißler dem toten Loiberger letztlich unterliegt. „Vor einigen Minuten noch hätte sie verstanden, hätte sie vielleicht verziehen. Ja, vielleicht hätte ich einen wahrhaften, einen unvergänglichen Sieg über den Toten davongetragen" (ebd., 898). So erinnert sich der Erzähler an die kurze Zeit nach seinem Tête-à-tête mit Agathe und unmittelbar bevor der schon dank des Gartenkieses zu hörende Doktor Mülling das Haus der Loibergers betritt. Zur handelnden „Hauptperson" wird Eißler so gesehen also bestenfalls in einer Geschichte des Versagens. Und auch in der Geschichte seines Verhältnisses zu Agathe bleibt er letztlich ein „Episodist" (ebd., 883). „Geh! [...] Du wirst mich nie wieder sehen", und „Wir müssen vernünftig sein und dürfen uns nicht verraten, weil du verloren wärst, wenn er ahnte..." (ebd., 897 f.), so spricht die wieder erwachte Agathe noch in der Rolle der Ehefrau, die soeben ihren Ehemann betrogen hat und die für

4. Späte Erzählungen

Eißler eben das Schicksal befürchtet, dem tatsächlich Eduard Loiberger vor wenigen Stunden erlegen ist. Und als sich diese Einschätzung der Situation und ihres Verhältnisses zu den beiden Männern Eißler und Loiberger als Irrtum entpuppt und sie ihren wahren Status als betrogene Witwe erkennt, vermag Eißler den verstorbenen Eduard Loiberger ebenfalls nicht als neue „Hauptperson" in ihrem Leben abzulösen. Stattdessen bleibt er am Rand des Geschehens und wird im buchstäblichen Sinn zur „Episodenfigur", die man nicht mehr anspricht und die für alle weiteren, mit Loibergers Duelltod und seinen Folgen verbundene Handlungen ohne jede Bedeutung ist – wobei zu seiner Geschichte am Ende gehört, dass der später mit einem anderen Mann verheirateten Agathe auch „jene", aus der Sicht des Erzählers, „sommerstille, unheimliche, doch so glückliche Stunde" offensichtlich vollkommen aus der Erinnerung entschwunden ist (ebd., 901).

Nicht also als erlebendes Ich in der erzählten Geschichte, sondern erst als ein erzählendes Ich, das erstmals ein langes Schweigen bricht und das der Erfahrung des eigenen Nicht-Aussprechen-Könnens in einer neuen Zeit sprachlichen Ausdruck verleiht, wird Eißler zu einer „Hauptperson". Insofern ist also nicht nur das Verhältnis von Erzähler und Adressaten, sondern auch das von alter und neuer Zeit sowie von Erfahrung und Erzählung letztlich als ein Paradoxon gestaltet: Die von Eißler so positiv erinnerte „gute gesellschaftliche Form" hat eine Erfahrung ermöglicht, die sich gemäß den zu ihr gehörenden sozialen Regeln nicht auf legitime Weise aussprechen lässt und die erst nach der Auflösung eines entsprechenden Typus von Gesellschaft und der mit ihr verbundenen Konventionen einerseits Gestalt gewinnt, andererseits aber nicht mehr wirklich mitgeteilt und verstanden werden kann.

Die hier entwickelte Lesart von Schnitzlers letzter, zu Lebzeiten ausgearbeiteter Novelle baut wesentlich auf der besonderen Darstellungsform des Erzählten auf. In ihrem Sinne bleibt die Frage des Verhältnisses von alter und neuer Zeit für den Autor Arthur Schnitzler letztlich ungelöst, was sich im Rahmen der erzählten Geschichte nicht zuletzt auch darin ausdrückt, dass in diesem Fall – im Unterschied zu anderen Werken Schnitzlers wie z. B. *Das weite Land* oder auch *Spiel im Morgengrauen* – die vergleichsweise moderne und vitale Figur des sich auch im Duell „famos" haltenden Fabrikanten Eduard Loiberger dem ‚blassen' und zu Anfang mit ‚zitternder' Hand schießenden, eindeutig einer ‚alten' Welt entstammenden Ulanenrittmeister Urpadinsky unterliegt (vgl. ebd., 886), während der junge, unmittelbar vor seinem „letzten Staatsexamen" (ebd., 884) vermutlich als Jurist stehende Eißler seinerseits eine „Nebenfigur" bleibt, die erst im Nachhinein und allein im Medium der Erinnerung an Kontur gewinnt. Dabei sprechen auch die im Rahmen von Eißlers Erzählung vergleichsweise ausführlich dargestellten, die Grenze zwischen erlebendem und erzählendem Ich aufhebenden, weil im Präsens ‚erinnerten' Träume von einer Flucht mit Agathe oder auch einem Zweikampf mit Loiberger gegen eine einfache ‚Historisierung' des erzählten Geschehens (zur Bedeutung der Träume und zur Motivstruktur der Erzählung vgl. Martens 1990). In der vorliegenden Form beschränkt sich auch diese Novelle also nicht auf eine der eigenen Gegenwart enthobene Bilanz im Blick auf eine längst vergangene Epoche, „eine umfassende und zugleich distanzierte Abrechnung mit einem Wertsystem, das im Duell in nuce zusammengefasst ist" (Perlmann 1987b, 202). Die Frage inwieweit dieser Blick auf den Text sich verändert, wenn man beachtet, wie und mit welchen Konsequenzen der Autor seine Erzählung in den letzten Monaten seines Lebens noch einmal umzuarbeiten versuchte, wird wohl erst mit der Hilfe einer historisch-kritischen Edition von *Der Sekundant* zu beantworten sein, die die Genese der Textfassungen dokumentiert. Möglich wäre auf diese Weise dann jedenfalls ein genauerer Einblick in die offensichtlich qualvolle Arbeit des alten Autors an der literarischen Imagination einer Figur, die ihre sprachliche Ohnmacht nur im Nachhinein und erst in der Erinnerung an eine verlorene Zeit zu überwinden vermag.

5. Ein „Spezialist der kleinen Form"? Oder: Schnitzlers Beiträge zur Gestalt des modernen Romans

5.1 Zum literaturhistorischen und gattungstheoretischen Kontext von Schnitzlers Erzählen

Betrachtet man das erzählerische Gesamtwerk Arthur Schnitzlers, so besteht dieses über einen Zeitraum von rund vierzig Jahren hinweg entstandene Werk mehrheitlich aus Texten von kürzerem bis mittlerem Umfang. Damit entspricht es schon rein äußerlich einem gewissen „Tiefstand des Romans um 1900" (Koopmann 2008, 343) und einer allgemeinen literaturhistorischen Tendenz, der zufolge die Produktion von ‚Kurzer Prosa' im Verlauf des 19. Jahrhunderts stetig ansteigt und „nach 1900 einen Höhepunkt" erreicht (Sorg 2008, 369). Im Einzelnen handelt es sich bei Schnitzlers Erzählungen überdies um Werke, die zumeist nur einen vergleichsweise schmalen Ausschnitt von erzählter Zeit umfassen und die eine in irgendeiner Hinsicht besondere, aus dem Strom der Zeit herausragende Begebenheit umkreisen. Dem „Kult des Augenblicks um 1900" (ebd., 380), dem zeittypischen Interesse für offene Formen oder auch den Sprachexperimenten von Naturalismus und Expressionismus folgt Schnitzler allerdings nie mit der Radikalität anderer zeitgenössischer Autoren wie etwa Peter Altenberg, Carl Einstein (1885–1940), Arno Holz (1863–1929) oder Robert Walser (1878–1956). In keiner Phase seines Schaffens besteht das erzählte Geschehen aus – im Extremfall – rein seriell, d. h. chronologisch aneinandergereihten Ereignissen. Zumindest im Ansatz ist es immer zu einem ‚Plot' im Sinne einer mehr oder minder deutlich konturierten, ein „Ganzes" darstellenden Geschichte mit „Anfang, Mitte und Ende" (Aristoteles 1982, 25) geordnet, in der die dargestellten Ereignisse nicht grundlos aufeinander, sondern nach bestimmten – wenn auch im Einzelfall nicht immer eindeutig zu ermittelnden – Regeln auseinander folgen. Dass nicht nur die Form des jeweiligen Erzählens, sondern auch der Aufbau des erzählten Geschehens in den von Schnitzler entworfenen Geschichten höchst ausgeklügelt ist, mit Wiederholungen und Variationen von bestimmten Handlungsfolgen, von Themen, Situationen und Figuren(gruppen) arbeitet und sich in vielen Fällen im Grunde an einem „narrativen 3-Phasen-Modell" (Lukas 1996, 15, vgl. auch Lukas in HB, 40–43 u. 327–337) orientiert, hat der Blick auf seine Erzählungen in den letzten drei großen Kapiteln gezeigt.

Zu seinem Interesse für typisierte Figuren und soziale Konstellationen, für Geschehensmuster und ihre Modulationen passt, dass der Wiener Autor ähnlich wie Hugo von Hofmannsthal, die Brüder Mann, Stefan Zweig und andere bedeutende

5.1 Zum Kontext von Schnitzlers Erzählen

Autoren der Klassischen Moderne im Feld der ‚Kurzen Prosa' das Genre der um eine ‚unerhörte Begebenheit' gebauten Novelle bevorzugt. Die zeittypische „Dominanz der Novelle im Bereich des epischen Erzählens" (Koopmann 2008, 343) gilt auch für den Erzähler Schnitzler – selbst wenn er die Gattungskonvention einer klassisch geschlossenen, durchkomponierten ästhetischen Form zuweilen ironisch bricht und im Blick auf die Gattungszugehörigkeit seiner Texte im Einzelfall nur von Novelletten oder gar „Novellettchen" (an Hugo von Hofmannsthal, 2.8.1893; Hofmannsthal-BW, 42) spricht. Zumindest im Ansatz aber folgen seine bislang hier ausführlich behandelten Werke alle der Form der Novelle, also interessanterweise auch *Lieutenant Gustl* und *Fräulein Else* und damit die beiden „Monologerzählungen", die gerade keiner bestimmten ästhetischen Gestalt, sondern allein der möglichst ‚realistischen', d. h. unmittelbaren und ‚objektiven' Darstellung von Bewusstseinsvorgängen verpflichtet scheinen (vgl. Zenke 1976, bes. 57–84). Die Poetizität dieser und anderer Texte und damit die Tatsache, dass ihre Form – wie jede poetische Form – künstlich ist und der „chaotischen Wahrheit" (AB, 26) des Lebens nicht entspricht, wird in den Texten selbst überdies mittelbar reflektiert oder doch zumindest angedeutet: Zur Komposition von *Lieutenant Gustl* und *Fräulein Else* gehören so z. B. facettenreiche intermediale Bezüge auf jeweils ein Musikstück, das Leutnant Gustl zu Beginn und Fräulein Else am Ende der erzählten Geschichte hören; die Komposition der als „Doppelgeschichte" angelegten *Traumnovelle* wird durch einen markierten intertextuellen Bezug auf ein Märchen aus *Die Erzählungen aus den Tausendundeinen Nächten* bezeichnet. Auch wenn man Schnitzler als einen „Meister psychologischen Erzählens" (Sprengel 1998, 283) versteht und ihn als einen der wichtigsten Vertreter für einen Prozess der „Figuralisierung" (Schmid 2008, 193) des Erzählens in der Klassischen Moderne betrachtet, gilt es also zu berücksichtigen, dass es neben einer kausalen Motivierung immer auch eine ästhetische Motivierung des Geschehens in seinen Geschichten gibt und dass deren Gestalt genrespezifischen Kompositionsprinzipien folgt (zur Frage der Motivierung und der entsprechenden Begrifflichkeit vgl. Martínez/Scheffel 2012, 114–122).

Wie steht es nun um Schnitzlers Verhältnis zur umfangreichsten Gattung der erzählenden Prosa, dem Roman? Ist Schnitzler tatsächlich, wie schon zu seinen Lebzeiten gern behauptet wurde, nur als ein „Spezialist der kleinen Form" hervorgetreten (an Samuel Fischer, 17.4.1907; BR I, 559; ähnlich z. B. TB, 22.2.1909), der die weit nach der Jahrhundertwende etwa von Thomas Mann programmatisch zur „repräsentativen Kunstform der Epoche" (T. Mann 1990b, 359) erklärte Großform des Romans nicht überzeugend auszufüllen verstand? Auch aus heutiger Sicht ist die Antwort nicht selbstverständlich. Eine angebliche Nähe zum impressionistischen Erzählen (vgl. z. B. Allerdissen 1985) sowie der vergleichsweise geringe Umfang der Mehrzahl seiner Werke hat zu der bis heute verbreiteten Einschätzung geführt, dass der Erzähler Schnitzler nur in den kurzen Prosaformen heimisch sei. Die Tatsache, dass der Autor in jahrelanger Arbeit zwei seinerzeit überdies sehr erfolgreiche Romane vollendete und das Projekt eines weiteren

Romans über einen großen Zeitraum seines Lebens hinweg verfolgte (zu dem postum als Fragment veröffentlichten *Theaterroman* vgl. Sander in HB, 161 f.), wird in diesem Zusammenhang in aller Regel ausgeblendet. In älteren, längst kanonisch gewordenen Spezialabhandlungen etwa zur *Theorie des Romans* (Hillebrand 1972) oder *Zur Theorie des modernen Romans* (Schramke 1974) werden Schnitzlers Romane offensichtlich nicht zu den in irgendeiner Weise bemerkenswerten Vertretern ihres Genres gezählt und demzufolge nicht behandelt, ja nicht einmal erwähnt, und in literarhistorischen Darstellungen werden sie tendenziell als – jedenfalls in formaler Hinsicht – zweitrangig gegenüber den ‚bedeutenderen' Dramen und Erzählungen des Autors bewertet (z. B. Sprengel 2004, 243; als Ausnahme vgl. die ausdrücklich dem „Romancier" Schnitzler gewidmeten Untersuchungen von Kiwit 1991 u. Koch-Didier 2000). Ob ein solches Urteil berechtigt ist, wird noch zu klären sein. Schon auf den ersten Blick allerdings scheint es, als ob ein Autor, der sein Schreiben als konsequente Erkundung der „psychischen Realitäten" (PSY, 283) anlegt und der zugleich ein großes Zeittableau entfaltet, indem er Werk für Werk unterschiedliche soziale Typen und Charaktere in den Mittelpunkt rückt, ebenso interessante wie zeitgemäße, wenn nicht gar innovative Romane hätte schreiben können. Grundsätzlich entspricht der mit seinem Ansatz verbundene Prozess einer „Verinnerung" des Erzählens (vgl. Zenke 1976, bes. 15–19) jedenfalls genau dem Prinzip, das der bereits zitierte, als Romancier weltweit gefeierte Thomas Mann in seinem berühmten, einige Jahre nach Schnitzlers Tod im amerikanischen Exil gehaltenen Vortrag *Die Kunst des Romans* (1939) als Voraussetzung für die Entwicklung des modernen Romans ansah und das er selbst „Verinnerlichung" nannte (T. Mann 1990b, 356). Der von Mann in diesem Zusammenhang als Autorität und Kronzeuge zitierte Philosoph Arthur Schopenhauer (1788–1860) hat dieses Prinzip in § 228 seiner *Parerga* (*Zur Metaphysik des Schönen und Ästhetik*) schon mehr als ein Jahrhundert zuvor im historischen Denkkontext von Idealismus und Romantik wie folgt formuliert und erläutert:

> Die Aufgabe des Romanschreibers ist nicht, große Vorfälle zu erzählen, sondern kleine interessant zu machen.
> Ein Roman wird desto höherer und edlerer Art seyn, je mehr *inneres* und je weniger *äußeres* Leben er darstellt; und dies Verhältniß wird, als charakteristisches Zeichen, alle Abstufungen des Romans begleiten, vom Tristram Shandy an bis zu rohesten und thatenreichsten Ritter- oder Räuberroman herab. [...] Selbst die Romane Walter Scotts haben noch ein bedeutendes Uebergewicht des innern über das äußere Leben, und zwar tritt Letzteres stets nur in der Absicht auf, das Erstere in Bewegung zu setzen; während in schlechten Romanen es seiner selbst wegen daist. Die Kunst besteht darin, daß man mit dem möglichst geringsten Aufwand von äußerm Leben das innere in die stärkste Bewegung bringe: denn das innere ist eigentlich der Gegenstand unseres Interesses. (Schopenhauer 1972, 469)

Das innere Leben als der eigentliche Gegenstand „unseres Interesses" – damit ist zweifellos das Themenfeld bezeichnet, das zunehmend gezielt ins Blickfeld auch der allermeisten ambitionierten Romane der Klassischen Moderne rückt. In welcher Weise der Romanautor Schnitzler seinem in so vielen Erzählungen in so unterschiedlichen Formen gestalteten Interesse an genau diesem Themenfeld literarischen Ausdruck verleiht, bleibt nun im Einzelnen zu ermitteln. Bei dieser Gelegenheit wird auch zu zeigen sein, dass sich die beiden von der Forschung in aller Regel nur getrennt voneinander gelesenen Romane *Der Weg ins Freie* und *Therese. Chronik eines Frauenlebens* bei allen thematischen Unterschieden wie Stück und Gegenstück, wie zwei unterschiedliche und in gewisser Weise zugleich komplementäre Versuche und Beiträge zur Form des zeitgenössischen Romans verstehen lassen.

5.2 *Der Weg ins Freie* (1908)

Entstehung und Erstdruck

Wie so viele seiner Werke wirkt auch Schnitzlers erster publizierter Roman mit leichter Hand verfasst, ist in Wirklichkeit jedoch in qualvoller und von Selbstzweifeln überschatteter Arbeit entstanden. „Wie schön war dieser Roman, – eh ich ihn geschrieben habe!" Das niederschmetternde Gefühl, ein Bild vor Augen zu haben und seinem „innern Reichtum" nicht angemessen Ausdruck verleihen zu können, so schreibt Schnitzler im Sommer 1908 an Georg Brandes, habe ihn wiederholt verzweifeln lassen. „Jetzt aber", da der Roman fertig sei, schätze er „ihn höher als alles was ich bisher gemacht" (4.7.1908; Brandes-BW, 97).

Chronologisch gesehen gehört der Roman nach der hier vorgenommenen Einteilung in die „mittlere Schaffensphase" seines Autors (1900–1918), gleichwohl reichen erste Ideen zum Sujet in das Frühjahr 1895 und damit bis zu Schnitzlers Anfängen als Schriftsteller und seinen turbulenten Junggesellenjahren zurück. Laut Tagebuch befasst der Autor sich zu dieser Zeit u. a. mit der folgenden Frage: Wie verhalten sich die bürgerlichen Eltern eines kränkelnden, noch jungfräulichen Mädchens, dem die Ärzte seit Jahren zu „heiraten" raten und das sich nun nicht von einem Ehemann, sondern von einem Geliebten befriedigen lässt? Marie Reinhard, eine seit Monaten umworbene Gesangslehrerin aus gutbürgerlichem Hause (zu Person und Geschichte Marie Reinhards im Einzelnen vgl. Lacher 2014, 151–241), die Schnitzler seit einigen Tagen zu den „Märzgefallenen" (TB, 13.3.1895) zählt, antwortet sinngemäß: ‚Wenn meine Eltern es erführen, wären sie nicht nur wütend, das würde mich nicht genieren, sondern unglücklich.' Der junge Dichter notiert diese Antwort Ende März 1895 und kommentiert: „Darin liegt ein Stück" (ebd., 24.3.1895). Schnitzlers späterer Arbeitstitel dafür lautet: „Die Entrüsteten" (vgl. Urbach 1974, 118; vgl. den Brief an Georg Brandes vom 4.7.1908; Brandes-BW, 96; im TB erstmals am 18.4.1897). Wie in vielen anderen Fällen skizziert Schnitzler seine Idee, führt sie aber zunächst nicht aus. Das ändert sich, als Marie Reinhard schwanger wird. Das unverheiratete Paar flüchtet vor den Blicken der Wiener Gesellschaft, und Schnitzler entwirft im Frühjahr 1897 in Paris und nach seiner Rückkehr im Sommer und Herbst desselben Jahres in Wien erstmals Szenarium und Figuren „zu den ‚Entrüsteten', die das Thema des Verh.

von Mann zu Weib relativ abschließend und mit Heiterkeit und Überlegenheit behandeln sollen" (ebd., 29.6.1897). Nach der Totgeburt des verheimlichten Kindes im September 1897 und der Trennung von Marie Reinhard (die 1899 an den Folgen eines Blinddarmdurchbruchs stirbt) nimmt Schnitzler sich den Stoff im Sommer 1900 noch einmal vor. Es folgen ausführlichere Skizzen zu einer Komödie, die neben der Geschichte eines unverheirateten Liebespaars offenbar etliche Figuren des späteren Romans bereits in Umrissen enthält (vgl. an Georg Brandes, 4.7.1908; Brandes-BW, 96 f.). Der sich laut Tagebuch ab 1901 abzeichnende Plan einer Um- und Ausarbeitung des Stoffes zu einen Roman (vgl. TB, 17.2., 10.8.1901 u. 6.6.1902) fällt dann mit einem anderen einschneidenden Ereignis in Schnitzlers Leben zusammen: seinem um 1900 beginnenden Verhältnis mit der Schauspielschülerin Olga Gussmann und einer erneuten Vaterschaft. Nachdem Olgas erste Schwangerschaft im Mai 1901 aus medizinischen Gründen beendet werden musste, wird Schnitzler im August 1902 Vater eines gesunden Sohnes. Noch am selben Tag vermerkt er im Tagebuch: „Um vier kommt der Bub auf die Welt. – [...] Beginn um 5 den Roman [...] zu schreiben.–" (ebd., 9.8.1902). Nach mehreren Neuanfängen und wiederum mit verschiedenen Unterbrechungen vollendet Schnitzler sein Werk im Wesentlichen in den Jahren zwischen 1904 und 1907, d. h., nachdem er Olga nach einigem Zögern im August 1903 geheiratet und eine Familie im bürgerlichen Sinn gegründet hatte. Letzte Arbeiten am Ende des Romans unternimmt er noch im Januar 1908, nachdem der Zeitschriftenvorabdruck schon begonnen hatte.

Obwohl der Ullstein Verlag und andere Verlage sich mit durchaus attraktiven Angeboten ebenfalls um das Werk bemühten, gibt Schnitzler die Rechte nach kurzen Verhandlungen nicht zuletzt „aus praktischen Gründen" (ebd., 22.10.1907) im Herbst 1907 an seinen Hauptverleger Samuel Fischer (vgl. Fischer-BW, bes. 69–83), in dessen Verlag der Roman dann trotz gewisser Irritationen (da Fischer darum gebeten hatte, das erste Kapitel für den Zeitschriftenvorabdruck zu streichen; vgl. TB, 12.11.1907; vgl. auch Fischer-BW, 73–76) von Januar bis Juni 1908 in den ersten sechs Heften der *Neuen Rundschau* und unmittelbar anschließend als Buch erscheint.

Zeitgenössische Rezeption und Schnitzlers persönliches Verhältnis zu seinem Roman

Aus kommerzieller Sicht ist der Roman ein so großer Erfolg, dass bis 1929 die beachtliche Zahl von 136 Auflagen gedruckt werden kann (vgl. Urbach 1974, 119); auch von Kollegen und Kritikern wird er durchaus zustimmend aufgenommen, aber es gibt auch negative Reaktionen (detailliert dazu Willi 1989; für einen knappen Überblick vgl. auch Fliedl 2005, 177–183). Abgesehen davon, dass seine Behandlung der „Judenfrage" von unterschiedlichen Standpunkten aus kritisch beurteilt wird (und zwar sowohl von Nichtjuden als gerade auch von Juden), fin-

5.2 Der Weg ins Freie

det er allerdings insgesamt gesehen in den tonangebenden und für Schnitzler wichtigen Kreisen nicht die positive Resonanz, die der Autor selbst sich erhoffte. Sehr reserviert bleibt so z. B. der Schnitzlers Werke oft kommentierende und in vielen anderen Fällen überaus positiv urteilende Hugo von Hofmannsthal, der gegenüber dem Freund und Kollegen – laut dessen Tagebuch – seinerzeit ausdrücklich den Wunsch geäußert hatte „Von Ihnen möchte ich einen Roman lesen" (TB, 27.12.1905). Dass sich ausgerechnet Hofmannsthal dann „befangen" zeigt (ebd., 5.6.1908), von einem „gar nicht glückliche[n] Verhältnis" zu diesem Werk spricht (Brief vom 24.7.1908; Hofmannsthal-BW, 238; vgl. auch TB, 25.7.1908) und Jahre später gar um ein weiteres Exemplar bittet, da er „den Roman damals halb zufällig halb absichtlich in der Eisenbahn" habe liegen lassen (29.10.1910; Hofmannsthal-BW, 256), hat das Verhältnis beider Autoren für einige Zeit nicht unerheblich belastet (vgl. auch Schnitzlers Reaktion und Hofmannsthals entschuldigende und um Beschwichtigung bemühte Antwort: 2.11. u. 7.11.1910; ebd., 256 f. u. 257 f.; sowie die entsprechenden Kommentierungen im Tagebuch: TB, 30.10., 2.11. u. 7.11.1910; dazu und zu Hofmannsthals möglicherweise aus seinem problematischen Verhältnis zum Judentum zu erklärenden Reaktion vgl. Riedmann 2002, 249–253).

Dass die ablehnende Haltung eines langjährigen Weggefährten Schnitzler, wie entsprechende Tagebuchnotizen belegen, besonders tief trifft, hängt wohl auch damit zusammen, dass er eben diesen Roman, wie er an Hofmannsthal schreibt, als die „persönlichste[] meiner Schöpfungen" (2.11.1910; Hofmannsthal-BW, 257) betrachtet. Tatsächlich hat er in ihm nicht nur seine gescheiterte Beziehung zu der maßlos geliebten und dennoch oft betrogenen, nach ihrem Tod zur „Geliebte[n], Freundin und Braut" stilisierten Marie Reinhard zu verarbeiten versucht (an Georg Brandes, 8.5.1899; Brandes-BW, 75). Die Arbeit an diesem Werk hat außerdem seinen komplizierten Weg in die Annahme der Rollen eines Ehemanns und Familienvaters begleitet; während der Arbeit notiert er wiederholt eine bis zu Tränen reichende „Ergriffenheit" bei der Lektüre des eigenen Textes (z. B. TB, 25.2.1905 u. 6.1.1906); und schließlich hat er in und mit diesem Text – in dieser Hinsicht durchaus ähnlich wie in einem sehr viel weiteren Rahmen Marcel Proust (1871–1922) in seinem epochalen, siebenbändigen Roman *À la recherche du temps perdu* (1913–1927) – große Teile der eigenen Lebenswelt in Fiktion verwandelt, d. h., abgesehen davon, dass er Ereignisse in der eigenen Lebensgeschichte für den Kern der erzählten Geschichte nutzt, haben ihm zahlreiche Bekannte und Freunde aus seinem nächsten und weiteren Lebensumfeld als Vorbilder für seine Figuren gedient – wobei er sowohl deren literarische Metamorphosen als auch das Verhältnis von Fiktion und Wirklichkeit in Tagebucheintragungen wiederholt reflektiert (z. B. ebd., 24.10.1904) und mit gewissem Stolz sogar verzeichnet, dass sich dieses Verhältnis im Verlauf des Schreibprozesses in manchen Fällen gleichsam umkehrte und die historischen Personen den nach ihnen entworfenen literarischen Figuren nachzusprechen oder nachzuhandeln schienen (so notiert er z. B. im Blick auf einen seiner Freunde, den jüdischen

Musiker und Gesangspädagogen Leo Van-Jung, 1866–1939: „Seit einigen Tagen tritt die an ihn erinnernde Figur in meinem Roman auf, und ich freue mich, wenn er zu mir die Sachen sagt, die ich schon niedergeschrieben habe.–", ebd., 15.2.1905; für zahlreiche weitere Belege vgl. Riedmann 2002, 229–243).

Aber nicht nur wegen einer ungewöhnlich engen persönlichen Beziehung zu dessen Stoff liegt der Roman seinem Autor besonders am Herzen. Von Anfang an verbindet er mit ihm außerordentliche Ambitionen, die sowohl dem Zuschnitt der erzählten Welt als auch der Leistung und literarischen Qualität seines Textes gelten. Noch am Beginn der Arbeit vermerkt er so z. B. im Tagebuch anlässlich eines Ausflugs zusammen mit Olga und anderen Freunden in den Prater, den das erste Wiener Freiluftkino beherbergenden Vergnügungspark „Venedig in Wien" und das Lokal „Waldsteingarten":

> N[ach]m[ittags]. O. abgeholt; Prater (Wagen) Waldsteingarten; Mirjam, Salten;– ‚Frühlingsluft' (Venaedig in Wien).– Im W.garten die aristokr. Gesellschaft (Montenuovo, Wilczek; etc.) [oben] eine jüdische Hochzeit, mittlere Gesellschaft, da und dort.– Sehnsucht nach meinem Roman. Alles dies einzufangen.– (TB, 31.8.1903)

Nicht allein die Geschichte eines unverheirateten Paares, auch nicht mehr nur das „Verhältnis von Mann und Weib", sondern nicht weniger als ein möglichst umfassendes und genaues Panorama der Gesellschaft und des Lebens in seiner Zeit möchte der Autor also gestalten. Und bei alldem soll sein Werk zugleich allerhöchsten Maßstäben genügen: „Allerdings denk ich mir oft", so notiert er während seiner immer wieder von schweren Schaffenskrisen überschatteten Arbeit am Text, „wird er nicht der beste Wiener Roman – so sollte ich ihn lieber nicht schreiben.–" (ebd., 25.2.1905), und rund ein Jahr später vermerkt er voller Optimismus: „geht es aber weiter wie bisher, so wird dieser Roman auf der großen Linie der deutschen Romane Meister, Heinrich, Buddenbrooks, [...] liegen.–" (ebd., 6.1.1906). Diese hohe Einschätzung des eigenen Werks, das nunmehr in einer Reihe mit drei epochemachenden Romanen von Johann Wolfgang von Goethe, Gottfried Keller und Thomas Mann stehen soll, wird Schnitzler nach Vollendung seines Romans – trotz wiederholter, aber vorübergehender Zweifel im Verlauf der Niederschrift – bis zum Ende seines Lebens beibehalten. Genau ein Jahr nach dem Beginn des Vorabdrucks, am 1. Januar 1909, zieht er im Blick auf sein eigenes Schaffen so z. B. die folgende Bilanz:

> Als Erzähler behaupte ich mich besser wie als Dramatiker; die Novellenbücher werden geschätzt und immer neu aufgelegt; der Weg ins freie viel discutirt, von wenigen ganz verstanden, fand sich in einer Atmosphäre von Unaufrichtigkeit aufgenommen; Böswilligkeit und Verlogenheit machten sich damit zu schaffen; ehrlicher Enthusiasmus und parteiliche Anerkennung sahen sich zuweilen zum Verwechseln ähnlich; der buchhändlerische Erfolg war stark, und im ganzen kam das Buch dem Ansehn meines Namens sehr zu statten. An der Stelle, die ihm gebührt wird der Roman erst in der reineren Atmosphäre späterer Jahre sich behaupten.– (ebd., 1.1.1909)

5.2 Der Weg ins Freie

Als er den Roman später ein weiteres Mal genau liest, um angesichts der ersten Ausgabe seiner „Gesammelten Werke" bei S. Fischer kleinere stilistische Korrekturen vorzunehmen, notiert er: „Das 1. Capitel hat seine Fehler; zu viele Menschen; man kommt nicht nach, hat keine Übersicht. Dann wirds immer schöner. Nach dem 4. Cap. hatte ich die dezidirte Empfindung, daß dieses Buch kaum verstanden und gewürdigt wird.–" (ebd., 30.3.1912). Und gegen Ende seines Lebens verzeichnet der gegenüber den eigenen Werken sonst so überaus kritische, nur einen Teil davon ohne Einschränkungen gelten lassende Autor:

> Zu Haus las ich noch ,Weg ins freie' zu Ende. In den ersten Capiteln war ich recht flau gewesen – ja geneigt, den Widerstand zu begreifen; manches als dilettantisch zu empfinden. Ein paar Capitel aber; und vor allem das letzte;– sind außerordentlich – und auf einer Höhe wie kaum ein zweiter deutscher Roman.– Es ist im weitern und höhern Sinne schmerzlich – (nicht als Eitelkeit-verletzend) dass ein Mensch wie Hugo aus tiefen Snobismen heraus einem solchen Werk gehässig gegenübersteht.– – Wird man die Bedeutung dieses Buchs einmal ganz verstehn?– Wird es ,bleiben' ...? Was heißt ,bleiben'?– (ebd., 13.4.1929)

Unabhängig davon, ob man Schnitzlers Einschätzung im Blick auf die Qualität des eigenen Werks für berechtigt hält, ist ihm doch zumindest insoweit zuzustimmen, dass das Lesepublikum seinem Roman seinerzeit jedenfalls nicht unbefangen begegnet ist, ja wohl auch kaum hatte begegnen können. Denn viele Zeitgenossen haben *Der Weg ins Freie* ganz unmittelbar auf die eigene Lebenswirklichkeit bezogen, d. h., sie haben den Roman – ähnlich wie kurz zuvor im Fall von Thomas Manns *Buddenbrooks* (1901), nur mit dem Unterschied, dass dieses Werk nicht einer kleinen Stadt, sondern einer Metropole den Spiegel vorzuhalten schien – als eine Art Enthüllungs- und Skandalgeschichte gelesen und in den Figuren der erzählten Welt ein Porträt von ihnen in irgendeiner Weise bekannten Personen gesucht. Teils mit gewissem Recht, teils ohne wirklichen Grund glaubten etliche Leser sogar, sich selbst in der fiktiven Welt des Romans wiederzufinden und waren schon deshalb in ihrem Urteil befangen (so z. B. Jakob Wassermann, der sich in der Figur des Heinrich Bermann wiedererkannte). Der mit Wassermann befreundete Moritz Heimann (1868–1925), ein jüdischer Schriftsteller und langjähriger Lektor im S. Fischer Verlag, vermischt so z. B. auf zeittypische Weise moralisches und ästhetisches Urteil, wenn er Ende Januar 1908, nach Lektüre von nicht mehr als zwei Teilen des Romans, in einem – Schnitzler selbst wohl nicht bekannt gewordenen – privaten Brief an seinen Verleger Samuel Fischer schreibt, dass es sich bei dem „Roman von Schnitzler" um einen „indiskreten, feuilletonistischen, höchst peinlichen Roman[]" handele, der, so Heimann weiter, „auf jeder Seite verrät, dass sein Verfasser nur die kleine Form meistert, in der großen verloren ist und oberflächlich fortwurstelt" (31.1.1908; Fischer-BW, 328). Angesichts einer solchen Vorurteilsstruktur des Verstehens half es wenig, dass der Autor selbst sein Werk ausdrücklich nicht als Schlüsselroman verstanden wissen wollte. Thomas Mann ist der öffentlichen, in seinem Fall allerdings weitgehend auf die überschaubaren Grenzen seiner Heimatstadt Lübeck beschränkten Empörung seinerzeit mit dem Essay *Bilse und ich* (1906) begegnet und hat dort unter anderem sehr direkt formuliert: „Fragt nicht immer, wer soll das sein. […] Sagt nicht immer: Das bin ich, das ist jener. Es sind nur Äußerungen des Künstlers gelegentlich eurer. Stört nicht mit Klatsch und Schmähungen seine Freiheit […]" (T. Mann 1990a, 22). Schnitzler dagegen hat – wie auch im Fall anderer Affären wie der um *Lieutenant Gustl* – auf jede öffentliche Stellungnahme verzichtet und sich nur im privaten Umfeld geäußert. Im Ton zurückhaltender, aber der Sache nach ähnlich wie Thomas Mann hebt er so z. B. in einem Brief an Georg Brandes hervor, dass er „ohne Tendenz […] Menschen und Beziehungen" habe „darstellen" wollen, „die ich gesehn habe (ob in der Welt draußen oder in der Phantasie bliebe sich gleich.)" (4.7.1908; Brandes-BW, 97).

Ein Erwartungshorizont, der eine Lektüre als Schlüsselroman beförderte, wurde bei den Zeitgenossen allerdings schon durch die Ankündigung des Romans und die Form seiner Bewerbung geweckt. Die Idee zu einer entsprechenden Anzeige und ihrem Text ging auf eine Initiative des Verlegers Samuel Fischer zurück – und der Autor selbst hat diesen Text dann nur noch einmal insoweit überarbeitet, als er ihren Tenor korrigierte und die ihm „erheblich gegen den Strich" gehenden stereotypischen Schlagworte „Grazie", „Anmut" und „Geist" entfernte (Brief an Samuel Fischer vom 16.11.1907 in Fischer-BW, 78; dazu dass Schnitzler die von Fischer seinerzeit gewünschte und – wie der Verleger ausdrücklich vermerkt – in einem vergleichbaren Fall auch z. B. von Thomas Mann verfasste „Charakteristik des Romans in 10–15 Zeilen" selbst nicht geliefert hatte, vgl. ebd., 74, 75 f. u. 78 f., zit. 74). In der von Schnitzler überarbeiteten, wenn auch nicht uneingeschränkt für gut befundenen Fassung lautete der Text:

> Der erste grosse Roman Arthur Schnitzlers ist zugleicherzeit der erste zeitgeschichtliche Roman des heutigen Wien. Reich bewegte Bilder aus den verschiedensten Gesellschaftskreisen werden vor uns entrollt. Eine Fülle von Gestalten lernen wir kennen, die in der besondern Atmosphäre ihrer Stadt, unter den komplizierten Verhältnissen ihres Landes, zu den mannigfachsten Beziehungen miteinander verknüpft sind. Allerlei Probleme der Zeit werden berührt, insbesondere den Schicksalen der modernen Juden, innerhalb der eigentümlichen Gruppierung der Wiener Gesellschaft, wird mehr noch nach der seelischen als der rein sozialen Seite nachgegangen. Aus heiter leichten Anfängen sich entwickelnd, schreitet die Handlung des Werks mit immer wachsender Lebendigkeit und Kraft zu Geschehnissen von tiefstem Ernste weiter, aus deren Bann der Leser mit weiten und bedeutenden Ausblicken entlassen wird. (An Samuel Fischer, 16.11.1907; ebd., 78; für die vorherige Fassung des Textes vgl. an Arthur Schnitzler, 15.11.1907; ebd., 77)

Vom eigentlichen Inhalt der erzählten Geschichte verrät die naturgemäß als Anreiz zu Kauf und Lektüre gedachte, den „Spannungsreiz[]" (an Samuel Fischer, 13.11.1907; ebd., 76) erhalten wollende und insofern im Wesentlichen nur dem allgemeinen Thema des Romans gewidmete Anzeige nichts. Zu den Besonderheiten von Schnitzlers Werk gehört nun allerdings, dass es – anders als etwa im Fall

5.2 Der Weg ins Freie

von Heinrich Manns 1914 abgeschlossenem, der wilhelminischen Vorkriegsgesellschaft gewidmetem Roman *Der Untertan* (1918) – keine einfache „Handlung", keine leicht zusammenzufassende erzählte Geschichte gibt. Oder anders gewendet: Der Roman hat durchaus einen im Blickpunkt des Erzählten stehenden Protagonisten, aber mit dem erzählten Geschehen, das sich im engeren Sinne mit ihm und seinem Handeln verbindet, ist nur der Bruchteil einer erzählten Welt erfasst, die im Einzelnen zahlreiche Figuren und viele unterschiedliche Ereignisse versammelt. Beschränkt man sich auf den Protagonisten und seine Geschichte, ließe sich das entsprechende Geschehen in aller Kürze wie folgt skizzieren:

Plot

Im Blickpunkt des erzählten, nicht datierten, aber zweifellos in der Zeit um 1900 und damit in der nachliberalen Ära des seit 1897 amtierenden Wiener Bürgermeisters Dr. Karl Lueger anzusiedelnden Geschehens steht ein von Herbst bis Herbst reichendes Jahr im Leben des Freiherrn Georg von Wergenthin-Recco, einem jungen, zu Beginn der erzählten Handlung siebenundzwanzig Jahre alten Mann (vgl. ES I, 637). Georg, „ein schöner, schlanker, blonder junger Mann; [...] Germane, Christ", hat nach dem frühen, vor neun Jahren erfolgten Tod der Mutter soeben auch seinen Vater verloren, einen von seinem „freiherrlichen Vermögen[]" lebenden Privatgelehrten und „Ehrenpräsidenten der botanischen Gesellschaft" (ebd.), der „in Innsbruck das Doktorat der Philosophie" abgelegt und der sich „wissenschaftlichen, hauptsächlich botanischen Studien" gewidmet hatte (ebd., 636). Während sein um ein Jahr älterer Bruder Felician nach einem Studium der Jurisprudenz entschlossen eine Karriere als Diplomat anstrebt, hat Georg dieses Studium abgebrochen und mit Billigung des Vaters versucht, „sich seinen musikalischen Neigungen entsprechend weiter zu bilden" (ebd., 637). Auch auf diesem „selbstgewählten Gebiete" war seine „Ausdauer" allerdings „nicht bedeutend" (ebd.). Ohne väterliche Unterstützung muss der als Komponist künstlerisch tätige Georg sich jetzt in der vielgestaltigen Gesellschaft einer Zeit des allgemeinen Umbruchs neu orientieren. Die erzählte Handlung setzt damit ein, dass die zweimonatige, in sozialer Abgeschiedenheit verbrachte Trauerzeit soeben vorüber ist und Georg nun in das Wiener gesellschaftliche Leben zurückzukehren beschließt. Er verlässt das Haus und trifft seine alten Bekannten und Freunde wieder, wobei er dank seiner sozialen Herkunft, Persönlichkeit und eigenen Interessen Zutritt und Kontakt zu ganz unterschiedlichen gesellschaftlichen Kreisen hat, die Juden, Nichtjuden und Vertreter sowohl konservativer als auch progressiver politischer Richtungen umfassen, die durch fast alle sozialen Schichten reichen und zu denen neben Bürgern und Adeligen auch Künstler aller möglicher Arten gehören.
Bald nach Beginn der erzählten Zeit verliebt sich der allgemein angesehene und u. a. von der jüdischen Bankierstochter Else Ehrenberg begehrte Georg in Anna Rosner, eine aus eher kleinbürgerlichen katholischen Verhältnissen stammende junge Frau, die über eine – jedenfalls aus Georgs Sicht – ausneh-

mend schöne Stimme verfügt, das Projekt einer Laufbahn als Sängerin jedoch aufgegeben hat und sich nun als Gesangslehrerin betätigt. Er beginnt ein Verhältnis mit ihr, ein Sohn wird gezeugt und nach einer Italienreise vor den Toren Wiens unter diskreten Umständen geboren, wobei das Kind sich mit der eigenen Nabelschnur erwürgt und insofern tot zur Welt kommt. Georg, der Anna schon vor der Geburt des gemeinsamen Kindes nicht mehr treu gewesen ist, nimmt eine zunehmende Distanz zu Anna ein, die er zu keinem Zeitpunkt wirklich ernsthaft hatte heiraten wollen. Am Ende verlässt er Anna, seine Heimatstadt und all seine Bekannten und Freunde und gibt auch das über Monate hinweg verfolgte Projekt einer mit dem jüdischen Schriftsteller Heinrich Bermann gemeinsam verfassten Oper auf, um nunmehr erstmals einen bürgerlichen Beruf in Gestalt einer Stelle als Hofkapellmeister in Detmold anzutreten.

Ein Entwicklungsroman?

In der vorliegenden Form resümiert, scheint der Roman – zumindest im Ansatz – der Form eines Bildungs- und Entwicklungsromans zu folgen und in dessen Tradition die „Erzählerische Darstellung des Wegs einer zentralen Figur durch Irrtümer und Krisen zur Selbstfindung und tätigen Integration in die Gesellschaft" (Jacobs 1997, 230) zu bieten. Einer solchen Form entspräche denn, dass Schnitzler – der während einer kritischen Phase der Arbeit an seinem Roman überdies im Tagebuch verzeichnet, dass er Goethes *Wilhelm Meister* ‚wiederliest' (vgl. TB, 20.1.1907) – tatsächlich selbst einmal bemerkte, sein Werk schildere „ein Lebensjahr des Freiherrn von Wergenthin [...], in dem er über allerlei Menschen und Probleme und über sich selbst ins Klare kommt" (an Georg Brandes, 4.7.1908; Brandes-BW, 97).

Schon ein genauerer Blick auf die Geschichte Georgs allerdings zeigt, dass auch das Handlungsmodell eines Entwicklungsromans ‚en miniature' geradezu konsequent unterlaufen wird (Janz/Laermann 1977, 167–170). Am Ende verlässt Georg die Gesellschaft, die bislang den Mittelpunkt seines Lebens bildete, und er geht allein und von allen Bindungen befreit nach Detmold, d. h., er heiratet nicht nur nicht, sondern er trennt sich vor seinem Weggang von Wien auch von Anna Rosner; der gemeinsame Sohn stirbt in vollkommener Schönheit bei seiner Geburt, und im Unterschied zu seinem ebenso prinzipienfesten wie zielstrebigen Bruder Felician erweist sich Georg im Verlauf der erzählten Geschichte nicht nur als „ziemlich leichtfertig und ein bißchen gewissenlos" (ES I, 957), sondern auch als ein „Künstler ohne rechte Zucht" (ebd., 789), ein in der Tradition von Frédéric Moreau, dem Protagonisten aus Gustave Flauberts *Éducation sentimentale* (1869) gestalteter Vertreter einer „reine[n] Liebe zur Kunst" (Janz/Laermann 1977, 165), der seine Kompositionsprojekte in aller Regel nicht zu vollenden vermag (zur Bedeutung seines mit Heinrich Bermann geplanten Opernprojekts vgl. Eicher/

Hartmann 1992). Was genau Georgs künftige Stellung in der als musikalisches Zentrum seinerzeit nicht unbedeutenden ostwestfälischen Residenzstadt Detmold für seine weitere persönliche und künstlerische Entwicklung bedeutet, bleibt im Übrigen ungewiss.

„Wohin, wohin?" (ES I, 636) – Diese entscheidende Frage, die der Vater dem Sohn kurz vor seinem Tode stellte und die der Roman am Anfang wie ein Motto zitiert, findet bis zum Ende der erzählten Geschichte jedenfalls keine überzeugende Antwort. Zum Schluss des Romans gehört, dass Georg noch einmal den Friedhof besucht, auf dem das Kind seiner Liebe zu Anna beerdigt wurde, und dass ihm danach „gut und frei zumut" (ebd., 958) ist. Damit schließt sich insofern ein Kreis, als Georg schon in der Anfangsszene – nach dem Ende der auf den Tod seines Vaters folgenden Trauerzeit – das vergleichbare Gefühl verspürte, „völlig ohne Verpflichtungen" (ebd., 639) und „für Arbeit und Glück bereit wie niemals zuvor" (ebd., 640) zu sein. Tatsächlich hat er in dem geschilderten Lebensjahr aber eben nur zu einem flüchtigen Glück und zu keiner ernsthaften künstlerischen Arbeit gefunden, und es gibt wenig Anzeichen dafür, daß er künftig mit mehr Konsequenz ein Ziel zu verfolgen vermag. Eine Form von Ordnung gelingt Schnitzlers Protagonisten nur in dem rein äußerlichen Sinn, dass er sich schließlich für einen bürgerlichen Beruf entscheidet. Im Innersten bleibt er der gefühllose Ästhet, dem nicht „schöpferische Arbeit", sondern die „Atmosphäre seiner Kunst allein […] zum Dasein nötig" ist (ebd., 921). Anders als es zur Tradition des Entwicklungsroman gehört, ist Georg also – jedenfalls tendenziell – nicht als eine dynamische, sondern als letztlich statische Figur angelegt und in seiner Hinsicht bietet *Der Weg ins Freie* nicht viel mehr als den als Episode konfigurierten Ausschnitt aus einem Leben, dessen Fortgang in einem doch recht umfassenden Sinne offen bleibt.

Ein Roman aus „zwei Bücher[n]"?

In toto erzählt der Roman nicht allein die Geschichte eines Protagonisten, der – anders als sein Autor postulierte – durchaus nicht über sich selbst „ins Klare kommt". Im Rahmen des geographisch weitgehend auf öffentliche und private Orte in der Stadt Wien und einige Ausflugsziele in ihrer Umgebung beschränkten Geschehens wird zugleich ein breit gefächertes Panorama der zeitgenössischen Wiener Gesellschaft entfaltet (wobei der Text im Einzelnen, wie auch andere Werke Schnitzlers, unterschiedliche Datierungsmöglichkeiten zulässt; manche Details etwa deuten auf das Jahr 1898/99 hin, eine Anspielung auf den sechsten Basler Zionistenkongress dagegen legt es nahe, die fiktive Handlung auf die Zeit zwischen Herbst 1904 und Herbst 1905 zu datieren; vgl. ebd., 720, u. Fliedl 2005, 182). Eben diese Mischung aus scheinbarer Entwicklungsgeschichte und einem vor allem der sogenannten „Judenfrage" gewidmeten sozialen Tableau hat man dem Roman wiederholt zum Vorwurf gemacht. „Aber haben Sie nicht zwei Bücher geschrieben?" So fragte seinerzeit schon Schnitzlers langjähriger Briefpartner

Georg Brandes und erläuterte: „Das Verhältnis des jungen Baron zu seiner Geliebten ist Eine Sache und die neue Lage der jüdischen Bevölkerung in Wien durch den Antisemitismus eine andere, die mit der ersteren, scheint mir, in nicht notwendiger Verbindung steht. Die Geliebte ist nicht Jüdin" (Ende Juni 1908; Brandes-BW, 95).

Gibt es wirklich keine Brücke, die von der Geschichte Georgs zum sogenannten „zweiten Buch" nach Brandes, d. h. zur breit angelegten Schilderung der Wiener Jahrhundertwendegesellschaft und insbesondere der Frage des Judentums führt?

Schnitzler selbst hat gegenüber Brandes seinerzeit eingeräumt, dass sein Buch gewissermaßen „zwei Romane" enthalte, darin aber keinen wirklichen Mangel gesehen. „So sorgfältig das Buch componirt war, es ist doch erst so recht *geworden*, während ich es schrieb", erläutert er und fügt hinzu: „Mir war das Verhältnis Georgs zu seiner Geliebten immer geradeso wichtig, wie seine Beziehung zu den verschiedentlichen Juden des Romans" (4.7.1908; ebd., 96). Berücksichtigt man die Entstehungsgeschichte von *Der Weg ins Freie* wird verständlich, warum der Autor dem Verhältnis von Georg und Anna solche Bedeutung beigemessen hat. Mit ihm hat Schnitzler offensichtlich seine gescheiterte Beziehung zu Marie Reinhard zu verarbeiten versucht, und die Figur der katholischen Anna Rosner ist, so hat man oft genug festgestellt, bis in Details hinein nach ihrem Vorbild modelliert. Gleichwohl steht die Fiktion auch in diesem Fall in keinem einfachen Abbildungsverhältnis zu Schnitzlers eigener Lebensgeschichte. Sieht man von anderen Details ab, so ist vor allem auffällig, dass der Autor keinen Juden, sondern einen christlichen jungen Mann von altem Adel zu Annas Liebhaber macht. Mit der Figur des Georg Freiherrn von Wergenthin-Recco verbindet sich also eine entscheidende Veränderung der autobiographischen Vorlage, und in dem offenbar gezielten Eingriff bei der Gestaltung von Herkunft, Charakter und Lebensumständen des Protagonisten liegt denn auch ein wichtiger Schlüssel für das Verständnis des Romans und seiner Komposition.

Als einen „Dilettant[en] der Kunst und der Liebe und des Lebens", einen „passive[n] Mann", hat ein Kritiker Georg von Wergenthin seinerzeit bezeichnet und in diesen Eigenschaften den „Vater des entscheidenden Fehlers" gesehen: „Wäre eine stärkere Persönlichkeit die Achse des Romans", so erläuterte er, „so käme das Gesetz der künstlerischen Harmonie zur Geltung; ihr Fehlen teilt die Einheit des Gedankens in wirr zerflatternde Episoden auf" (so die Kritik von Hermann Kienzel in der Zeitschrift *Das literarische Echo* vom 1. Oktober 1908 zit. n. Willi 1989, 274). Folgt man der inneren Logik des Romans, so hat der Kritiker aus einer richtigen Beobachtung jedoch die falschen Schlüsse gezogen.

Die letztlich aus einer „inneren Kälte" (ES I, 789) herrührende Bindungs- und Handlungsschwäche des sentimentalen Stimmungsmenschen Georg ist der psychologisch notwendige Grund dafür, daß seine Beziehung zu der bodenständigen, gewissenhaften und auf die Legitimierung ihres Verhältnisses bedachten Anna scheitert (zum Motiv der Mesalliance in diesem Zusammenhang vgl. Wu 2005, bes. 212–286). Vor allem aber sind die Schwächen des als ein halber Held gestalteten Protagonisten ein Kapital, das Schnitzlers Zeitroman meisterhaft zu nutzen versteht. Veranschaulichen lässt sich das am Beispiel von Georgs erstem gesellschaftlichem Auftritt, seinem Besuch bei der Familie Rosner im ersten Kapitel. Für die Entwicklung der Liebesgeschichte zwischen Georg und Anna ist diese Szene von Bedeutung, weil Georg hier Anna nach längerer Zeit erstmals wiedersieht, ihre Schönheit neu entdeckt, sie zu begehren beginnt und sich mit ihr zu einem ersten Rendez-vous verabredet. Zugleich werden in dieser Szene jedoch weitere Figuren eingeführt. Deren Konstellation und Konfiguration wiederum ist dysfunktional für die Entfaltung der Liebesgeschichte, wohl aber höchst funktional für die Reflexion der Ausgangsfrage des Romans nach dem „Wohin". Denn Schnitzler nutzt die Zusammenstellung der Figuren und die Art und Weise ihrer Interaktion, um all die Merkmale einer Gesellschaft im Übergang von alten Sicherheiten zu neuen Ungewissheiten zu exponieren (vgl. Janz/Laermann 1977, 155 f.).

In der Wohnung der kleinbürgerlichen Rosners in der Paulanergasse im IV. Wiener Bezirk trifft Georg neben den Mitgliedern der katholischen Familie Rosner auch einen alten jüdischen Arzt und dessen Sohn, wobei schon in dieser kleinen Figurengruppe zeittypische Spannungen deutlich werden. Für den alten Rosner, einen Büroangestellten, sind sowohl der Freiherr von Wergenthin als auch der alte Doktor Stauber gesellschaftliche Leitbilder, den sozialen Umgang mit ihnen versteht er als Ehrung. Der in seinem Verhalten symbolisierte soziale Konsens, wie er zur Ära des nach 1848 entstandenen und noch bis 1897 reichenden Liberalismus gehört, ist in der nächsten Generation offenbar aufgekündigt. Zum realhistorischen Hintergrund dieser Entwicklung gehört, dass man 1897 den erklärten Antisemiten und Mitbegründer der vor allem die Interessen des Kleinbürgertums vertretenden Christlichsozialen Partei Karl Lueger zum Wiener Bürgermeister wählte, zu gleicher Zeit die in erster Linie von der Arbeiterschaft unterstützten Sozialdemokraten erste Erfolge feierten und parallel dazu Theodor Herzl seine positive Einstellung gegenüber der Möglichkeit einer Assimilation und Konversion von Juden änderte und den ersten großen zionistischen Kongreß in Basel organisierte. Im Rahmen von Georgs erstem Besuch bei Rosners werden diese historischen Ereignisse nicht unmittelbar angesprochen, aber mittelbar reflektiert. So äußern sich die entsprechenden Polarisierungstendenzen etwa darin, dass Doktor Staubers Sohn Berthold sich aus den bürgerlichen Kreisen, in denen sein Vater „eine ausgebreitete Praxis übte" (ES I, 660), zurückgezogen hat und als Parlamentsabgeordneter für die Sozialdemokratie kämpft, für die sein liberal gesinnter Vater wiederum kein Verständnis hat. Der Sohn des alten Rosner, Annas Bruder Josef, ist dagegen in das christlichsoziale Lager gegangen, das gemeinsam mit den Deutschnationalen sowohl die Sozialdemokraten bekämpft als vor allem auch die Juden als Verkörperung des österreichischen Liberalismus. Anna Rosner wiederum ist frei von der Aggressivität und dem dogmatischen Antisemitismus ihres Bruders und vertritt eine dritte, gemäßigt konservative Position. In diesem Sinne findet sie den Kreis der jüdischen Ehrenbergs „nicht besonders sympa-

5. Beiträge zur Gestalt des modernen Romans

thisch" (ebd., 650) und spricht davon, dass ihr seit einiger Zeit eine „gewisse innere Übereinstimmung" (ebd., 655) zu der ebenfalls jüdischen Therese Golowski fehle, die als eine Führerin der sozialdemokratischen Partei agiert.

Wo aber steht Georg in dem skizzierten Spannungsfeld? Es ist bezeichnend, dass Schnitzlers Protagonist zu keinem Zeitpunkt Stellung bezieht und sich von allen tagespolitischen Ereignissen fernzuhalten versucht. Auf Josefs Einladung, sich zur Frage der „Israeliten" zu äußern, antwortet er ebenso ausweichend wie „verbindlich" (ebd., 650), die Parlamentsberichte verfolgte er nach eigenen Angaben „nicht so regelmäßig, als man eigentlich müßte", die in der erzählten Welt des Romans als prominente Sozialdemokratin eingeführte Therese Golowski hält er „für eine angehende Schauspielerin" (ebd., 655), und als Berthold Stauber mit Bitterkeit davon berichtet, dass man ihm im Parlament „Jud halts Maul" zugerufen habe, beschränkt sich Georgs Antwort auf ein verlegenes „O" (ebd., 657). Eben diese Eigenschaft Georgs, passiv zu bleiben und sich in keiner Weise festzulegen, nutzt Schnitzler, um im Rahmen der ersten Gesellschaftsszene seines Romans scheinbar nebenbei ein Problem in den Blick zu rücken, das sowohl die zeitgenössische Gesellschaft als auch die Form ihrer narrativen Konfiguration durch den Autor bestimmt.

Als der alte Stauber den Hinweis seines Sohnes auf eine entfernte, nur durch endlose Ausführungen zu erläuternde Verwandtschaft mit der auch Georg gut bekannten Familie Ehrenberg durch die Bemerkung ergänzt, dass der „Herr Baron" wohl wisse, „daß alle Juden miteinander verwandt" seien, bleibt Georg stumm und antwortet mit einem scheinbar liebenswürdigen Lächeln. „In Wirklichkeit aber", so ergänzt die Stimme einer heterodiegetischen narrativen Instanz, ist Georg „eher enerviert", dass ihm nun auch der alte Doktor Stauber „offizielle Mitteilung von seiner Zugehörigkeit zum Judentum" macht (ebd., 661). Und unmittelbar anschließend lässt der Autor seinen Protagonisten denken:

> Er wußte es ja, und er nahm es ihm nicht übel. Er nahm es überhaupt keinem übel; aber warum fingen sie denn immer selbst davon zu reden an? Wo er auch hinkam, er begegnete nur Juden, die sich schämten, daß sie Juden waren, oder solchen, die darauf stolz waren, und Angst hatten, man könnte glauben, sie schämten sich. (Ebd.)

Nicht ein Kommentar des Erzählers, sondern der Blick in das hier in Gestalt der erlebten Rede dargestellte Bewusstsein des Protagonisten lenkt die Aufmerksamkeit des Lesers auf die psychologische Dimension einer sozio-kulturellen Frage, die sich in der Jahrhundertwendegesellschaft des Vielvölkerstaats Österreich-Ungarns durch die allgemeinen Nationalisierungs- und Polarisierungstendenzen in ebenso spezifischer wie dramatischer Weise verschärft.

5.2 Der Weg ins Freie

Figuralisierung und die Identitäts- und „Judenfrage"

Das für seinen Erzählansatz grundlegende Prinzip der „Figuralisierung" (Schmid 2008, 193) verbindet Schnitzler in *Der Weg ins Freie* also mit dem Blick eines in seinen Gefühlen tendenziell wenig empathischen und in zentralen Fragen seiner Zeit scheinbar unbeteiligten Protagonisten. Diese Kombination wiederum nutzt er, um den schmerzhaften Prozess einer kulturellen Ausdifferenzierung im Innern einer sozialen Gemeinschaft auf dem Weg in die Moderne zu verfolgen und vor diesem Hintergrund sowohl die Frage nach dem Selbstverständnis des einzelnen Subjekts als auch die nach einer spezifisch jüdischen Identität zu erörtern (zur Bedeutung von Wagners wie ein „Leitmotiv in Georgs Geschichte" eingeflochtener Operntragödie *Tristan und Isolde* in diesem Kontext vgl. Fliedl 2005, 181; detailliert dazu und zur allgemeinen Bedeutung der Musik im Kontext des Romans zuletzt Riedl 2014). Die besondere Haltung eines Ästheten, der ein möglichst interesseloses Wohlgefallen an Dingen und Menschen sucht, verbunden mit einer sozialen Herkunft, die ihm den Zugang zu fast allen Kreisen der Gesellschaft erlaubt, ermöglichen es Schnitzler, seinen Protagonisten wie einen Spiegel einzusetzen, der die „komplizierten Verhältnisse" des zeitgenössischen Lebens gebündelt reflektiert (wobei die Erzählperspektive nicht konsequent, aber doch weitgehend auf eine ‚Mitsicht' mit Georg begrenzt ist und in der Welt seines sozialen Handelns im Wesentlichen nur die Milieus von Hofadel und Arbeiterschaft ausgespart bleiben; Janz/Laermann 1977, 155–162; in welchem Ausmaß die ‚Mitsicht' mit dem Protagonisten die Darstellung auch von Gegenständen in der erzählten Welt prägt, zeigt z. B. Willi 1989, 24–30). Im Blick auf seine jüdischen Gesprächspartner ist dabei auch von Bedeutung, dass Georg offenbar bereits durch seine bloße Erscheinung das Bewusstwerden einer Differenz und damit die Frage nach der eigenen Identität provoziert. „Ein Herzensbezwinger ohnegleichen", so beschreibt Berthold Stauber die Wirkung Georgs auf viele Juden, „[...] ein schöner, schlanker, blonder junger Mann; Freiherr, Germane, Christ – welcher Jude könnte diesem Zauber widerstehen ..." (ES I, 409). Sieht man von Georgs eigener, jeweils stimmungsabhängiger Stellung zu den Juden ab (einmal erscheinen ihm diese „jüdisch-überklugen schonungslos-menschenkennerischen Leute" als eine „unbequeme Gesellschaft", ebd., 844; ein andermal fühlt er sich ihnen „verwandter als vielen Menschen, die mit ihm vom gleichen Stamme waren", ebd., 730), so zeigen auch die vielen jüdischen Figuren des Romans ganz unterschiedliche Formen des Umgangs mit ihrer Herkunft (vgl. Nehring 1986 u. Gidion 1998; zu einem möglichen Vorbild für das hier entworfene „Bild des Juden" vgl. Miller 1985; aus historischer Sicht zum Spektrum der Einstellungen auch Pape 2001; zu Gemeinsamkeiten und Unterschieden zu Schnitzlers zweiter großer Auseinandersetzung mit der „Judenfrage" in dem Theaterstück *Professor Bernhardi* von 1912, vgl. Beniston in HB). Unabhängig von der sozialen Stellung des Einzelnen reicht das vorgeführte Spektrum hier vom überzeugten Zionisten (z. B. Leo Goslowski und mit Abstrichen der alte Salomon Ehrenberg) über zahlreiche Varianten der Assimilation (vertreten u. a. durch Therese Golowski, Berthold Stauber sowie die

Künstler Heinrich Bermann und Edmund Nürnberger) bis hin zu einer aggressiven Form von Verdrängung, die letztlich in Antisemitismus und Selbstzerstörung mündet (z. B. Salomon Ehrenbergs Sohn Oskar).

„Für unsere Zeit gibt es keine Lösung, das steht einmal fest", erkennt der jüdische Schriftsteller Heinrich Bermann, der in der erzählten Welt als zentraler Gesprächspartner für Georg dient und der in seiner selbstkritischen Art als Gegenfigur zu diesem angelegt ist. Und im Blick auf die Frage des Judentums ergänzt Bermann:

> Keine allgemeine wenigstens. Eher gibt es hunderttausend verschiedene Lösungen. [...] Jeder muß selber dazusehen, wie er herausfindet aus seinem Ärger, oder aus seiner Verzweiflung, oder aus seinem Ekel, irgendwohin, wo er wieder frei aufatmen kann. Vielleicht gibt es wirklich Leute, die dazu bis nach Jerusalem spazieren müssen... Ich fürche [sic!] nur, daß manche, an diesem vermeintlichen Ziel angelangt, sich erst recht verirrt vorkommen würden. Ich glaube überhaupt nicht, daß solche Wanderungen ins Freie sich gemeinsam unternehmen lassen... denn die Straßen dorthin laufen ja nicht im Lande draußen, sondern in uns selbst. Es kommt nur für jeden darauf an, seinen inneren Weg zu finden. [...] (ES I, 833)

Nicht in Ansehen und sozialer Stellung, sondern in der inneren Haltung des Einzelnen sieht Bermann also den Schlüssel zur Lösung der sogenannten Judenfrage. Wie aber findet man seinen „inneren Weg" ins Freie, und verspricht dieser Weg denn wirklich eine Lösung? Auch hier gibt Schnitzlers Roman keine eindeutige Antwort. Bermann setzt offenbar auf die reinigende Kraft der Selbstanalyse und spricht davon, dass es notwendig sei, „möglichst klar in sich zu sehen, in seine verborgenen Winkel hineinzuleuchten!" (ebd.). Diese Position, die das Heil der Therapie in der Analyse sucht, entspricht in etwa dem, was auch die zeitgenössische Psychoanalyse vertritt. Im Handlungszusammenhang des Romans wird ihr aufklärerischer Optimismus allerdings schon dadurch relativiert, dass der als Sohn, Liebhaber und Künstler in zahlreiche Konflikte verstrickte Bermann selbst zu keiner Zeit als souverän Handelnder, sondern stets als Getriebener erscheint. Während dem Stimmungsmenschen Georg am Ende „gut und frei" zumute ist, bemerkt denn auch der sehr viel mehr seiner selbst bewusste Bermann in derselben Szene wie „greulich" es in seinem Innern aussehe, und er klagt: „Was hilft's mir am Ende, daß in allen meinen Stockwerken die Lichter brennen? Was hilft mir mein Wissen von den Menschen und mein herrliches Verstehen? Nichts... Weniger als nichts" (ebd., 958).

Neben der möglichen Nutzlosigkeit von Erkenntnis nennt Schnitzlers Roman aber noch einen anderen Grund, der den inneren Weg ins Freie zu versperren droht. Als Edmund Nürnberger gegenüber dem alten Salomon Ehrenberg äußert, dass er zwar nicht getauft, aber auch nicht jüdisch, sondern ganz einfach konfessionslos sei und sich auch nicht als Jude fühle, antwortet dieser: „Wenn man Ihnen einmal den Zylinder einschlägt auf der Ringstraße, weil Sie, mit Verlaub, eine etwas jüdische Nase haben, werden Sie sich schon als Jude getroffen fühlen, verlassen

Sie sich darauf" (ebd., 689). Aus historischer Sicht ist dieser sarkastische Hinweis auf die Belanglosigkeit des Selbstverständnisses von Juden nur allzubald in einem um die Jahrhundertwende im Ansatz schon erkennbaren, in seinem Ausmaß aber noch lange nicht absehbaren Sinn bestätigt worden. Im Zusammenhang des Romans ist er außerdem eines von vielen Beispielen dafür, wie minutiös und sorgfältig Schnitzlers Zeitpanorama all die verschiedenen Facetten eines Problems auszuleuchten und sichtbar zu machen versucht – ohne dass die Stimme eines überlegenen Erzählers diese oder jene Position je ablehnen oder sanktionieren würde.

Zeitroman und Ästhetik des Nebeneinanders

Jedes philosophische und moralische System sei nichts als „Wortspielerei" und „Flucht aus der bewegten Fülle der Erscheinungen in die Marionettenstarre der Kategorien", sagt Bermann zu Georg (ebd., 890). Schnitzlers Porträt einer Gesellschaft auf dem Weg in das Zwanzigste Jahrhundert vermeidet eine solche „Flucht" mit faszinierender Konsequenz. Geradezu systematisch verwirklicht Schnitzler in seinem als „Formexperiment" (Willi 1989, 61) angelegten Roman eine höchst moderne Ästhetik des Nebeneinanders, die sich sowohl dem Prinzip einer zielgerichteten Entwicklung der Figuren als auch der eindeutigen Bewertung ihres Verhaltens verweigert. *Der Weg ins Freie* sollte also wohl tatsächlich nicht als ein letztlich formschwaches Werk, sondern als ein ästhetisch konsequent gestalteter Roman gewürdigt werden, der in eine Reihe mit anderen großen Romanen der Klassischen Moderne wie etwa Thomas Manns *Buddenbrooks* oder Rainer Maria Rilkes *Aufzeichnungen des Malte Laurids Brigge* (1910) gehört. Misst man Schnitzlers Werk an der überlieferten Tradition des Bildungsromans, der, wie Friedrich von Blanckenburg (1744–1796) einst formulierte, die „innere Geschichte" eines Charakters in seiner notwendigen Entwicklung zeigen und bis zu einem „beruhigenden Punkte" führen wollte (Blanckenburg 1965, 381 u. 394), dann hat Schnitzler auch der ästhetischen Form des Romans einen ‚Weg ins Freie' gewiesen. Diese Freiheit hat allerdings auch ihren Preis. Rund zehn Jahre nach Erscheinen seines Meisterwerks notiert der wegen angeblicher Dekadenz zunehmend öffentlich attackierte jüdische Autor in sein Tagebuch: „Relativist mag sein, bin ich; der viele, allzu viele Werthe kennt – und sie (vielleicht allzu beflissen, allzu dialektisch) gegen einander abwägt. ‚Glaube' steht nun hoch im Curs. [...] Ja ich bin allerdings ein Dichter für Schwindelfreie.–" (TB, 23.12.1917). Und im Text seines Romans lässt er den in mancher Hinsicht als alter ego seines Autors angelegten Heinrich Bermann am Ende zu Georg sagen:

> Glauben sie mir, [...] es gibt Momente, in denen ich die Menschen mit der sogenannten Weltanschauung beneide. Ich, wenn ich eine wohlgeordnete Welt haben will, ich muß mir immer selber erst eine schaffen. Und das ist anstrengend für jemanden, der nicht der liebe Gott ist. (ES I, 958)

Schnitzlers Art des narrativen Porträts einer Gesellschaft im Wandel führt letztlich also auch in einer ganz grundlegenden Hinsicht weit über die Grenzen von Wien und die Spezifika eines alten Vielvölkerstaates hinaus: All den Anstrengungen, aber auch den Gefährdungen, Unsicherheiten und Möglichkeiten des im Zeitalter „der transzendentalen Obdachlosigkeit" (vgl. Lukács 1994, zit. 32) auf sich selbst zurückgeworfenen modernen Subjekts verleiht die offene Form seines ebenso vielgestaltigen wie konsequent entfabelten Zeitromans in anschaulicher Weise Ausdruck.

5.3 Therese. Chronik eines Frauenlebens (1928)

Entstehung und Erstdruck

Schnitzlers zweiter vollendeter Roman wurde rund zwei Jahrzehnte nach *Der Weg ins Freie* ausgearbeitet und kann insofern als ein Spätwerk gelten, an dem sein Autor in den zwanziger Jahren z. T. zeitlich parallel zu den Erzählungen *Traumnovelle*, *Die Frau des Richters* und *Spiel im Morgengrauen* schrieb. Wie im Fall von *Der Weg ins Freie* ist die Entstehungsgeschichte allerdings kompliziert, und auch hier reicht eine Kernidee für den Stoff in die Zeit von Schnitzlers Anfängen als Schriftsteller zurück.

Am Ursprung der Genese von *Therese* steht Schnitzlers erste Veröffentlichung bei S. Fischer, die im Sommer 1889 entstandene, Anfang 1892 in der als Leit-Organ des Naturalismus geltenden Berliner *Freien Bühne für den Entwicklungskampf der Zeit* erschienene kurze Novellette *Der Sohn. Aus den Papieren eines Arztes* (vgl. dazu Trilcke in HB, 167 f.). In ihr erzählt ein Arzt, wie er in einer Wiener Vorstadt ans Krankenbett einer armen, von ihrem Sohn mit einem Beil tödlich verletzten Frau gerufen wurde. Diese gesteht ihm, dass sie eine „Verbrecherin" (ES I, 94) gewesen sei, die das uneheliche Kind seinerzeit unmittelbar nach der Geburt hatte ersticken wollen, und möchte ihren zum Mörder gewordenen erwachsenen Sohn mit Hilfe des Arztes vor Gericht entlasten. Der Arzt zweifelt zunächst, ob er diesen letzten Wunsch erfüllen soll, und entschließt sich am Ende, im Sinne der Mutter vor Gericht auszusagen. Der Stoff dieser in sich abgeschlossenen, von ihrem Autor aber offenbar gleichwohl nur als „Skizze" (TB, 5.5.1916) verstandenen Erzählung hat diesen über einen längeren Zeitraum hinweg beschäftigt. Schon 1898 schreibt Schnitzler an Hugo von Hofmannsthal: „Die alte Skizze vom ,Sohn' (Muttermörder) gestaltet sich in mir zu irgendwas aus, was beinah ein Roman sein könnte.–" (15.7.1898; Hofmannsthal-BW, 106; ähnlich TB, 12.7.1898; eine entsprechende Skizze stammt vom 9.7.1898, vgl. Urbach 1974, 135). Laut Tagebuch greift Schnitzler den Stoff im Mai 1916 erneut auf und versucht ihn in den folgenden Monaten zu einer „Novelle" auszuarbeiten (TB, 5.5.1916; später z. B. ebd., 8.10.1916). Im Juli 1918 spricht er im Blick auf den Stand seiner Arbeit an diesem über die Grenzen einer Novelle offenbar bald hinausgewachsenen Projekt von einer „Materialsammlung", die „völlig unmöglich in Form und Stil" sei (ebd.,

5.3 Therese. Chronik eines Frauenlebens

12.7.1918); wenig später notiert er als Konsequenz seines negativen Befunds, dass er nun „von dieser aussichtslosen Arbeit, wahrscheinlich für immer, Abschied nehme..." (ebd., 12.8.1918). Nach einer rund zweijährigen Pause nimmt er sich „den Roman vom Sohn (Mscrpt.), [...], den ich 18 stehen ließ", jedoch erneut vor (ebd., 14.7.1920), und nach einer nochmaligen Re-Lektüre vermerkt er weitere zwei Jahre später: „Es ist doch viel gutes darin und fast schien es mir der Mühe werth, die Sache auszuarbeiten und zu vollenden.– Die ‚soziale' Note interessirt mich jetzt daran;– vielleicht im Zusammenhang mit Wucki.–" (ebd., 19.9.1924; „Wucki" meint die über acht Jahre hinweg bei den Schnitzlers angestellte Kinderfrau Hermine Simandt, 1868–1952, die der Autor nach einigem Hin und Her in diesen Tagen zu entlassen beabsichtigte und die Ende Oktober 1924 „ganz gebrochen" Schnitzlers Haus verläßt, vgl. ebd., 24.10.1924). Kurz darauf verzeichnet er die Wiederaufnahme seiner Arbeit an dem nun konsequent als „Roman" bezeichneten Werk: „– Dictirt ‚Therese' (der Sohn) neu begonnen.–" (ebd., 27.10.1924). Nach einer insgesamt als mühsam empfundenen, von Unterbrechungen gekennzeichneten knapp zweijährigen Arbeitszeit notiert Schnitzler: „Las Nachts den Roman ‚Therese' zu Ende; er hat seine Vorzüge; manches ist noch recht schlampig geschrieben; Kürzungen sind nöthig;– im ganzen wird man ihn wohl publiziren können – abgesehn davon, dass es rein materiell notwendig sein wird.–" (ebd., 21.7.1926). Ein Jahr darauf, nach dem Ende weiterer Feinarbeiten, bilanziert er:

> N[ach]m[ittags]. Roman zu Ende gelesen; ich meine dass er im ganzen gut erzählt ist, seine Qualitäten, allerlei Längen und vielleicht zu viele mattere ja banale Stellen hat. Anfang ist gut, die zweite Hälfte zum Theil sehr gut; am schwächsten manches in der Mitte. Manche ‚Wiederholung' ist Kunstmittel, mehr oder weniger absichtsvoll. Die seelische Haltung einheitlicher als die geistige. (Ebd., 22.7.1927)

Nachdem die *Berliner Illustrierte Zeitung* den Roman für „zu wenig spannend" und allzu „pessimistisch" befand (so jedenfalls resümiert Schnitzler die Reaktion von Vertretern des Ullstein-Verlags, vgl. ebd., 14.11.1927) und auch das *Berliner Tageblatt* nach näherer Prüfung vom Vorhaben eines Vorabdrucks wieder Abstand nahm, erscheint das Werk Anfang 1928 als einer von wenigen Texten seines Autors ohne Vorabdruck als Band V der *Gesammelten Werke* Schnitzlers im S. Fischer Verlag.

Zeitgenössische Rezeption

Entgegen einer gewissen Skepsis des Verlegers, den das Werk offenbar aus strukturellen Gründen an den *Reigen* erinnerte (vgl. den Brief an Heinrich Schnitzler, 2.2.1928; BR II, 526–529, bes. 527; ähnlich TB, 29.11.1927), und nicht zuletzt auch wider die Erwartungen seines Autors wurde der Roman *Therese* schnell zu einem Verkaufserfolg, der noch bis 1939 insgesamt 35 Neuauflagen erfuhr (vgl. z. B. Urbach 1974, 135). „Überraschender Erfolg, Fischer druckt schon neu [...]",

5. Beiträge zur Gestalt des modernen Romans

vermerkt Schnitzler denn auch bereits im Mai 1928 (TB, 23.5.1928). Die zeitgenössische Kritik feiert den „Gouvernanten-Roman" (Auernheimer 1928) teils als „erzählerische[] Meisterleistung" (so z. B. Zuckerkandl 1928, 334 f.), teils moniert sie einzelne Aspekte wie die ‚Schlichtheit' seiner Darstellung (zu entsprechenden Zeugnissen vgl. Kündig 1991, 133–137; vgl. auch Zieger in HB, 159 f.). Sieht man davon ab, dass der junge Alfred Döblin (1878–1957) ausgerechnet den nur in den verwendeten Eigennamen veränderten Anfang von *Therese* als ‚beliebiges' Beispiel nutzt, um in seinem Essay *Der Bau des epischen Werks* – wie Schnitzler kommentiert – „salopp und etwas lausbübisch" gegen den naiven Berichtsstil von ‚traditionell' erzählten Romanen im Allgemeinen zu polemisieren (vgl. Döblin 1929; vgl. dazu TB, 1.4.1929), so haben Freunde und Kollegen Schnitzlers das Werk dagegen nahezu einhellig positiv bewertet. Der gegenüber *Der Weg ins Freie* seinerzeit so skeptische Hugo von Hofmannsthal schreibt so z. B. an „Mein[en] liebe[n] Arthur":

> schon seit ich das Buch gelesen habe, wollte ich Ihnen ein paar Worte über den Roman ‚Therese' sagen. [...] Sie haben nicht auf mich gewartet, um zu hören daß Sie in einer Epoche in der es sehr wenige Meister gibt, ein Meister der Erzählung sind. [...] Die große Lebenserzählung Therese aber hat mich besonders gefesselt und beschäftigt. Schon der Stoff gehört ganz nur Ihnen. Indem Sie diesen Stoff erzählen: das Leben einer Wiener Gouvernante – war schon eine ganze Welt hingestellt, und ein großer Reichtum von Aspecten, Stimmungen, Gefühlen und gedankenhaften Halbgefühlen im verstehenden Leser gesichert. Ganz besonders groß aber tritt Ihr Vorzug, einem Stoff den Rhythmus zu geben, wodurch er Dichtung wird, hier hervor. Eben was dem stumpfen Leser monoton scheinen könnte, daß sich sozusagen die Figur des Erlebnisses bis zur beabsichtigten Unzählbarkeit wiederholt, das hat Ihnen ermöglicht, Ihre rhythmische Kraft bis zum Zauberhaften zu entfalten. Es sind diese Vorzüge, die ein Kunstwerk über viele andere scheinbar ähnliche, bis zur Unvergleichbarkeit erheben, und die es auf lange lebendig erhalten werden. (10.7.1928; Hofmannsthal-BW, 308 f.)

Vergleichbar enthusiastisch äußern sich auch andere Personen in Schnitzlers Umfeld und manchen gilt Therese unter Schnitzlers Werken gar als „bestes überhaupt" (TB, 14.11.1927). Bemerkenswert ist schließlich auch die Reaktion des mit dem Wiener Autor gut bekannten Thomas Mann, der dem „Liebe[n], verehrte[n] Arthur Schnitzler" unmittelbar nach Erscheinen des Romans folgende Zeilen sendet:

> [I]ch muß Ihnen sagen, wie sehr ich Ihre ‚Therese' liebe, diesen Roman, der, wie alle guten und wichtigen heute, keiner mehr ist, und in [sic!] den ich in langsamer, inniger Lektüre in mich aufgenommen habe. Was ich so bewundere, ist die Conception des Buches, das Große, Einfache, Wahre, durchaus Lebensgemäße, die dauernde stille und tiefe Erschütterung durch das Menschliche, ohne Aufwand, ohne Spannung, Konflikte, ‚Knotenschürzung', ‚Erfindung' – lauter Dinge, die als läppisch zu empfinden dies Buch wie kein anderes zu lehren geeignet ist. Und Sie haben dem Menschenleben, wie es ist, wie es meistens ist, eine Sprache zu finden gewußt, schlicht und rein und wahr wiederum, wahr, treffend und scheinbar un-

bewegt, aber von so zwingender Melodik dabei, daß man nach den ersten paar Sätzen weiß: Das lese ich mit Lust zu Ende.
Haben Sie vielen Dank und aufrichtigen Glückwunsch! (28.5.1928; Mann-BW, 25)

Bereits diesen Kommentaren ist zu entnehmen, dass *Therese* wie schon *Der Weg ins Freie* keiner herkömmlichen Romanform entspricht und dass der Text – anders als Schnitzlers erster Roman – keinen episodenhaften Ausschnitt, sondern nahezu die gesamte Spanne eines Lebens präsentiert, ganz abgesehen davon, dass in diesem Fall eine Frau im Blickpunkt des Erzählten steht.

Plot

Therese Fabiani ist die Tochter des Oberstleutnants der k.u.k. Armee Hubert Fabiani und seiner einem „alten Adelsgeschlecht" (ES II, 662) aus Slavonien entstammenden Gattin „Julie" (ebd., 644) bzw. „Julia" (ebd., 745). Die „Chronik" ihres Lebens beginnt in dem Augenblick, da die Familie nach der vorzeitigen Pensionierung des Vaters mit der sechzehnjährigen Therese und ihrem drei Jahre älteren Bruder Karl von Fabianis „letzte[m] Standort Wien" (ebd., 625) nach Salzburg übergesiedelt ist. Die Hoffnungen des Vaters, seinen Ruhestand in einer kleinen Stadt und der sie umgebenden „Natur" (ebd.) zu genießen, erfüllen sich allerdings nicht. Von innerer Unruhe getrieben, verhält er sich zunehmend auffällig, betreibt seine Wiedereinstellung bei der Armee „mit gleichzeitiger Ernennung zum General" und wird, „nach ärztlicher Untersuchung, in die Irrenanstalt gebracht" (ebd., 629), wo sein Zustand sich soweit verschlechtert, dass er seine Angehörigen bald nicht mehr erkennt.
Die innerlich schon zuvor nicht sonderlich eng verbundene Familie Fabiani, die vom Rest der „Oberstleutnantspension" (ebd., 644) auch materiell kaum noch zu existieren vermag, fällt daraufhin auseinander. Karl legt seine „Maturitätsprüfung" ab, kehrt nach einer anschließenden „Ferialreise" nicht mehr nach Hause zurück und beginnt ein Medizinstudium in Wien (ebd., 634), wo er später zu einem führenden Vertreter der christlichsozialen Partei aufsteigt. Die immer schon „um das Hauswesen wenig bekümmert[e]" (ebd., 625) Mutter gibt anrüchige „Abendgesellschaften" (ebd., 632) und versucht, ihre Tochter mit einem alten Grafen zu verkuppeln. Im Übrigen beginnt sie, Trivialromane zu schreiben, die zunehmend erfolgreich sind. Therese, die noch die „vorletzte Lyzealklasse" (ebd., 630) besucht, hofft ihrerseits, dem „Niedergang des Hauses" zu entkommen (ebd., 631), ohne jedoch konkrete Vorstellungen von ihrer Zukunft zu haben. Zur Geschichte ihres Erwachsenwerdens gehört, dass der aus gutem Hause stammende Alfred Nüllheim sie umwirbt und dass sie eine weitgehend platonisch bleibende Liebesbeziehung zu diesem sie als Mann kaum interessierenden Schulfreund ihres Bruders beginnt. Als Alfred ebenfalls nach Wien aufbricht, um dort Medizin zu studieren, wartet Therese jedoch nicht, sondern beginnt eine zunächst geheim gehaltene, bald ungeniert in aller Öffentlichkeit ausgelebte Affäre mit einem jungen

Leutnant, der sie nach kurzer Zeit mit einer Schauspielerin betrügt. Noch vor ihrem Abitur flieht Therese daraufhin nach Wien, um sich dort irgendwie durchzuschlagen. Da sie weder über Ausbildung noch Zeugnisse verfügt, kann sie sich allerdings nur als Kindermädchen verdingen.

In den folgenden rund zwanzig Jahren ihres Lebens wechselt Therese weit mehr als zwanzig Mal ihre Anstellungen, teils, weil sie entlassen wird, teils weil sie selbst kündigt, und lernt eine Vielfalt von Familien gehobener, aber im Einzelnen durchaus unterschiedlicher sozialer Schichten kennen. Therese, die zwischenzeitlich auch erwägt, „sich einfach zu verkaufen" (ebd., 669 f.), verweigert sich zunächst vielen „täppischen und widerlichen Annäherungsversuche[n]" (ebd., 670), gibt sich dann aber Kasimir Tobisch, einem linkisch auftretenden jungen Maler hin, von dem sie nach kurzer Zeit schwanger wird und der sie mit unbekannter Adresse verlässt. Die Frucht ihrer Verbindung bringt Therese, der wegen ihrer Schwangerschaft gekündigt wurde, in armseligen Verhältnissen allein zur Welt – wobei sie das Kind, das sie nicht abtreiben wollte oder konnte, unmittelbar nach der Geburt zu ersticken versucht, ihr Verhalten aber schon am Morgen, als es unversehrt erwacht, bereut. Auf Empfehlung ihrer Vermieterin, Frau Nebling, gibt sie ihren Sohn Franz auf dem Land in Enzbach zur Pflege, wo sie ihn regelmäßig besucht und wiederholt auch längere Zeit mit ihm verbringt. Bald aber bemerkt sie, dass sie zu manchen Ziehkindern mehr Zuneigung empfindet als zu ihrem leiblichen Sohn (vgl. z. B. ebd., 739) – während dieser wiederum durch Faulheit und kleinere Vergehen auffällt, die Schule schwänzt und zunehmend auf eine schiefe Bahn gerät, was sich auch durch zeitweises Zusammenwohnen mit seiner Mutter nicht ändert.

Therese, die unterdessen weitere Liebesverhältnisse – u. a. auch zu ihrem Jugendfreund Alfred – hatte und die sich von der Sorge einer zweiten Schwangerschaft diesmal ohne Zögern und „gegen Zahlung einer nicht übergroßen Summe" (ebd., 752) befreit, schafft es schließlich, sich weiter zu qualifizieren und sich mit Hilfe eines kleinen, teils selbst gesparten, teils geliehenen Startkapitals als Privatlehrerin selbstständig zu machen. Sie entdeckt eine „unglücklich[e]" (ebd., 810) Liebe zu Thilda Wohlschein, einer ihrer Schülerinnen, und als diese zu ihrer großen Enttäuschung heiratet und nach Holland zieht, entwickelt sich bald ein intimes Verhältnis zu ihrem Vater, dem Eigentümer einer kleinen „Fabrik für Leder- und Galanteriewaren" (ebd., 812), der Therese heiraten möchte. Kurz vor der auf Pfingsten angesetzten Hochzeit stirbt der in Scheidung lebende Siegmund Wohlschein jedoch unerwartet an einem Herzinfarkt noch bevor er sein Testament zu Gunsten Thereses ändern konnte. Als Franz seine Mutter bald darauf bedrängt, ihm einen Teil ihres kleinen Erbes auszuhändigen, kommt es zu einer Rangelei, bei der er Therese so unglücklich verletzt, dass sie wenig später stirbt. An ihrem Krankenbett gesteht sie Alfred, dass sie ihren Sohn unmittelbar nach seiner Geburt hatte töten wollen und versucht auf diese Weise, ihn zu entschuldigen und ihm zu mildernden Umständen zu verhelfen. Franz wird gleichwohl als „Muttermörder" zu „zwölf Jahren schwere[m] Kerker" verurteilt. Auf Thereses Grab liegt am Ende ein bescheidener „immergrüner Kranz" ihres Bruders Karl und ein „blühender Frühlingsstrauß"; die Blumen, so schließt der Text, „waren mit erheblicher Verspätung aus Holland angelangt" (ebd., 881).

Zeitroman und Ästhetik des Nacheinanders

Wie schon *Der Weg ins Freie* entfaltet auch *Therese* ein soziales Tableau der Jahrhundertwendezeit. Die in Schnitzlers erstem Roman vorgeführte Suche nach dem verlorenen Halt in einer Epoche des Übergangs steht dabei erneut im Blickpunkt. Der Form des szenischen Erzählens und einem geringen Erzähltempo in *Der Weg ins Freie* stehen nun allerdings ein tendenziell raffendes Erzählen und eine vergleichsweise hohe Erzählgeschwindigkeit gegenüber. Die Sache nach Halt wird dementsprechend nicht mit Hilfe des Nebeneinanders einer Fülle von Figuren und Gesprächen im Rahmen eines schmalen Zeitausschnitts, sondern am Beispiel der in vielen Szenen entfalteten Lebensgeschichte einer einzelnen weiblichen Figur illustriert, die nacheinander auf eine Vielzahl von Figuren trifft. Das Spektrum der sozialen Schichten ist auch in diesem Fall weit, am oberen Rand allerdings schmaler und am unteren Rand noch breiter gefasst: Vertreten sind der Kleinadel und die mittlere und obere Bürgerschicht in Gestalt von höheren Beamten, Ärzten, Rechtsanwälten, Schauspielern, Warenhausbesitzern, Fabrik- und Bankdirektoren, aber auch das Kleinbürgertum sowie die ärmeren Stände bis hin zu Vertretern der Unterwelt. Und so wie die Figur des in unterschiedlichen Kreisen verkehrenden Freiherrn und Künstlers Georg von Wergenthin auch dazu dient, eine Vielfalt von Haltungen gegenüber der Identitäts- und Judenfrage zu reflektieren, so ermöglicht es die Figur der von Anstellung zu Anstellung, von Familie zu Familie wechselnden Gouvernante Therese Fabiani, hinter die Fassaden des gesellschaftlichen Scheins zu blicken und die „Widerwärtigkeiten und Hässlichkeiten bürgerlicher Familienverhältnisse in der Nähe" (ebd., 729) und in all ihren Varianten zu zeigen – wobei in diesem Fall weniger die Gespräche von Figuren als ihre Handlungen und Verhaltensmuster im Zentrum stehen (anders als in *Der Weg ins Freie* findet sich in *Therese* dementsprechend kaum direkte Figurenrede; für den gesamten Text hat Kündig einen Anteil von „nur knapp fünf Prozent" ermittelt; vgl. Kündig 1991, 87–95, zit. 87). Ergänzt und vervollständigt wird dieses ebenso figuren- wie facettenreiche Porträt der bürgerlichen Familie in der Vorkriegszeit dadurch, dass sich mit der Folge von Ereignissen in Thereses Leben auch eine Reihe von mehr oder minder detaillierten Lebensgeschichten all der Figuren verbindet, denen Therese in verschiedenen Phasen ihres Daseins begegnet. Dazu gehören die Geschichten der Mitglieder ihrer Familie, von Vater, Mutter, Bruder und vor allem auch ihres auf dem Land aufwachsenden und immer mehr auf Abwege geratenden und sich zum „Dieb und Zuhälter" (ES II, 845) entwickelnden Sohnes Franz; aber auch die ihrer Liebhaber und Freunde, so etwa die des vorgeblichen Malers und Junggesellen Kasimir Tobisch, Vater von vier

Kindern, der nie von seinem unehelichen Sohn erfährt und der – wie sich zwanzig Jahre später herausstellt (vgl. ebd., 872) – zur Zeit seiner Verbindung mit Therese bereits verheiratet und Vater eines zweijährigen Sohnes war; die Geschichte der mit Therese befreundeten französischen Kinderfrau Sylvie, die Therese mit ihrem ersparten Geld hilft und die am Ende zurück in ihre so lang vermisste südfranzösische Heimat kehrt, oder auch die Geschichte des Salzburger Arztsohns Alfred Nülling, der in Wien Medizin studiert, der zeitweise eine Liaison zu seiner Jugendliebe unterhält und der am Ende eine Tübinger Professorentochter heiratet, ohne eine zumindest lockere Verbindung zu Therese aufzugeben. Eine besondere „‚soziale' Note" (TB, 19.9.1924), die Schnitzler laut Tagebuch bei der letzten Ausarbeitung des alten Stoffes interessierte, erhält der Roman durch diese und noch viele andere Figuren und Geschichten, zuallererst aber bekommt er sie durch die in allen Szenen des Romans im Mittelpunkt stehende Gestalt der Hauptfigur.

Anders als ursprünglich Fräulein Martha Eberlein, die Mutter in *Der Sohn*, ist Therese nicht mehr als einfache Frau aus offenbar schlichtesten Verhältnissen gestaltet, die zeitweise „kein Brot", „Schulden überall" und von mühseligen Näh- und Stickarbeiten nur „ein recht karges Auskommen" hat (ES I, 91). Therese ist keine Proletarierin und auch keine Kleinbürgerin im herkömmlichen Sinn. Als Tochter eines Oberstleutnants (also eines „hohen Offiziers", ES II, 662, der dem Rang nach zwischen Major und Oberst steht) und einer geborenen, „in einem Schloß aufgewachsen[en]" (ebd., 645) Baronesse stammt sie aus „guter Familie" (ebd., 662) und gehört ursprünglich dem mittleren bis gehobenen Bürgertum an – was sich nicht zuletzt auch darin äußert, dass sie und ihr Bruder das Gymnasium besuchen. Erst die frühzeitige Pensionierung ihres Vaters, seine Einlieferung in eine „Irrenanstalt" sowie die Tatsache, dass auch ihre Mutter über keinerlei Besitz mehr verfügt, haben zur Folge, dass die Familie in ärmlichen und letztlich kleinbürgerlichen Verhältnissen existieren muss (ein Niedergang wie er im Spektrum der Schnitzlerschen Figuren im Ansatz ähnlich auch z. B. zur Geschichte von Frau Bertha Garlan gehört, die, anders als Therese, zumindest vorübergehend Schutz in einer Versorgungsehe sucht und findet). Aus dieser Situation resultiert für Therese ein gewisser Widerspruch zwischen Selbstverständnis und sozialer Wirklichkeit, so dass sie sich anfangs etwa beim abendlichen Ausgehen mit Alfred in Salzburg als „eine junge Dame" sieht, die – anders als der auf sie wie ein „Schuljunge im Sonntagsgewand" wirkende Klassenkamerad ihres Bruders – „gewohnt wäre, jeden Abend unter vornehmen Fremden in einem großen Hotel zu speisen" (ebd., 645), und die sich auch später „immer wieder ihren Berufs-, ihren Schicksalsgenossinnen innerlich überlegen fühlte" (ebd., 771). Ein solcher Widerspruch ist wohl auch einer der Gründe dafür, dass es Therese nicht gelingt, ihre Ausbildung abzuschließen bzw. eine reguläre Ausbildung nachzuholen und dass sie sich auch in der Wahl ihrer Partner immer eigenständig, aber selten pragmatisch oder gar ‚vernünftig' verhält. Was ihre Persönlichkeit angeht, ist Therese „weder schwach noch kindisch, weder hysterisch noch idealisiert" dargestellt; sie ist „kein ‚süßes Mädel' (dazu fehlt ihr, abgesehen von ihrer gutbürgerlichen Herkunft, die Unbeschwertheit) und trotz betonter Weiblichkeit keine Femme fatale" (Zieger in HB, 158). Charakterlich ist Therese alles in allem als ein „Durchschnittsmensch" (ebd.) konzipiert. Mit ihr hat ihr Autor eine Figur entworfen, die „der Leser", so Ruth Klüger, „weder aus sicherem Abstand bemitleiden [...], noch [...] als minderwertigen Menschen ablehnen kann" (Klüger 1996, 53).

Versteht man unter „Chronik" eine „am naturalen Zeitablauf orientierte Form der geschichtlichen Darstellung" (Melville 1997, 304), so entspricht Schnitzlers Roman einer solchen Form in idealem Sinn. Mit Ausnahme von wenigen zeitlichen Vor- oder Rückverweisen folgt seine „Chronik eines Frauenlebens" konsequent dem Prinzip der in einzelne kurze Abschnitte unterteilten synthetischen Erzählung (d. h. einer Erzählung, die im Gegensatz zum Typus der analytischen Erzählung keine Anachronien enthält; vgl. Martínez/Scheffel 2012, 41) und greift insofern eine Erzählform auf, wie ihr Autor sie in einem kleineren Rahmen auch schon in seiner frühen, als die Chronik eines angekündigten Todes angelegten Novelle *Sterben* verwendet hatte.

In 106 durchnummerierten, überwiegend kurzen Kapiteln wird Thereses im Alter von sechzehn Jahren und „wohl Mitte der 1880er Jahre" (Zieger in HB, 156) beginnende, bis in das erste Jahrzehnt des 20. Jahrhunderts und zu ihrem Tod im Alter von knapp vierzig Jahren reichende Geschichte präsentiert. Das erzählte Geschehen spart also Thereses Kindheit aus und setzt genau zu dem Zeitpunkt ein, da sich die Protagonistin in einem „Schwellenalter" befindet (Lukas 1996; zum „System der Altersklassen bei Schnitzler" vgl. ebd., 83–89, zit. 83). Mit der Entdeckung der eigenen Weiblichkeit, dem Weggang von zu Hause, dem Erwachsenwerden, der Suche nach Beruf und Partner sowie der Geburt und Erziehung eines Sohnes umfasst es dann all die äußeren Stationen einer Entwicklung vom Mädchen zur Frau. Dennoch findet sich auch in diesem Rahmen nicht wirklich die „[e]rzählerische Darstellung des Wegs einer zentralen Figur durch Irrtümer und Krisen zur Selbstfindung und tätigen Integration in die Gesellschaft" (Jacobs 1997, 230). Wie schon *Der Weg ins Freie* zitiert *Therese* das Muster eines Entwicklungs- oder Bildungsromans, um es konsequent zu unterlaufen. Tatsächlich folgt Schnitzlers „Chronik eines Frauenlebens" in wesentlichen Punkten keinem teleologischen, sondern einem chronologischen Prinzip und ist wie eine „leerlaufende Biographie, eine gekappte Bildungsgeschichte" (Fliedl 2005, 220) angelegt. In der Form des Episode an Episode reihenden Erzählens wird hier, so hat die Forschung wiederholt hervorgehoben (einen detaillierten Überblick zumindest über die ältere Forschung bietet Kündig 1991, 136–165), das Scheitern eines Entwicklungs- und „Emanzipationsversuchs" (Zieger in HB, 158) vorgeführt und eine eigene Art von „Desillusionsroman" (Dangel 1985, 47–49, zit. 48) geboten, der eine Nähe zu „Stiltendenzen der Neuen Sachlichkeit" (Perlmann 1987a, 180) aufweist und der die „Erfahrung zielloser Wiederholung" (ebd., 177), „einen Kreislauf sich wiederholender Situationen und Fehlschläge" (Zieger in HB, 157) im Leben der vergeblich ihren Ort in der Gesellschaft suchenden weiblichen Protagonistin mit Hilfe der „Strukturprinzipien" von „Progression" und „Repetition" spiegelt (Perlmann 1987a, 176).

Bei näherem Hinsehen ist die Geschichte allerdings nicht durchgehend von einer „Wiederholungsstruktur" (Fliedl 2005, 221) bestimmt, in deren Rahmen sich die Protagonistin nicht nur nicht entwickelt, sondern auch einen mehr oder minder kontinuierlichen „soziale[n] Abstieg" (Zieger in HB, 156) erleidet und „dreifach", d. h. „als Frau, als Mutter, als Gouvernante" scheitert (ebd., 158). Denn trotz aller Wiederholungen im Leben Thereses gibt es doch insofern eine Entwicklung, als es ihr nach langer Zeit des Wohnens in Untermietverhältnissen oder in den Häusern ihrer jeweiligen Arbeitgeber endlich gelingt, „mit Franzl zwei möblierte Zimmer mit Küche in einer bequem gelegenen Vorstadtstraße" zu beziehen und hier, in der wohl in Lichtental, zwischen Ring und Linie zu situierenden „Wagnergasse 74, zweite[r] Stock" „in einer Art von eigenem Heim" zu wohnen (ES II, 788). Und nicht nur das. Nach zahllosen wechselnden Stellungen macht Therese sich selbständig und, so heißt es, „lebte [...] vollkommen und ausschließlich ihrem Berufe, in dem sie sich nicht nur durch dessen fortgesetzte Ausübung, sondern auch durch Arbeit in freien Stunden weiter ausgebildet hatte und immer weiter ausbildete, so daß sie allmählich zu einer tüchtigen und gesuchten Lehrerin wurde" (ebd., 158). Auch wenn Therese es mangels Examina nicht schafft, eine feste Anstellung als Lehrerin zu bekommen, erreicht sie also immerhin eine gewisse Eigenständigkeit, indem sie junge Mädchen „im Englischen und Französischen" unterrichtet und „zu Prüfungen vorbereitet[]" (ebd., 798). Was aber ist der Grund dafür, dass auch diese Entwicklung von der Gouvernante zu einer Privatstunden abhaltenden „Lehrerin" keinen wirklichen ‚Halt' für sie bedeutet? Dass es im Rahmen des Romans keine einfache Antwort auf diese Frage gibt, hängt auch mit den Spezifika seiner Erzählform zusammen.

Figuralisierung und Teleologie

Zu den Charakteristika einer episodischen Konstruktion gehört, dass allein das Prinzip des temporalen Nacheinanders die Ordnung des Geschehens bestimmt und dass Kausalbezüge zwischen den Ereignissen bestenfalls mit Hilfe von Kommentaren einer am Geschehen nicht oder nicht mehr und insofern aus der Über- oder Rücksicht erzählenden Instanz geschaffen werden. Im Fall von *Therese* verbindet sich die Form des reihenden und wiederholt auch raffenden Erzählens auf eigene Weise mit dem Prinzip der „Figuralisierung" , sodass die hier im Tempus des Präteritums und der grammatischen dritten Person gebotene „Chronik" neben äußeren Ereignissen und Fakten also auch das Innenleben der Protagonistin, ihr Denken, Fühlen und Träumen umfasst (sieht man davon ab, dass sich ganz am Ende, nach Thereses schwerer Verletzung, eine kurze Mitsicht mit Franz und dann mit Alfred findet, bleibt die Fokalisierung in diesem Fall durchgehend auf die Protagonistin begrenzt). Wie aber wird der grundsätzlich in nahezu allen Erzählungen Schnitzlers zu findende, im Detail jedoch ganz unterschiedlich realisierte Blick in das Innenleben einer oder mehrerer Figur(en) in diesem Fall möglich? Anders als in älteren, aber prinzipiell vergleichbaren, weil ebenfalls episodisch konstruierten ‚Frauenromanen' in der Tradition des Schelmenromans wie *Trutz Simplex oder Ausführliche und wunderseltzame Lebensbeschreibung der Ertzbetrügerin und Landstörtzerin Courasche (...)* (ca. 1669) von Hans Jakob Christoffel von Grimmelshausen (um 1622–1676) oder *Moll Flanders* (1722) von Daniel Defoe (1660–1731) wird in diesem Fall ja eben nicht in der ersten Person erzählt und es gibt hier auch keine zur Ruhe und zur Besonnenheit gekommene Protagonistin, die sich in reifem Alter an ihre Jugend und all die Wechselfälle ihres Lebens erinnert. Im Unterschied zu anderen Erzählungen Schnitzlers findet sich in diesem Roman aber auch nur an wenigen Stellen eine Reduktion der Erzähldistanz in Gestalt des inneren Monologs oder des Gedankenzitats (eine solche Reduktion von Erzähltempo und -distanz erfolgt in einer nur sehr geringen Zahl von Passagen, die vorzugsweise Thereses Verhältnis zu ihrem Sohn betreffen; vgl. z. B. ES II, 817; der einzige etwas längere innere Monolog steht in unmittelbarem Zusammenhang mit der Geburt von Franz, vgl. ebd., 714). Das in *Therese* bevorzugte Mittel für die Darstellung von Figurenbewusstsein ist die erlebte Rede, in deren Rahmen sich die unterschiedlichen Sprech- und Wahrnehmungsorte von erzählender Instanz und erlebender Figur soweit verbinden, dass sich die Mittelbarkeit eines Berichts aus epischer Distanz, der das Geschehen im Nachhinein ordnet, und die Unmittelbarkeit eines subjektiven Erlebens im Hier und Jetzt des Geschehens im Einzelfall kaum trennen lassen. Auf diese Weise wird insofern ein irritierender Effekt erzielt, als – in dieser Hinsicht ähnlich wie etwa auch in den Romanen und Erzählungen Franz Kafkas (vgl. Scheffel 1999; zu Parallelen vgl. auch de Bruyker 2008) – ein ‚Fixpunkt' fehlt, von dem aus sich einzelne Aussagen und Bewertungen eindeutig der vergleichsweise ‚objektiven', weil analytisch-retospektiven Perspektive eines Chronisten (wie sie sich z.B. in den genannten Schelmenromanen, aber auch in vielen anderen, dem narrativen Modell einer ‚Lebensgeschichte' folgenden Romanen findet) oder aber der ‚subjektiven', weil lebensweltlich-praktischen Perspektive der handelnden Figur zuordnen ließen (zur grundsätzlich „doppelte[n] epistemische[n] Struktur narrativer Texte" vgl. Martínez/Scheffel 2012, 123–126, zit. 125). In einer Passage wie der folgenden ist so z. B. nicht eindeutig zu bestimmen, ob hier die die Stimme eines Erzählers ‚spricht', der Thereses Lage und Befinden in einer über den Augenblick hinaus gültigen Weise charakterisiert, oder aber ‚nur' die innere Stimme der in einer konkreten Situation, unmittelbar nach einer erneuten Kündigung, im Alter von „siebenundzwanzig Jahre[n]" verzweifelten Figur, deren Gefühle und Selbsteinschätzung sich womöglich bald auch wieder ändern:

> War sie denn noch eine Frau? Fühlte sie auch nur die geringste Sehnsucht danach, in den Armen eines Mannes zu liegen? Das erbärmliche Dasein, das sie führte, als ein Geschöpf, das nie sich selber gehörte, das keine Heimat hatte, das eine Mutter war und, statt das eigene Kind, die Kinder fremder Leute behüten und aufziehen musste, das heute nicht wußte, wo es morgen sein Haupt hinlegen sollte, das an einem Tag zwischen den Erlebnissen, Geschäften und Geheimnissen fremder Leute als eine Zufallsvertraute oder als eine absichtlich Eingeweihte umherging, um am nächsten als eine gleichgültige Fremde auf die

Straße gesetzt zu werden, – was hatte solch ein Geschöpf für Anrecht auf einen Menschen-, auf ein Frauenglück? Sie war allein und zum Alleinsein bestimmt. (ES II, 737)

Ungeachtet der Frage, wer genau hier ‚spricht' und Thereses Dasein als „erbärmlich" bewertet, und unabhängig davon, dass die Wünsche, Sehnsüchte und auch Selbstcharakterisierungen Thereses in den verschiedenen Phasen und Situationen ihres Lebens durchaus widersprüchlich sind und sich im Detail wiederholt wandeln, gibt es aber doch zwei Grundkonstanten, die sich auch in zahlreichen anderen Bewusstseinsdarstellungen finden: das Gefühl einer tiefen, letztlich unüberwindbaren Einsamkeit und das schlechte Gewissen gegenüber dem eigenen Kind. Und eben hier liegen wohl die wesentlichen Gründe dafür, dass Therese trotz verschiedener Ansätze zu einer Entwicklung letztlich nie zu anhaltender Zufriedenheit findet und in allen Phasen ihres Lebens, wenn überhaupt, dann nur äußerlich zur Ruhe kommt.

Vor dem skizzierten Hintergrund ist die oben zitierte Rede vom „dreifache[n]" Scheitern Thereses „als Frau, als Mutter, als Gouvernante" in mehrfacher Hinsicht zu differenzieren: In ihrer Rolle als berufliche Erzieherin von Kindern und Jugendlichen findet Therese bis zum Ende ihres Lebens keine feste Anstellung, aber sie scheitert auch nicht vollkommen, sondern entwickelt sich immerhin von einer weitgehend recht- und heimatlosen, von Stellung zu Stellung gestoßenen Gouvernante zu einer offenbar „tüchtigen und gesuchten Lehrerin", die soweit eigenständig ist, als sie in bescheidenen Verhältnissen zur Miete wohnt. Inwieweit und in welchem Sinne Therese trotz dieser Veränderungen in ihrem Leben als „Frau" scheitert, lässt sich wiederum nur angesichts einer Vorstellung von dem beurteilen, was denn zum ‚Lebensziel' einer „Frau" gehört und was ein „Frauenglück" im Einzelnen ausmacht. Besteht es in der Ausübung eines Berufes, in der Befriedigung von Sexualität, im Leben in einer Partnerschaft, im Schließen und Führen einer Ehe, in der Gründung einer Familie oder auch nur in der ‚Mutterschaft'?

Wie immer die Antworten auf solche und ähnliche Fragen lauten: Schnitzlers Roman präsentiert eine Figur, die ihre persönlichen Wünsche und Vorstellungen in keiner Phase ihres Lebens bewusst selbst reflektiert oder gar mit anderen Figuren erörtert (bzw. erörtern kann) und die auch – wie der über so viele Jahre hinweg reichenden Darstellung ihres Bewusstseins zu entnehmen ist – in ihren Empfindungen hierzu keine klaren Haltungen entwickelt. Genauer gesagt: Mit Therese nimmt der Roman eine Figur in den Blick, die die in der gutbürgerlichen Gesellschaft ihrer Zeit geltenden konventionellen Vorstellungen zu großen Teilen übernimmt, ohne ihnen selbst einerseits ernsthaft entsprechen zu wollen oder zu können und ohne ihnen andererseits ein alternatives, zumindest ansatzweise selbst gewähltes Lebensmodell entgegenzusetzen. Eben dies äußert sich in ihrer Einstellung als „Frau" und „Mutter", in ihrer Haltung gegenüber ihren männlichen Partnern und gegenüber ihrem eigenen Kind.

Zur ‚offiziellen' bürgerlichen Moral der Epoche gehört so zum Beispiel die Vorstellung, dass die Sexualität ein Naturtrieb ist, der die Fortpflanzung des Menschengeschlechts ermöglicht und der durch die Institution der Ehe kultiviert und in gesicherte Bahnen gelenkt werden muss. Vor diesem Hintergrund erscheint die bürgerliche Familie als evolutionäre Höherbildung der Natur und zentrale Stütze der zivilisierten Gesellschaft. Auf dem individuellen Weg zur Gründung einer solchen Familie sind die Rollen der Geschlechter entsprechend einer angeblich biologisch bedingten Differenz allerdings ungleich verteilt: Der Mann, der sich auch nach der Überzeugung der zeitgenössischen Sexualwissenschaft durch „ein lebhafteres geschlechtliches Bedürfniss" (von Krafft-Ebing 1886, 9 f.) auszeichnet, macht seine ersten sexuellen Erfahrungen in vorehelichen Verhältnissen mit „Geschöpfen", die, wie etwa der Gatte in Schnitzlers *Reigen* als ein typischer Vertreter dieser (Schein-)Moral erläutert, „von Natur aus bestimmt sind, immer tiefer und tiefer zu fallen" (DW I, 349). Im Fall der bürgerlichen Frau dagegen gilt im Rahmen der sogenannten guten Gesellschaft der Jahrhundertwende, wie etwa Stefan Zweig sich erinnert, „daß ein weibliches Wesen keinerlei körperliches Verlangen ha[t], solange es nicht vom Manne geweckt [wird], was aber selbstverständlich offiziell nur in der Ehe erlaubt" ist (vgl. das Kapitel „Eros Matutinus" in Zweig 1981, 86–113, zit. 97; vgl. aus sozialgeschichtlicher Sicht auch Rosenbaum 1986, bes. 347–351).

Vor diesem Hintergrund wird deutlich, dass die in einem gutbürgerlichen Milieu aufgewachsene und in ärmlichen Verhältnissen lebende Therese sich in einem nicht zuletzt durch ihre Sozialisation bedingten Spannungsfeld bewegt und dass sich in ihrem Verhalten und Empfinden zugleich die Widersprüche ihrer Epoche und letztlich auch die Folgen der Tabuisierung einer nicht der Fortpflanzung, sondern der Befriedigung persönlicher Bedürfnisse dienenden Sexualität spiegeln. In diesen Sinne etwa empfindet sie den aus gutem Hause stammenden und zumindest theoretisch als Verlobter und Ehemann in Frage kommenden Alfred Nülling als ‚langweilig' (vgl. ES II, 638), gibt sich stattdessen dem schneidigen jungen Leutnant Max hin, hofft nach einiger Zeit gleichwohl, von ihrem ‚Verführer' geheiratet zu werden, nimmt angesichts von dessen ebenso erwartbarer wie deutlicher Ablehnung in der Ehefrage aber doch auch wieder schnell Abstand von ihrem nicht allzu ernsthaft verfolgten Projekt und ist letztlich nicht wirklich erstaunt oder empört, als dieser sie bald darauf mit einer Schauspielerin hintergeht. Widersprüchlich und unklar bleibt aber nicht nur Thereses innere Einstellung zu den verschiedenen männlichen Partnern in ihrem Leben, sondern vor allem auch zu ihrem Kind und ihrer eigenen Rolle als „Mutter" (zum Aspekt der „Entmythologisierung der Mutter-Kind-Beziehung" und der in Psychologie und Sozialpolitik erst sehr viel später ernsthaft diskutierten Frage des Verhältnisses von „biologischer und sozialer Mutterschaft" vgl. Möhrmann 1985, zit. 105). Symptomatisch dafür ist, dass sie einerseits kein ‚echtes' Gefühl für das werdende Kind in ihrem Leib empfindet, sich andererseits aber – anders als dann im Fall ihrer zweiten Schwangerschaft – auch nicht ernsthaft von ihm trennen kann bzw. möchte. Als Thereses Schwangerschaft schon fortgeschritten ist, heißt es so z. B.:

> Es war ihr, als hätte sie dieses noch ungeborene Kind früher einmal geliebt; sie wusste nicht recht wann, und ob stunden- oder tagelang; aber jetzt spürte sie von dieser Liebe nichts in sich und weder Staunen und Reue darüber, dass es sich so verhielt. *Mutter...* Sie wusste, daß sie es werden sollte, dass sie es war, aber es ging sie eigentlich nichts an. Sie fragte sich wohl, ob es anders wäre, wenn sie ihr Frauenlos in einer anderen, in einer schöneren Weise hätte erleben dürfen, als ihr nun einmal beschieden war, wenn sie wie andere Mütter, in einer wenigstens äußerlich gefestigten Beziehung zu dem Vater des Kindes, oder wenn sie gar als Ehefrau innerhalb eines geordneten Hausstandes die Stunde der Geburt hätte erwarten dürfen. Aber all das war ihr so unvorstellbar, dass sie es sich auch nicht als ein Glück vorstellen konnte. (ES II, 710)

Unmittelbar nach der Stunde der Geburt, die die zu dieser Zeit zur Untermiete wohnende Therese ohne jede Hilfe allein in ihrem Zimmer durchleidet, setzt sich eine solche Ambivalenz insofern fort, als die frisch gebackene, von den Schmerzen vollkommen erschöpfte Mutter den ihr innerlich fremden Säugling zunächst zu ersticken versucht, um ihn dann wenig später doch ‚anzunehmen' – ohne allerdings je ein allzu enges inneres Verhältnis zu ihrem Sohn zu entwickeln, auch wenn sie nach der schweren, in der Form des inneren Monologs dargestellten Krise in der ersten Stunde ihrer Mutterschaft dann alles nach ihren Verhältnissen Mögliche für ihn tut. Inwieweit resultiert Thereses weiteres Verhalten in erster Linie aus einem schlechten Gewissen gegenüber dem seinerzeit wehrlosen Kind und inwieweit beeinflusst das wiederum die Entwicklung von Franz? Im Kontext der erzählten Welt des Romans bleiben diese Fragen bis zum Ende der erzählten Geschichte ebenso offen wie die seinerzeit schon am Ende von *Der Sohn* aufgeworfene, für Schnitzlers Werk insgesamt grundlegende Frage nach der Freiheit oder Determiniertheit des menschlichen Handelns (zum Aspekt der multikausalen Motivierung von Thereses Verhalten vgl. H. M. Müller 1991, bes. 199 f.). Unabhängig davon aber, „wie wenig wir wollen dürfen und wie viel wir müssen" (ES I, 97), wird vorgeführt, dass in diesem Fall zumindest für Therese selbst ein Zusammenhang zwischen ihrem Tötungswunsch und dem späteren Verhalten ihres Sohnes besteht und dass die Begebenheiten ihres Lebens paradoxerweise erst dank der tödlichen Verletzung durch den eigenen, nunmehr als „Vollstrecker einer ewigen Gerechtigkeit" betrachteten, „gleichsam wiedergefunden[en]" Sohn am Ende Sinn und Zusammenhang erhalten (ES II, 880; zur Bedeutung der psychischen Mechanismen von Verdrängung und Erinnerung in diesem Kontext vgl. Fliedl 2005, 221 f.; vgl. auch Fliedl 1997, bes. 183–186). Dabei wird die allein subjektive Gültigkeit dieser Form von ‚Sinnbildung' im Text des Romans ausdrücklich reflektiert. „Ob dieser Zusammenhang nun vor einem himmlischen oder irdischen Richter tatsächlich gelten mochte", so heißt es am Ende nunmehr aus der Sicht von Alfred, der die im Spital liegende Therese besucht, „– für diese Sterbende [...] bestand er nun einmal; und Alfred fühlte, daß das Bewusstsein ihrer Schuld in dieser Stunde sie nicht bedrückte, sondern befreite, indem ihr nun

5.3 Therese. Chronik eines Frauenlebens

das Ende, das sie erlitten hatte oder erleiden sollte, nicht mehr sinnlos erschien" (ES II, 880; vgl. dazu auch Lukas 1996, 287 f.). Anders als in den im Kontext der erzählten Welt wiederholt thematisierten, mit konventionellen Typen, einfachen Figurenkonstellationen und schematischen Handlungs- und Sinnbildungsmodellen arbeitenden „Trivialromanen" der Julia Fabiani bleibt die Bildung von „Sinn" und „Kohärenz" im Rahmen von Schnitzlers „Chronologie eines Frauenlebens" also konsequent an die Wahrnehmung eines einzelnen Subjekts und seine notwendig beschränkte Perspektive gebunden (zu *Therese* als „Anti-Trivialroman" vgl. Fliedl 1989, 323–347). „Traditionelle Modelle der Sinnstiftung" wie sie etwa auch noch viele Werke des Naturalismus prägen, werden im Rahmen eines solchen Modells der „personalen Lebensteleologie" außer Kraft gesetzt, die Suche und das Bedürfnis nach Sinn jedoch zugleich als (lebens-)notwendig vorgeführt (vgl. Lukas 1996, 287 f., zit. 287) – womit Schnitzlers „Chronik eines Frauenlebens" am Beispiel der Frage nach der Art der Verbindung einzelner Episoden zur ‚Geschichte' eines Lebens auf ihre Weise Probleme des modernen Subjekts und seiner Identität reflektiert, die auch schon im Blickpunkt von *Der Weg ins Freie* standen.

Sieht man davon ab, dass Schnitzler in *Therese*, wie Ruth Klüger hervorgehoben hat, „einem durchschnittlichen Frauenleben paradigmatische Bedeutung" verleiht und „einen Beitrag zur ernsten Frauenliteratur" liefert, „von dem man wohl behaupten kann, daß er auf seine Art unübertroffen ist" (Klüger 1996, 61), so weist dieser im Wesentlichen Mitte der 1920er Jahre ausgearbeitete Roman schließlich auch in concreto über die Jahrhundertwendegesellschaft und die Kaiserzeit hinaus. Aus soziologischer Sicht gehört seine Protagonistin eindeutig „nicht mehr zu den in der Literatur des 19. Jahrhunderts immer wieder anzutreffenden Dienerinnen, die im Hause ihrer Herrschaft" altern (Zieger in HB, 159). Das psychische Befinden und der gesellschaftliche Status einer Figur, die sich in der Tiefe ihres Herzens stets einsam und sozial entwurzelt fühlt, die nahezu ohne persönliche Bindungen in einer Großstadt lebt und die im Verlauf von einem Großteil ihres Arbeitslebens „in (fast) keiner Stellung länger als ein Jahr" zu verbleiben vermag, ähneln „dem einer Angestellten, einer Lohnempfängerin, und spiegel[n] so eine Situation", wie sie „erst nach dem Ersten Weltkrieg üblich" (ebd.; zur Vorwegnahme von Anonymität und Austauschbarkeit als Charakteristika des Berufslebens im 20. Jahrhundert vgl. Koch-Didier 2000, 107) und in den sogenannten Angestelltenromanen von Erich Kästner (1899–1974), Irmgard Keun (1905–1982), Hans Fallada (1893–1947) und anderen Autoren am Ende der 1920er und Anfang der 1930er Jahre literarisch gestaltet wurde (zur Frage der Gestaltung von Partnerschaft in diesem Zusammenhang vgl. z. B. Vollmer 1998). Insofern ist das auch als spätes Gegenstück zu *Der Weg ins Freie* und als erneute Variation überlieferter Formen des Romans zu lesende Werk *Therese* nicht zuletzt ein weiteres Beispiel dafür, dass die im Blick auf den alten Schnitzler gern gebrauchte Rede vom Autor einer „abgeschlossene[n], abgetan[enen], zum Tod verurteilte[n] Welt" (vgl. seinen Brief an Jakob Wassermann, 3.11.1924; BR II, 370–372, zit. 370) bei näherem Hinsehen tatsächlich jeder Grundlage entbehrt.

Hinweise zur Forschungsliteratur

Ergänzend zu den vielfältigen Verweisen auf Forschungsliteratur im laufenden Text nennen die folgenden Literaturhinweise in gebündelter Form eine überschaubare Auswahl von grundlegenden Hilfsmitteln, Standardwerken und umfangreicheren Überblicksdarstellungen für die weitere Beschäftigung mit Arthur Schnitzler, seinem Werk und seiner Zeit.

Für **Bibliographien** zu Schnitzler vgl. u. a. Richard H. Allen 1966, Jeffrey B. Berlin 1978 und 1982, Birgit Kawohl 1996, Nicolai Riedel 1998 sowie Karl F. Stock/Rudolf Heilinger/Marylène Stock 2013. **Forschungsberichte** zur älteren Forschung liefern Giuseppe Farese 1971, Herbert Seidler 1976 und Horst Thomé 1988. Für jede weitere Arbeit mit Schnitzlers Texten grundlegend sind die zur Zeit in Wien, Cambridge und Wuppertal entstehenden **historisch-kritischen Editionen** seiner Werke (aus dem zwischen 1880 und 1904 erschienenen Frühwerk liegen unterdessen die in Wien unter der Gesamtleitung von Konstanze Fliedl edierten, mit unterschiedlich ausführlichen Kommentierungen und Erläuterungen versehenen Bände zu *Lieutenant Gustl*, *Anatol*, *Sterben*, *Liebelei* und *Frau Bertha Garlan* vor; zum Stand der Edition des ab 1905 erschienenen mittleren und späten Werks in digitaler Form vgl. www.arthur-schnitzler.de); ein im Zweifelsfall immer noch nützliches Hilfsmittel zur Ermittlung der Entstehungs- und Druckgeschichte von Schnitzlers Werken und auch als **Schnitzler-Kommentar** zu nutzen ist Reinhard Urbach 1974. Einen umfassenden Überblick über Schnitzlers Gesamtwerk, seinen historischen Kontext, seine internationale Rezeption und die entsprechende Forschung bietet das nicht zuletzt auch dank einer Biographischen Chronik, einer Darstellung der Editionsgeschichte, einer Auswahlbibliographie etc. als grundlegendes philologisches Hilfsmittel zu gebrauchende **Schnitzler-Handbuch** (HB). Informative, aber knappere **Überblicke** über Werk und Forschung geben Konstanze Fliedl 2005 und Michaela Perlmann 1987a; als Einführungen bzw. grundlegendere Darstellungen vgl. auch die „Interpretationen" ausgewählter Dramen und Erzählungen in dem Sammelband von Hee-Ju Kim/Günter Saße (Hg.) 2007 sowie die Monographien von Martin Swales 1971 und zuletzt Corinna Schlicht 2013.

Eine ausführliche **Biographische Darstellung** von Schnitzlers Leben und Schreiben bietet die illustrierte Darstellung von Giuseppe Farese 1999; besonders anschaulich dank umfangreichen Quellenmaterials und zahlreicher zeitgenössischer Abbildungen ist Heinrich Schnitzler/Christian Brandstätter/Reinhard Urbach (Hg.) 1981; als Einführung geeignet auch Hartmut Scheible 1976; auf die Mitglieder von **Schnitzlers Familie** erweitert zuletzt Jutta Jacobi 2014. Auf Schnitzlers vielfältige **Liebesbeziehungen** und seine Partnerinnen konzentrieren sich Rolf-Peter

Lacher 2014, Renate Wagner 1980 und Ulrich Weinzierl 1994. Schnitzlers Einstellung zum **Judentum** rekonstruieren detailliert Norbert Abels 1982 (mit einem Schwerpunkt auf dem Roman *Der Weg ins Freie*), Nikolaj Beier 2008 und Bettina Riedmann 2002; zur **ärztlichen Dimension** in seinem Werk vgl. u. a. Dirk von Boetticher 1999 und Walter Müller-Seidel 1997; für eine Rekonstruktion von Schnitzlers Verhältnis zur zeitgenössischen **Tiefenpsychologie und Psychiatrie** einschlägig Horst Thomé 1993; allgemein zum Verhältnis von Literatur und Psychoanalyse in der Jahrhundertwendezeit auch Michael Worbs 1983; zur Bedeutung des **Traums** für Schnitzler und sein Werk vgl. Valeria Hinck 1986, Michael Perlmann 1987b sowie das von Peter Michael Braunwarth und Leo A. Lensing herausgegebene „Traumtagebuch" (TTB); grundlegend zu der für Schnitzlers Selbstverständnis und Schaffen so wichtigen Form des **Tagebuchs** neben vielen anderen Studien Peter Plener 1999; die **Selbstäußerungen zu seinem literarischen Schaffen** dokumentiert Irène Lindgren (Hg.) 2002; Schnitzlers **intertextuelles Erzählen** untersucht Aurnhammer 2013a, die materiellen Voraussetzungen dafür in Gestalt seiner u. a. durch Tagebuchaufzeichnungen, die Rekonstruktion seiner Bibliothek und/oder Leseliste nachweisbaren **Lektüren** dokumentiert Aurnhammer (Hg.) 2013b; zu Schnitzlers **Poetik der Erinnerung** vgl. Konstanze Fliedl 1997; zum gattungsübergreifend gültigen **Handlungsmodell** in seinen Erzählwerken und Dramen vgl. Wolfgang Lukas 1996; zu Schnitzler und der **Musik** vgl. den Sammelband von Achim Aurnhammer/Dieter Martin/Günter Schnitzler (Hg.) 2014; zu Schnitzler und dem **Film** vgl. die Monographien von Henrike Hahn 2014 und Claudia Wolf 2006 sowie den Sammelband von Thomas Ballhausen u. a. (Hg.) 2006. Allgemein zu Schnitzler und seinem Werk im **Kontext der Jahrhundertwendezeit** vgl. Rolf-Peter Janz und Klaus Laermann 1977, Jacques Le Rider 2007 und Renate Wagner 2006; zum engen Verhältnis von Schnitzler und seiner Heimatstadt **Wien** vgl. den schmalen, aber lesenswerten Band von Anne-Catherine Simon 2002 sowie Ursula Keller 1984. Für allgemeine Darstellungen zum **kulturhistorischen Kontext** vgl. die auf die „Innenansichten" der bürgerlichen Gesellschaft konzentrierte Studie des Historikers Peter Gay 2002 und die grundlegende, detailliert die besonderen Bedingungen der Stadt Wien herausarbeitende Darstellung von Carl E. Schorske 1982; vgl. zuletzt auch Anna-Katharina Gisbertz 2009. Zur **Wiener Moderne** vgl. die Einführung von Dagmar Lorenz 1995 sowie die vergleichende Darstellung zur Wiener und Berliner Moderne von Peter Sprengel und Gregor Streim 1998; zum allgemeineren Kontext der **literarischen Moderne** vgl. Philipp Ajouri 2009 und Helmuth Kiesel 2004 sowie den einführenden Band von Dorothee Kimmich/Tobias Wilke (Hg.) 2006; reichhaltige Materialsammlungen zur Wiener Moderne bzw. zur literarischen Moderne bieten Gotthart Wunberg (Hg.) 1981 u. ders. gemeinsam mit Dietrich Stephan (Hg.) 1998.

Siglenverzeichnis

Schriften Schnitzlers

AB: Aphorismen und Betrachtungen. Hg. v. Robert O. Weiss. Frankfurt a. M. 1967.
CAS: Casanovas Heimfahrt. Hg. v. Johannes Pankau. Stuttgart 2003.
DW I, II: Die Dramatischen Werke. 2 Bde. Frankfurt a. M. 1962.
ELS: Fräulein Else. Hg. v. Johannes Pankau. Stuttgart 2002.
ES I, II: Die Erzählenden Schriften. 2 Bde. Frankfurt a. M. 1961.
EV: Entworfenes und Verworfenes. Aus dem Nachlaß. Hg. v. Reinhard Urbach. Frankfurt a. M. 1977.
GAR: Frau Berta Garlan. Hg. v. Konstanze Fliedl. Stuttgart 2006.
GUS: Lieutenant Gustl. Hg. v. Konstanze Fliedl. Mit Anmerkungen u. Literaturhinweisen v. Evelyne Polt-Heinzl. Stuttgart 2009.
GUS/HKA: Lieutenant Gustl. Historisch-kritische Ausgabe. Hg. v. Konstanze Fliedl. 2 Bde. Berlin, New York 2011.
GUS/TK: Lieutenant Gustl. Text und Kommentar. Hg. v. Ursula Renner unter Mitarbeit v. Heinrich Bosse. 2. Aufl. Frankfurt a. M. 2010.
JIW: Jugend in Wien. Eine Autobiographie. Hg. v. Therese Nickl u. Heinrich Schnitzler. Mit einem Nachwort v. Friedrich Torberg. Wien 1968.
MS: Medizinische Schriften. Zusammengestellt v. Horst Thomé. Wien 1988.
PSY: Über Psychoanalyse. Hg. v. Reinhard Urbach. In: Protokolle. Wiener Halbjahresschrift für Literatur, bildende Kunst und Musik 11 (1976), H. 2, 277–284.
SPI: Spiel im Morgengrauen. Hg. v. Barbara Neymeyr. Stuttgart 2006.
STE: Sterben. Hg. v. Hee-Ju Kim. Stuttgart 2006.
STE/HKA: Sterben. Historisch-kritische Ausgabe. Hg. v. Gerhard Hubmann. Berlin, Boston 2012.
TRA: Traumnovelle. Hg. v. Michael Scheffel. Stuttgart 2006.
W: Das Wort. Tragikomödie in fünf Akten. Fragment. Aus dem Nachlass hg. v. Kurt Bergel. Frankfurt a. M. 1966.

Briefe, Briefwechsel und Tagebücher Schnitzlers

Auernheimer-BW: Arthur Schnitzler – Raoul Auernheimer. The Correspondence of Arthur Schnitzler and Raoul Auernheimer with Raoul Auernheimer's Aphorisms. Hg. v. Donald G. Daviau u. Jorun B. Johns. Chapel Hill 1972.

Beer-Hofmann-BW: Arthur Schnitzler – Richard Beer-Hofmann. Briefwechsel 1891–1931. Hg. v. Konstanze Fliedl. Wien 1992.

BR I: Briefe 1875–1912. Hg. v. Therese Nickl u. Heinrich Schnitzler. Frankfurt a. M. 1981.

BR II: Briefe 1913–1931. Hg. v. Peter Michael Braunwarth u. a. Frankfurt a. M. 1984.

Brandes-BW: Georg Brandes und Arthur Schnitzler. Ein Briefwechsel. Hg. v. Kurt Bergel. Bern 1956.

Fischer-BW: Samuel Fischer – Hedwig Fischer. Briefwechsel mit Autoren. Hg. v. Dierk Rodewald u. Corinna Fiedler. Mit einer Einführung v. Bernhard Zeller. Frankfurt a. M. 1989 [zu Arthur Schnitzler: 51–164, 851–889].

Hofmannsthal-BW: Hugo von Hofmannsthal – Arthur Schnitzler. Briefwechsel. Hg. v. Therese Nickl u. Heinrich Schnitzler. Frankfurt a. M. 1964.

Mann-BW: Arthur Schnitzler – Thomas Mann. Briefe. Hg. v. Hertha Krotkoff. In: Modern Austrian Literature 7 (1974), H. 1/2, 1–33.

TB: Tagebuch 1879–1931. Unter Mitwirkung v. Peter Michael Braunwarth u. a. Hg. v. der Kommission für literarische Gebrauchsformen der Österreichischen Akademie der Wissenschaften. Obmann: Werner Welzig. 10 Bde. Wien 1981–2000.

TTB: Träume. Das Traumtagebuch 1875–1931. Hg. v. Peter M. Braunwarth u. Leo A. Lensing. Göttingen 2012.

Waissnix-BW: Arthur Schnitzler – Olga Waissnix. Liebe, die starb vor der Zeit. Ein Briefwechsel. Mit einem Vorwort v. Hans Weigel. Hg. v. Therese Nickl u. Heinrich Schnitzler. Wien u. a. 1970.

Zweig-BW: Briefwechsel mit Hermann Bahr, Sigmund Freud, Rainer Maria Rilke und Arthur Schnitzler. Hg. v. Jeffrey B. Berlin, Hans-Ulrich Lindken u. Donald A. Prater. 2. Aufl. Frankfurt a. M. 2007 [zu Arthur Schnitzler: 351–493].

Forschungsliteratur

HB: Schnitzler-Handbuch. Leben – Werk – Wirkung. Hg. v. Christoph Jürgensen, Wolfgang Lukas, Michael Scheffel. Stuttgart 2014.

    Belz, Christian: „Die Hirtenflöte" (1911), 207–209.
    Beniston, Judith: „Professor Bernhardi. Komödie in fünf Akten" (1912), 92–96.

Beßlich, Barbara: „Die kleine Komödie" (1895), 176–178; „Frau Bertha Garlan" (1901), 193–196.
Blödorn, Andreas: „Sterben" (1894), 173–176.
Brecht, Christoph: „Das Wort" (Fragm. 1966), 144–146.
Cagneau, Irène: „Spiel im Morgengrauen" (1926/1927), 232–236.
Göttsche, Dirk: „Die Schwestern oder Casanova in Spa. Lustspiel in Versen" (1919), 99–101.
Hahn, Henrike: Film, 47–52; Verfilmungen, 390–395.
Ilgner, Julia: Rezeption und Wirkung im deutschsprachigen Raum. Von den Anfängen bis zum Ende des Nationalsozialismus, 347–350.
Jürgensen, Christoph: „Jugend in Wien", 276–279.
Kaiser, Gerhard: Paradigma der Moderne II: Sprachkrise(n), 338–345.
Keitz, Ursula von: Film-Skripte, 265–272.
Le Rider, Jacques: Tiefenpsychologie und Psychiatrie, 35–39.
Lukas, Wolfgang: Anthropologie und Lebensideologie, 40–43; Paradigma der Moderne I: Norm- und Subjektkrisen, 327–337.
Orosz, Magdolna: „Reichtum" (1891), 169–171.
Orth, Dominik: Schnitzler und Jung Wien, 18–27; „Zwischenspiel. Komödie in drei Akten" (1905), 79–82.
Plener, Peter: „Tagebücher 1879–1931", 279–284.
Podewski, Madleen: Schnitzler und der Buch- und Zeitschriftenmarkt seiner Zeit, 52–56.
Renner, Ursula: „Lieutenant Gustl" (1900), 186–190.
Sander, Gabriele: „Theaterroman" (Fragm. 1967), 161 f.; „Der Sekundant" (1932), 250–253.
Saxer, Sibylle: „Fräulein Else" (1924), 221–226.
Sina, Kai: „Der blinde Geronimo und sein Bruder" (1900/1901), 191–193.
Trilcke, Peer: Kleinere Erzählungen II: 1890er Jahre, 166–169; Gedichte, 260–262.
Vollmer, Hartmut: „Die Verwandlungen des Pierrot. Pantomime in einem Vorspiel und sechs Bildern" (1908), 141 f.
Zieger, Karl: „Therese. Chronik eines Frauenlebens" (1928), 155–160.

Manuskripte und Typoskripte

CUL: Cambridge University Library
SAF: Arthur-Schnitzler-Archiv, Freiburg i. Br.

Literaturverzeichnis

Abels, Norbert (1982): Sicherheit ist nirgends. Judentum und Aufklärung. Königstein i. Ts.

Ajouri, Philipp (2009): Literatur um 1900. Naturalismus – Fin de Siècle – Expressionismus. Berlin.

Allen, Richard H. (1966): An annotated Arthur Schnitzler Bibliography. Editions and criticism in German, French, and English 1879–1965. With a foreword by Robert O. Weiss, President of the International Arthur Schnitzler Research Association. Chapel Hill.

Allerdissen, Rolf (1985): Arthur Schnitzler. Impressionistisches Rollenspiel und skeptischer Moralismus in seinen Erzählungen. Bonn.

Alter, Maria P. (1991): Ferdinand von Saars ‚Leutnant Burda' und Arthur Schnitzlers ‚Leutnant Gustl'. Entwurzelung und Desintegration der Persönlichkeit. In: Begegnung mit dem ‚Fremden'. Grenzen – Traditionen Vergleiche. Akten des VIII. Internationalen Germanisten-Kongresses, Tokyo 1990. Bd. 10: Identitäts- und Differenzerfahrung im Verhältnis von Weltliteratur und Nationalliteratur; Feministische Forschung und Frauenliteratur; Vergangenheit bzw. Zukunft als Fremdes und Anderes. Hg. v. Eijiro Iwasaki. München, 133–139.

Anonym (1976): Die Erzählungen aus den Tausendundeinen Nächten. Vollständige deutsche Ausgabe in zwölf Teilbänden. Übertr. v. Enno Littmann. Bd. II,2. Frankfurt a. M.

Aristoteles (1982): Poetik. Übers. u. hg. v. Manfred Fuhrmann. Stuttgart.

Auernheimer, Raoul (1928): Gouvernanten-Roman. „Therese" von Arthur Schnitzler. S. Fischer Verlag [Rez.]. In: Neue Freie Presse, 22.4.1928 (Morgenblatt), 1–3.

Aurnhammer, Achim (2013a): Arthur Schnitzlers intertextuelles Erzählen. Berlin, Boston.

Aurnhammer, Achim (Hg.) (2013b): Arthur Schnitzlers Lektüren. Leseliste und virtuelle Bibliothek. Würzburg.

Aurnhammer, Achim/Martin, Dieter/Schnitzler, Günter (Hg.) (2014): Arthur Schnitzler und die Musik. Würzburg.

Bahr, Hermann (2011): Das unrettbare Ich [1903]. In: Ders.: Kritische Schriften in Einzelausgaben. Bd. 13: Inventur. Hg. v. Claus Pias. Weimar, 25–36.

Bahr, Hermann (2013a): Die Moderne. In: Ders.: Kritische Schriften in Einzelausgaben. Bd. 2: Die Überwindung des Naturalismus [1891]. Hg. v. Claus Pias. 2. Aufl., durchgesehen u. ergänzt v. Gottfried Schnödl. Weimar, 3–8.

Bahr, Hermann (2013b): Die neue Psychologie. In: Ders.: Kritische Schriften in Einzelausgaben. Bd. 2: Die Überwindung des Naturalismus [1891]. Hg. v. Claus Pias. 2. Aufl., durchgesehen u. ergänzt v. Gottfried Schnödl. Weimar, 87–99.

Bahr, Hermann (2013c): Kritische Schriften in Einzelausgaben. Bd. 2: Die Überwindung des Naturalismus [1891]. Hg. v. Claus Pias. 2. Aufl., durchgesehen u. ergänzt v. Gottfried Schnödl. Weimar.

Ballhausen, Thomas u. a. (Hg.) (2006): Tatsachen der Seele. Arthur Schnitzler und der Film. Wien.

Beier, Nikolaj (2008): „Vor allem bin ich ich…". Judentum, Akkulturation und Antisemitismus in Arthur Schnitzlers Leben und Werk. Göttingen.

Berlin, Jeffrey B. (1978): An Annotated Arthur Schnitzler Bibliography 1965–1977. With an Essay on The Meaning of the „Schnitzler-Renaissance". Foreword by Sol Liptzin. München.

Berlin, Jeffrey B. (1982): Arthur Schnitzler Bibliography for 1977–1981. In: Modern Austrian Literature 15, H. 1, 61–83.

Berlin, Jeffrey B. (1987): Arthur Schnitzler. An Unpublished Letter about „Der blinde Geronimo und sein Bruder". In: Germanisch-Romanische Monatsschrift 37, 227–229.

Beßlich, Barbara (2003): Intertextueller Mummenschanz. Arthur Schnitzlers Brieferzählung „Die kleine Komödie" (1895). In: Wirkendes Wort 53, H. 2, 223–240.

Blanckenburg, Friedrich von (1965): Versuch über den Roman [1774]. Faksimiledruck der Originalausgabe. Mit einem Nachwort v. Eberhard Lämmert. Stuttgart.

Blum, Klara (2001): Arthur Schnitzler, ein Pionier des Frauenrechts [1931]. In: Dies.: Kommentierte Auswahledition. Hg. v. Zhidong Yang. Wien u. a., 446 f.

Boetticher, Dirk von (1999): „Meine Werke sind lauter Diagnosen". Über die ärztliche Dimension im Werk Arthur Schnitzlers. Heidelberg.

Brecht, Christoph (1998): „Jedes Wort hat sozusagen fließende Grenzen". Arthur Schnitzler und die sprachskeptische Moderne. In: Text + Kritik, H. 138/139 (Arthur Schnitzler), 36–46.

Bronfen, Elisabeth (1996): Weibliches Sterben an der Kultur. Arthur Schnitzlers „Fräulein Else". In: Die Wiener Jahrhundertwende. Einflüsse, Umwelt, Wirkungen. Hg. v. Jürgen Nautz u. a. 2. Aufl. Wien, 464–480.

Literaturverzeichnis

Bülow, Ulrich von (Bearb.) (2001): „Sicherheit ist nirgends". Das Tagebuch von Arthur Schnitzler. In Verbindung mit der Österreichischen Akademie der Wissenschaften und dem Magistrat der Stadt Wien. Marbach a. N.

Cohn, Dorrit (1978): Transparent Minds. Narrative Modes for Presenting Consciousness in Fiction. Princeton.

Dane, Gesa (1998): „Im Spiegel der Luft". Trugbilder und Verjüngungsstrategien in Arthur Schnitzlers Erzählung „Casanovas Heimfahrt". In: Text + Kritik, H. 138/139 (Arthur Schnitzler), 61–75.

Dangel, Elsbeth (1985): Wiederholung als Schicksal. Arthur Schnitzler Roman „Therese. Chronik eines Frauenlebens". München.

Dangel-Pelloquin, Elsbeth (2007): „Frau Berta Garlan". Unvermutete Gefühle – ratloses Staunen. In: Interpretationen. Arthur Schnitzler. Dramen und Erzählungen. Hg. v. Hee-Ju Kim u. Günter Saße. Stuttgart, 89–100.

de Bruyker, Melissa (2008): Das resonante Schweigen. Die Rhetorik der erzählten Welt in Kafkas „Der Verschollene", Schnitzlers „Therese" und Walsers „Räuber"-Roman. Würzburg.

Döblin, Alfred (1929): Der Bau des epischen Werks. In: Die Neue Rundschau 40, H. 4, 527–551.

Eicher, Thomas/Hartmann, Heiko (1992): „Auf dämmernden Fluten... unbekannten Zielen entgegen". Die Ägidius-Dichtung Heinrich Bermanns in Arthur Schnitzlers „Der Weg ins Freie". In: Modern Austrian Literature 25, H. 3/4, 113–128.

Farese, Guiseppe (1971): Arthur Schnitzler alle luce della critica recente (1966–1970). In: Studi Germanici 9, H. 1/2, 234–268.

Farese, Giuseppe (1999): Arthur Schnitzler. Ein Leben in Wien. 1862–1931. Übers. v. Karin Krieger. München.

Fischer, Jens M. (1978): Fin de siècle. Kommentar zu einer Epoche. München.

Fliedl, Konstanze (1989): Verspätungen. Schnitzlers „Therese" als Anti-Trivialroman. In: Jahrbuch der Deutschen Schillergesellschaft 33, 323–347.

Fliedl, Konstanze (1997): Arthur Schnitzler. Poetik der Erinnerung. Wien.

Fliedl, Konstanze (2005): Arthur Schnitzler. Stuttgart.

Freud, Sigmund (1955): Briefe an Arthur Schnitzler. Hg. v. Heinrich („Henry") Schnitzler. In: Die Neue Rundschau 66, H. 1, 95–106.

Frevert, Ute (1991): Ehrenmänner. Das Duell in der bürgerlichen Gesellschaft. München.

Friedell, Egon (1974): Kulturgeschichte der Neuzeit. Die Krisis der europäischen Seele von der schwarzen Pest bis zum Ersten Weltkrieg [1927–1931]. München.

Literaturverzeichnis

Gaier, Ulrich (1990): Krise Europas um 1900 – Hofmannsthal ihr Zeitgenosse. In: Paradigmen der Moderne. Hg. v. Helmut Bachmaier. Amsterdam, Philadelphia, 1–27.

Gay, Peter (2002): Das Zeitalter des Doktor Arthur Schnitzler. Innenansichten des 19. Jahrhunderts. Übers. v. Ulrich Enderwitz. Frankfurt a. M.

Gidion, Heidi (1998): Haupt- und Nebensache in Arthur Schnitzlers Roman „Der Weg ins Freie". In: Text + Kritik , H. 138/139 (Arthur Schnitzler), 47–60.

Gisbertz, Anna-Katharina (2009): Stimmung – Leib – Sprache. Eine Konfiguration in der Wiener Moderne. München.

Glossy, Karl (o. J.): Vierzig Jahre deutsches Volkstheater. Ein Beitrag zur deutschen Theatergeschichte [1929]. Wien.

Goethe, Johann Wolfgang (1999): Sämtliche Werke. II. Abteilung: Briefe, Tagebücher und Gespräche. Hg. v. Karl Eibl u. a. Bd. 12: Johann Peter Eckermann. Gespräche mit Goethe in den letzten Jahren seines Lebens. Hg. v. Christoph Michel, Frankfurt a. M.

Görner, Rüdiger (2015): Reigen der Stimmen. Zu Arthur Schnitzlers musikalischem Erzählen. In: Textschicksale. Das Werk Arthur Schnitzlers im Kontext der Moderne. Hg. v. Wolfgang Lukas u. Michael Scheffel. Berlin (i. Dr.).

Göttsche, Dirk (1987): Die Produktivität der Sprachkrise in der modernen Prosa. Frankfurt a. M.

Grätz, Katharina (2006): Der hässliche Tod. Arthur Schnitzlers „Sterben" im diskursiven Feld von Medizin, Psychologie und Philosophie. In: Sprachkunst 37, 2. Halbband, 221–240.

Gutt, Barbara (1978): Emanzipation bei Arthur Schnitzler. Berlin.

Hahn, Henrike (2014): Verfilmte Gefühle. Von „Fräulein Else" bis „Eyes wide shut". Arthur Schnitzlers Texte auf der Leinwand. Bielefeld.

Hamann, Brigitte (1996): Hitlers Wien. Lehrjahre eines Diktators. München.

Hamburger, Käte (1985): Das Mitleid. Stuttgart.

Hank, Rainer (1984): Mortifikation und Beschwörung. Zur Veränderung ästhetischer Wahrnehmung in der Moderne am Beispiel des Frühwerks Richard Beer-Hofmanns. Mit einem Anhang: Erstveröffentlichung von Richard Beer-Hofmann, „Pierrot Hypnotiseur" (1892). Frankfurt a. M., Bern, New York.

Hegel, Georg W. F. (1986): Werke in zwanzig Bänden. Hg. v. Eva Moldenhauer u. Karl M. Michel. Bd. 14: Vorlesungen über die Ästhetik II. Frankfurt a. M.

Hillebrand, Bruno (1972): Theorie des Romans. 2 Bde. München.

Hinck, Valeria (1986): Träume bei Arthur Schnitzler (1862–1931). Köln.

Hofmannsthal, Hugo von (1975): Sämtliche Werke. Kritische Ausgabe. 38 Bde. Hg. v. Heinz O. Burger u. a. Bd. 28: Erzählungen 1. Hg. v. Ellen Ritter. Frankfurt a. M.

Hofmannsthal, Hugo von (1978): Amgiad und Assad. In: Ders.: Sämtliche Werke. Kritische Ausgabe. Hg. v. Heinz O. Burger u. a. Bd. 29: Erzählungen 2. Aus dem Nachlass. Hg. v. Ellen Ritter. Frankfurt a. M., 37–43.

Hofmannsthal, Hugo von (1979): Arthur Schnitzler zu seinem sechzigsten Geburtstag. In: Ders.: Gesammelte Werke in zehn Einzelbänden. Reden und Aufsätze II. 1914–1924. Hg. v. Bernd Schoeller. Frankfurt a. M., 163 f.

Hofmannsthal, Hugo von (1991): Sämtliche Werke. Kritische Ausgabe. 38 Bde. Hg. v. Heinz O. Burger u. a. Bd. 31: Erfundene Gespräche und Briefe. Hg. v. Ellen Ritter. Frankfurt a. M.

Hofmannsthal, Hugo von/Nostitz, Helene von (1965): Briefwechsel. Hg. v. Oswalt von Nostitz. Frankfurt a. M.

Huebner, Friedrich M. (Hg.) (1929): Die Frau von Morgen, wie wir sie wünschen. Leipzig.

Iehl, Yves (2013): Glücks-, Geld- und Liebesspiele unter Ehrenmännern im Wien der Vorkriegszeit. Die vielfältigen Variationen des Spiels in Arthur Schnitzlers Erzählung „Spiel im Morgengrauen". In: Das Spiel in der Literatur. Hg. v. Philippe Wellnitz. Berlin, 221–236.

Jacobi, Jutta (2014): Die Schnitzlers. Eine Familiengeschichte. St. Pölten, Salzburg, Wien.

Jacobs, Jürgen (1997): Bildungsroman. In: Reallexikon der deutschen Literaturwissenschaft. Bd. 1: A–G. Hg. v. Klaus Weimar. 3. Aufl. Berlin, New York, 230–233.

Jandl, Ernst (1950): Die Novellen Arthur Schnitzlers. Wien.

Janz, Rolf-Peter/Laermann, Klaus (1977): Arthur Schnitzler. Zur Diagnose des Wiener Bürgertums im Fin de siècle. Stuttgart.

Jud, Silvia (1996): Arthur Schnitzler. „Frau Berta Garlan" (1901). In: Erzählkunst der Vormoderne. Hg. v. Rolf Tarot. Bern, 417–447.

Kawohl, Birgit (1996): Arthur Schnitzler. Personalbibliographie 1977–1994. Gießen.

Kecht, Maria-Regina (1992): Analyse der sozialen Realität in Schnitzlers „Spiel im Morgengrauen". In: Modern Austrian Literature 25, H. 3/4, 181–197.

Keitz, Ursula von/Lukas, Wolfgang (2010): Plurimediale Autorschaft und Adaptionsproblematik. „Spiel im Morgengrauen" und „Daybreak". In: Arthur Schnitzler und der Film. Hg. v. Achim Aurnhammer, Barbara Beßlich u. Rudolf Denk. Würzburg, 209–242.

Keller, Ursula (1984): Böser Dinge hübsche Formel. Das Wien Arthur Schnitzlers. Berlin.

Kiesel, Helmuth (2004): Geschichte der literarischen Moderne. Sprache, Ästhetik, Dichtung im zwanzigsten Jahrhundert. München.

Literaturverzeichnis

Kiesel, Helmuth/Wiele, Jan (2011): Klassische Moderne (1890–1930). In: Handbuch Erzählliteratur. Theorie, Analyse, Geschichte. Hg. v. Matías Martínez. Stuttgart, 258–272.

Kim, Hee-Ju (2007): „Traumnovelle". Maskeraden der Lust. In: Arthur Schnitzler Dramen und Erzählungen. Hg. v. Hee-Ju Kim u. Günter Saße. Stuttgart, 209–229.

Kim, Hee-Ju (2009): ‚Ehe zwischen Brüdern'. Arthur Schnitzlers „Traumnovelle" im Licht ihrer intertextuellen Bezüge zur „Geschichte der Prinzen Amgiad und Assad" aus „Tausendundeine Nacht". In: Hofmannsthal-Jahrbuch 17, 253–288.

Kim, Hee-Ju/Saße, Günter (Hg.) (2007): Arthur Schnitzler Dramen und Erzählungen. Stuttgart.

Kimmich, Dorothee/Wilke, Tobias (Hg.) (2006): Einführung in die Literatur der Jahrhundertwende. Darmstadt.

Klotz, Volker (1982): Erzählen als Enttöten – Vorläufige Notizen zu zyklischem, instrumentalem und praktischem Erzählen. In: Erzählforschung. Hg. v. Eberhard Lämmert. Stuttgart, 319–334.

Klüger, Ruth (1996): Schnitzlers „Therese" – ein „Frauenroman". In: Dies.: Frauen lesen anders. Essays. München, 35–62.

Klüger, Ruth (2001): Schnitzlers Damen, Weiber, Mädeln, Frauen. Wien.

Koch-Didier, Adelheid (2000): „Gegen gewisse, sozusagen mystische Tendenzen". L'œuvre romanesque d'Arthur Schnitzler. In: Austriaca 50, 89–107.

Koopmann, Helmut (2008): Roman. In: Handbuch Fin de Siècle. Hg. v. Sabine Haupt u. Stefan B. Würffel. Stuttgart, 343–368.

Krafft-Ebing, Richard von (1886): Psychopathia sexualis. Eine klinisch-forensische Studie. Stuttgart.

Kündig, Maya (1991): Arthur Schnitzlers „Therese". Erzähltheoretische Analyse und Interpretation. Bern u. a.

Künzel, Christine (2002): Gendered Perspectives. Über das Zusammenspiel von „männlicher" und „weiblicher" Erzählung in Schnitzlers „Die kleine Komödie". In: Arthur Schnitzler. Zeitgenossenschaften/Contemporaneities. Hg. v. Ian Foster u. Florian Krobb. Bern, 157–171.

Lacher, Rolf-Peter (2014): „Der Mensch ist eine Bestie". Anna Heeger, Maria Chlum, Maria Reinhard und Arthur Schnitzler. Würzburg.

Laermann, Klaus (1985): „Spiel im Morgengrauen". In: Akten des Internationalen Symposiums „Arthur Schnitzler und seine Zeit". Hg. v. Giuseppe Farese. Bern, Frankfurt a. M., New York, 182–200.

Le Rider, Jacques (2007): Arthur Schnitzler oder Die Wiener Belle Époque. Wien.

Lehnen, Carina (1995): Das Lob des Verführers. Über die Mythisierung der Casanova-Figur in der deutschsprachigen Literatur zwischen 1899 und 1933. Paderborn.

Leroy, Robert/Pastor, Eckart (1976): Der Sprung ins Bewußtsein. Zu einigen Erzählungen Arthur Schnitzlers. In: Zeitschrift für deutsche Philologie 95, H. 4, 481–495.

Levene, Michael (1991): Erlebte Rede in Schnitzlers „Frau Berta Garlan". In: Robert Musil and the Literary Landscape of his Time. Hg. v. Hannah Hickman. Salford, 228–246.

Lindgren, Irène (Hg.) (2002): „Seh'n Sie, das Berühmtwerden ist doch nicht so leicht!". Arthur Schnitzler über sein literarisches Schaffen. Frankfurt a. M.

Lindken, Hans-Ulrich (1970): Interpretationen zu Arthur Schnitzler. Drei Erzählungen. München.

Lorenz, Dagmar (1995): Wiener Moderne. Stuttgart, Weimar.

Lukács, Georg (1994): Die Theorie des Romans. Ein geschichtsphilosophischer Versuch über die Formen der großen Epik [1916]. München.

Lukas, Wolfgang (1996): Das Selbst und das Fremde. Epochale Lebenskrisen und ihre Lösung im Werk Arthur Schnitzlers. München.

Mann, Klaus (1990): Tagebücher 1936–1937. Hg. v. Joachim Heimannsberg u. a. München.

Mann, Thomas (1990a): Bilse und ich (1906). In: Ders.: Gesammelte Werke in dreizehn Bänden. Bd. 10: Reden und Aufsätze 2. Frankfurt a. M., 9–22.

Mann, Thomas (1990b): Die Kunst des Romans (1939). In: Ders.: Gesammelte Werke in dreizehn Bänden. Bd. 10: Reden und Aufsätze 2. Frankfurt a. M., 348–362.

Martens, Lorna (1990): A Dream Narrative. Schnitzlers „Der Sekundant". In: Modern Austrian Literature 23, H. 1, 1–17.

Martínez, Matías/Scheffel, Michael (2012): Einführung in die Erzähltheorie. 9., erw. u. akt. Aufl. München.

Mauthner, Fritz (1922): Fritz Mauthner. In: Die Philosophie der Gegenwart in Selbstdarstellungen. Hg. v. Raymund Schmidt. Leipzig, 121–144.

Mauthner, Fritz (1923): Beiträge zu einer Kritik der Sprache. 3 Bde. Bd. 1: Zur Sprache und zur Psychologie. 3. Aufl. Leipzig.

Melville, Gert (1997): Chronik. In: Reallexikon der deutschen Literaturwissenschaft. Bd. 1: A–G. Hg. v. Klaus Weimar. 3. Aufl. Berlin, New York, 304–307.

Meyer-Sickendiek, Burkhard (2010): Tiefe. Über die Faszination des Grübelns. München.

Miller, Norbert (1985): Das Bild des Juden in der österreichischen Erzählliteratur des Fin de siècle. Zu einer Motivparallele in Ferdinand von Saars Novelle

„Seligmann Hirsch" und Arthur Schnitzlers Roman „Der Weg ins Freie". In: Juden und Judentum in der Literatur. Hg. v. Herbert A. Strauss u. Christhard Hoffman. München, 172–210.

Möhrmann, Renate (1985): Schnitzlers Frauen und Mädchen zwischen Sachlichkeit und Sentiment. In: Akten des internationalen Symposiums „Arthur Schnitzler und seine Zeit". Hg. v. Giuseppe Farese. Bern, Frankfurt a. M., New York, 93–107.

Mönig, Klaus (2007): „Casanovas Heimfahrt". Alterskrise als Identitätsverlust. In: Arthur Schnitzler. Dramen und Erzählungen. Hg. v. Hee-Ju Kim u. Günter Saße. Stuttgart, 172–189.

Müller, Hans-Harald (2007): Leo Perutz. Biographie. Wien.

Müller, Hans-Harald (2012): Formen und Funktionen des Phantastischen im Werk von Arthur Schnitzler und Leo Perutz. In: Fremde Welten. Wege und Räume der Fantastik im 21. Jahrhundert. Hg. v. Hans-Harald Müller u. Lars Schmeink. Berlin u. a., 355–362.

Müller, Heidy M. (1991): Divergenz. „Therese. Chronik eines Frauenlebens" (1928) von Arthur Schnitzler. In: Dies.: Töchter und Mütter in deutschsprachiger Erzählprosa von 1885 bis 1935. München, 189–202.

Müller-Seidel, Walter (1997): Arztbilder im Wandel. Zum literarischen Werk Arthur Schnitzlers. München.

Musil, Robert (1967): Der Mann ohne Eigenschaften [1930–1932]. Hg. v. Adolf Frisé. Reinbek bei Hamburg.

Musil, Robert (1976): Tagebücher. Hg. v. Adolf Frisé. Reinbek bei Hamburg.

Nehring, Wolfgang (1986): Zwischen Identifikation und Distanz. Zur Darstellung der jüdischen Charaktere in Arthur Schnitzlers „Der Weg ins Freie". In: Kontroversen, alte und neue. Bd. 5. Hg. v. Walter Röll, Hans-Peter Bayerdörfer u. Albrecht Schöne. Tübingen, 162–170.

Neumann, Gerhard (2009): Schnitzlers „Traumnovelle". Zur Viererfigur in der Liebeskonstellation. In: Zur Literaturgeschichte der Liebe. Hg. v. Karl-Heinz Götze u. a. Würzburg, 303–315.

Neumann, Gerhard/Müller, Jutta (1969): Der Nachlaß Arthur Schnitzlers. Verzeichnis des im Schnitzler-Archiv der Universiät Freiburg i. Br. befindlichen Materials. Mit einem Vorwort v. Gerhart Baumann u. einem Anhang von Heinrich Schnitzler. Verzeichnis des in Wien vorhandenen Nachlaßmaterials. München.

Neymeyr, Barbara (1997): Libido und Konvention. Zur Problematik weiblicher Identität in Arthur Schnitzlers Erzählung „Frau Berta Garlan". In: Jahrbuch der Deutschen Schillergesellschaft 41, 329–368.

Neymeyr, Barbara (2007): „Fräulein Else". Identitätssuche im Spannungsfeld von Konvention und Rebellion. In: Arthur Schnitzler. Dramen und Erzählungen. Hg. v. Hee-Ju Kim u. Günter Saße. Stuttgart, 190–208.

Niefanger, Dirk (1993): Produktiver Historismus. Raum und Landschaft in der Wiener Moderne. Tübingen.

Oellers, Norbert (1996): Arthur Schnitzlers Novelle „Casanovas Heimfahrt". In: Von Franzos zu Canetti. Jüdische Autoren aus Österreich. Neue Studien. Hg. v. Mark H. Gelber, Hans O. Horch u. Sigurd P. Scheichl. Tübingen, 239–252.

Ohl, Hubert (1989): Décadence und Barbarei. Arthur Schnitzlers Erzählung „Sterben". In: Zeitschrift für deutsche Philologie 108, 551–567.

Orosz, Magdolna/Plener, Peter (2002): Sprache, Skepsis und Ich um 1900. Formen der belletristischen Ich-Dekonstruktion in der österreichischen und ungarischen Kultur der Jahrhundertwende. In: „... und die Worte rollen von ihren Fäden fort ...". Sprache, Sprachlichkeit, Sprachproblem in der österreichischen und ungarischen Kultur und Literatur der Jahrhundertwende. Hg. v. Magdolna Orosz u. a. Budapest, 355–368.

Pape, Matthias (2001): „Ich möcht' Jerusalem gesehen haben, eh' ich sterbe". Antisemitismus und Zionismus im Spiegel von Arthur Schnitzlers Roman „Der Weg ins Freie" (1908). In: Jahrbuch des Freien Deutschen Hochstifts 2001, 198–236.

Perlmann, Michaela L. (1987a): Arthur Schnitzler. Stuttgart.

Perlmann, Michaela L. (1987b): Der Traum in der literarischen Moderne. Untersuchungen zum Werk Arthur Schnitzlers. München.

Pietzker, Carl (2007): „Sterben". Eine „nouvelle expérimentale". In: Interpretationen. Arthur Schnitzler. Dramen und Erzählungen. Hg. v. Hee-Ju Kim u. Günter Saße. Stuttgart, 31–45.

Plener, Peter (1999): Arthur Schnitzlers Tagebuch (1879–1931). Funktionen, Strukturen, Räume. Wien.

Polt-Heinzl, Evelyne (2002): Erläuterungen und Dokumente. Arthur Schnitzler „Fräulein Else". Stuttgart.

Reik, Theodor (1913): Arthur Schnitzler als Psycholog. Minden.

Renner, Ursula (2008): Dokumentation eines Skandals. Arthur Schnitzlers „Lieutenant Gustl". In: Hofmannsthal-Jahrbuch 15, 33–216.

Rey, William H. (1968): Arthur Schnitzler. Die späte Prosa als Gipfel seines Schaffens. Berlin.

Rey, William H. (1997): Schnitzlers Erzählung „Casanovas Heimfahrt". Eine Strukturanalyse. In: Ders.: Essays zur deutschen Literatur. Hg. v. Ernst Behler u. Gunter H. Hertling. Bristol u. a., 156–181.

Riedel, Nicolai (1998): Internationale Arthur-Schnitzler-Bibliographie. Unter besonderer Berücksichtigung der Forschungsliteratur 1982–1997. In: Text + Kritik, H. 138/139 (Arthur Schnitzler), 151–172.

Riedel, Wolfgang (1996): „Homo Natura". Literarische Anthropologie um 1900. Berlin u. a.

Riedl, Peter P. (2014): Lied ohne Worte. Musikalische Phantasien und Stimmungen in Arthur Schnitzlers Roman „Der Weg ins Freie". In: Arthur Schnitzler und die Musik. Hg. v. Achim Aurnhammer, Dieter Martin u. Günter Schnitzler. Würzburg, 111–129.

Riedmann, Bettina (2002): „Ich bin Jude, Österreicher, Deutscher". Judentum in Arthur Schnitzlers Tagebüchern und Briefen. Tübingen.

Ritz, Silvia (2005): Von Selbstmördern und Komödianten. Über drei fiktive Briefe von Arthur Schnitzler. In: Der Brief in der österreichischen und ungarischen Literatur. Hg. v. András F. Balogh u. Helga Mitterbauer. Budapest, 174–186.

Rohrwasser, Michael (2003): Einmal noch. Psychoanalyse. In: Arthur Schnitzler im zwanzigsten Jahrhundert. Hg. v. Konstanze Fleidl. Wien, 67–91.

Rosenbaum, Heidi (1986): Formen der Familie. Untersuchungen zum Zusammenhang von Familienverhältnissen, Sozialstruktur und sozialem Wandel in der deutschen Gesellschaft des 19. Jahrhunderts. Frankfurt a. M.

Salten, Felix (1924): Fräulein Else [Rez.]. In: Neue Freie Presse, 23.11.1924 (Morgenblatt), 1–3.

Sautermeister, Gert (2009): Glanz und Elend eines Mythos. Zur Ästhetik und Intertextualität von Arthur Schnitzlers „Casanovas Heimfahrt". In: Zur Literaturgeschichte der Liebe. Hg. v. Karl H. Götze u. a. Würzburg, 273–302.

Saxer, Sibylle (2010): Die Sprache der Blicke verstehen. Arthur Schnitzlers Poetik des Augen-Blicks als Poetik der Scham. Freiburg i. Br.

Schader, Brigitta (1987): Schwindsucht. Zur Darstellung einer tödlichen Krankheit in der deutschen Literatur vom poetischen Realismus bis zur Moderne. Frankfurt a. M.

Scheffel, Michael (1997): Formen selbstreflexiven Erzählens. Tübingen.

Scheffel, Michael (1999): Paradoxa und kein Ende – Franz Kafkas Romanprojekt „Der Verschollene" aus narratologischer Sicht. In: Das Paradoxe. Literatur zwischen Logik und Rhetorik. Festschrift für Ralph-Rainer Wuthenow zum 70. Geburtstag. Hg. v. Carolina Romahn u. Gerold Schipper-Hönicke. Würzburg, 251–263.

Scheffel, Michael (2012a): Nachwort. In: Arthur Schnitzler. Die großen Erzählungen. Hg. v. Michael Scheffel. Stuttgart, 345–366.

Scheffel, Michael (2012b): Wie und warum Figuren in Texten erzählen – Aspekte des ‚erzählten mündlichen Erzählens' in den „Erzählungen aus den Tausendundein Nächten" und in Arthur Schnitzlers „Traumnovelle". In: Wenn Götter und Propheten reden – Erzählen für die Ewigkeit. Hg. v. Amr El Hawary. Berlin, 44–64.

Scheffel, Michael (2013): Mauthners „Sprachkritik" im Spiegel der Wiener Moderne – Ein Blick auf Hugo von Hofmannsthal und Arthur Schnitzler. In: An den Grenzen der Sprachkritik. Fritz Mauthners Beiträge zu einer Sprach- und Kulturkritik. Hg. v. Gerald Hartung. Würzburg, 231–250.

Scheffel, Michael (2014): Überlegungen zum Verhältnis von Material, Medium und Text am Beispiel von Arthur Schnitzlers „Traumnovelle". In: Text – Material – Medium. Zur Relevanz editorischer Dokumentationen für die literaturwissenschaftliche Interpretation. Hg. v. Wolfgang Lukas, Rüdiger Nutt-Kofoth u. Madleen Podewski. Berlin 2014, 235–249.

Scheible, Hartmut (1976): Arthur Schnitzler in Selbstzeugnissen und Bilddokumenten. Reinbek bei Hamburg.

Scheible, Hartmut (1977): Arthur Schnitzler und die Aufklärung. München.

Scheible, Hartmut (1994): Arthur Schnitzler. In: Deutsche Dichter des 20. Jahrhunderts. Hg. v. Hartmut Steinecke. Berlin, 11–30.

Scherer, Stefan (1993): Richard Beer-Hofmann und die Wiener Moderne. Tübingen.

Schlicht, Corinna (2013): Arthur Schnitzler. Marburg.

Schmid, Wolf (2008): Elemente der Narratologie. 2. Aufl. Berlin, New York.

Schmidt-Dengler, Wendelin (1996): Arthur Schnitzler. „Leutnant Gustl". In: Interpretationen. Erzählungen des 20. Jahrhunderts. Bd. 1. Stuttgart, 21–37.

Schmidt-Dengler, Wendelin (2002): Ohne Nostalgie. Zur österreichischen Literatur der Zwischenkriegszeit. Hg. v. Klaus Amann u. a. Wien, Köln, Weimar.

Schneider, Gerd K. (2014): Musikalische Hinweise in Erzählungen Arthur Schnitzlers. In: Arthur Schnitzler und die Musik. Hg. v. Achim Aurnhammer, Dieter Martin u. Günter Schnitzler. Würzburg, 99–110.

Schnitzler, Heinrich/Brandstätter, Christian/Urbach, Reinhard (Hg.) (1981): Arthur Schnitzler. Sein Leben. Sein Werk. Seine Zeit. Frankfurt a. M.

Schnitzler, Olga (1962): Spiegelbild der Freundschaft. Salzburg.

Schopenhauer, Arthur (1972): Zur Metaphysik des Schönen und Aesthetik. In: Ders.: Sämtliche Werke. Hg. v. Arthur Hübscher. Bd. 6: Parerga und Paralipomena II. Wiesbaden, 442–481.

Schorske, Carl E. (1982): Wien. Geist und Gesellschaft im Fin de Siècle. Übers. v. Horst Günther. Frankfurt a. M.

Schramke, Jürgen (1974): Zur Theorie des modernen Romans. München.

Schrimpf, Hans J. (1963): Arthur Schnitzlers „Traumnovelle". In: Zeitschrift für deutsche Philologie 82, 172–192.

Literaturverzeichnis

Searle, John R. (1976): A classification of illocutionary acts. In: Language in Society 5, H. 1, 1–23.

Seidler, Herbert (1976): Die Forschung zu Arthur Schnitzler seit 1945. In: Zeitschrift für deutsche Philologie 95, H. 4, 567–595.

Sennett, Richard (1986): Verfall und Ende des öffentlichen Lebens. Die Tyrannei der Intimität. Übers. v. Reinhard Kaiser. Frankfurt a. M.

Simmel, Georg (1999): Der Konflikt der modernen Kultur [1918]. In: Ders.: Gesamtausgabe. Hg. v. Otthein Rammstedt. Bd. 16: Der Krieg und die geistigen Entscheidungen, Grundfragen der Soziologie, Vom Wesen des historischen Verstehens, Der Konflikt der modernen Kultur, Lebensanschauung. Hg. v. Gregor Fitzi u. Otthein Rammstedt. Frankfurt a. M., 181–208.

Simon, Anne-Catherine (2002): Schnitzlers Wien. Wien.

Smerilli, Filippo (2009): Moderne – Sprache – Körper. Analysen zum Verhältnis von Körpererfahrung und Sprachkritik in erzählenden Texten Robert Musils. Göttingen.

Soden, Kristine von/Schmidt, Maruta (Hg.) (1988): Neue Frauen. Die zwanziger Jahre. Berlin.

Sorg, Reto (2008): Kurze Prosa. In: Handbuch Fin de Siècle. Hg. v. Sabine Haupt u. Stefan B. Würffel. Stuttgart, 369–414.

Spiel, Hilde (1981): „Im Abgrund der Triebwelt oder Kein Zugang zum Fest". In: Dies.: In meinem Garten schlendernd. Essays. München, 128–135.

Spielhagen, Friedrich (1883): Beiträge zur Theorie und Technik der Epik und Dramatik. Leipzig.

Spitteler, Carl (1945): „Conrad der Leutnant" [1898]. In: Ders.: Gesammelte Werke. Bd. 4. Hg. v. Gottfried Bohnenblust, Wilhelm Altwegg u. Robert Faesi. Zürich, 107–264.

Sprengel, Peter (1998): Geschichte der deutschsprachigen Literatur 1870–1900. Von der Reichsgründung bis zur Jahrhundertwende. München.

Sprengel, Peter (2004): Geschichte der deutschsprachigen Literatur 1900–1918. Von der Jahrhundertwende bis zum Ende des Ersten Weltkriegs. München.

Sprengel, Peter/Streim, Gregor (1998): Berliner und Wiener Moderne. Vermittlungen und Abgrenzungen in Literatur, Theater, Publizistik. Wien, Köln, Weimar.

Steinlechner, Gisela (2006): „Fräulein Else". Eine Zeitreise zwischen Fin de Siècle und Roaring Twenties. In: Arthur Schnitzler. Affairen und Affekte. Hg. v. Evelyne Polt-Heinzl u. a. Wien, 131–141.

Stock, Frithjof (1978): Casanova als Don Juan. Bemerkungen über Arthur Schnitzlers Novelle „Casanovas Heimfahrt" und sein Lustspiel „Die Schwestern oder Casanova in Spa". In: Arcadia 13, Sonderheft, 56–65.

Stock, Karl F./Heilinger, Rudolf/Stock, Marylène (2013): Schnitzler-Bibliographien. Selbständige und versteckte Bibliographien und Nachschlagewerke zu Leben und Werk. Sonderausgabe aus der Datenbank „Personalbibliographien österreichischer Persönlichkeiten". Graz.

Swales, Martin (1971): Arthur Schnitzler. A critical study. Oxford.

Thomas, William I. (1928): The Child in America. Behavior Problems and Programs. New York.

Thomé, Horst (1988): Sozialgeschichtliche Perspektiven der neueren Schnitzler-Forschung. In: Internationales Archiv für Sozialgeschichte der deutschen Literatur 13, 158–187.

Thomé, Horst (1993): Autonomes Ich und ‚Inneres Ausland'. Studien über Realismus, Tiefenpsychologie und Psychiatrie in deutschen Erzähltexten (1848–1914). Tübingen.

Tweraser, Felix W (1998): Political Dimensions of Arthur Schnitzlers Late Fiction. Columbia.

Urbach, Reinhard (1974): Schnitzler-Kommentar zu den erzählenden Schriften und dramatischen Werken. München.

Vollmer, Hartmut (1998): Liebes(ver)lust. Existenzsuche und Beziehungen von Männern und Frauen in deutschsprachigen Romanen der zwanziger Jahre. Oldenburg.

Wagner, Renate (Hg.) (1975): Dilly. Geschichte einer Liebe in Briefen, Bildern und Dokumenten. Zusammengestellt von Renate Wagner. Wien.

Wagner, Renate (1980): Frauen um Arthur Schnitzler. Wien.

Wagner, Renate (2006): Wie ein weites Land. Arthur Schnitzler und seine Zeit. Wien.

Wagner, Renate/Vacha, Brigitte (1971): Wiener Schnitzler-Aufführungen 1891–1970. München.

Waldenfels, Bernhard (2004): Phänomenologie der Aufmerksamkeit. Frankfurt a. M.

Weinzierl, Ulrich (1994): Arthur Schnitzler. Lieben, Träumen, Sterben. Frankfurt a. M.

Wiele, Jan (2012): Conrad, der Leutnant Gustl? In: Frankfurter Allgemeine Zeitung, 29.8.2012, Nr. 201, N3.

Willi, Andrea (1989): Arthur Schnitzlers Roman „Der Weg ins Freie". Eine Untersuchung zur Tageskritik und ihren zeitgenössischen Bezügen. Heidelberg.

Wolf, Claudia (2006): Arthur Schnitzler und der Film. Bedeutung, Wahrnehmung, Beziehung, Umsetzung, Erfahrung. Karlsruhe.

Worbs, Michael (1983): Nervenkunst. Literatur und Psychoanalyse im Wien der Jahrhundertwende. Frankfurt a. M.

Wu, Xiaoqiao (2005): Mesalliancen bei Theodor Fontane und Arthur Schnitzler. Eine Untersuchung zu Fontanes „Irrungen, Wirrungen" und „Stine" sowie Schnitzlers „Liebelei" und „Der Weg ins Freie". Trier.

Wunberg, Gotthart (Hg.) (1981): Die Wiener Moderne. Literatur, Kunst und Musik zwischen 1890 und 1910. Stuttgart.

Wunberg, Gotthart (1998): Fin de Siècle in Wien. Zum bewußtseinsgeschichtlichen Horizont von Schnitzlers Zeitgenossenschaft. In: Text + Kritik, H. 138/139 (Arthur Schnitzler), 3–23.

Wunberg, Gotthart/Stephan, Dietrich (Hg.) (1998): Die literarische Moderne. Dokumente zum Selbstverständnis der Literatur um die Jahrhundertwende. Freiburg i. Br.

Zenke, Jürgen (1976): Die deutsche Monologerzählung im 20. Jahrhundert. Köln, Wien.

Zuckerkandl, Viktor (1928): „Therese". In: Die Neue Rundschau 39, H. 9, 334 f.

Zweig, Stefan (1981): Die Welt von Gestern. Erinnerungen eines Europäers [1942]. Frankfurt a. M.

Personenregister

A
Altenberg, Peter 14, 24, 140
Andrian, Leopold von 24, 112
Auernheimer, Raoul 94

B
Bahr, Hermann 22–24, 27, 31, 40, 47, 52, 64, 128
Bauernfeld, Eduard von 49
Beer-Hofmann, Richard 14, 24, 25, 35, 44, 50, 112
Beethoven, Ludwig van 49
Bergner, Elisabeth 95
Bierbaum, Otto Julius 22
Blanckenburg, Friedrich von 157
Block, Paul 52
Böhm, Karlheinz 114
Brandes, Georg 60, 61, 65, 66, 80, 90, 91, 103, 143, 148, 152
Brecht, Bertolt 114

C
Cappellini, Arnoldo 93
Casanova, Giacomo 80, 83, 84, 86
Chlum, Marie → *Glümer, Marie*
Clauser, Suzanne 132
Conrad, Heinrich 80
Coschell, Moritz 61
Cruise, Tom 114
Czinner, Paul 95

D
Defoe, Daniel 167
Döblin, Alfred 160
Dostojewski, Fjodor Michailowitsch 17, 121

Dujardin, Édouard 64, 65
Dyck, Ernest van 97

E
Einstein, Carl 140

F
Fallada, Hans 171
Feyder, Jacques 125
Fischer, Samuel 17, 36, 44, 68, 81, 94, 103, 115, 141, 144, 147, 148
Flaubert, Gustave 150
Fontane, Theodor 30
Franz Joseph I. 19, 20, 52, 89, 135
Freud, Sigmund 12, 49, 58, 67, 100, 103, 106, 113
Fried, Alfred Hermann 90
Friedell, Egon 19

G
Glück, Wolfgang 114
Glümer, Marie 16, 50
Goethe, Johann Wolfgang von 46, 56, 111, 127, 146, 150
Gross, Wilhelm 92
Gussmann, Olga → *Schnitzler, Olga*

H
Hajek, Markus 12, 43
Hauptmann, Gerhart 17, 30
Hegel, Georg Wilhelm Friedrich 66
Heimann, Moritz 147
Herzl, Theodor 36, 37, 44, 61, 153
Heyse, Paul 43
Hitler, Adolf 51

Hofmannsthal, Hugo von 14, 17, 24–27, 34, 37, 43, 44, 46, 50, 52, 53, 60, 68, 70, 72, 80, 81, 85, 95, 111–113, 128–130, 140, 141, 145, 158, 160
Hohenberg, Artur 124
Hohenzollern, Kaiser Wilhelm II. von 52
Holz, Arno 140
Homer 111
Huysmans, Joris Karl 22

K
Kafka, Eduard Michael 22
Kafka, Franz 12, 167
Kaiser Franz II. 20
Karl I. 52, 89
Kästner, Erich 171
Kaufmann, Arthur 125
Keller, Gottfried 146
Keun, Irmgard 101, 171
Kidman, Nicole 114
Klemperer, Victor 37
Koch, Robert 43
Körner, Theodor 47, 48
Kubrick, Stanley 114

L
Lehmann, Bertha 13
Lueger, Karl 51, 149, 153

M
Mach, Ernst 24, 128
Mallarmé, Stéphane 22
Mann, Heinrich 149
Mann, Thomas 17, 42, 81, 84, 141, 142, 146–148, 157, 160
Markbreiter, Amalia 11
Markbreiter, Philipp 11, 26
Mauthner, Fritz 128–130
Meid, Hans 103

Meitner, Lise 14
Michaelis, Dora 92
Mitterwurzer, Friedrich 17
Musil, Robert 21, 22

N
Nestroy, Johann Nepomuk 14
Nietzsche, Friedrich 24, 130
Novarro, Ramón 125

P
Pabst, Georg Wilhelm 113, 114
Panzer, Hermann 97
Perutz, Leo 74
Pluhar, Erika 114
Pollaczek, Clara Katharina 93
Pollak, Frieda 93
Proust, Marcel 145

R
Raphael, Frederic 114
Reich, Franziska 14, 53
Reik, Theodor 49, 57
Reinhard, Marie 50, 143–145, 152
Renard, Marie 97
Rilke, Rainer Maria 157

S
Saar, Ferdinand von 61
Salten, Felix 24, 25, 44, 53, 60, 94
Sandrock, Adele 17, 95
Schinnerer, Otto P. 44
Schlenther, Paul 49
Schmutzer, Ferdinand 68
Schnitzler, Gisela 11, 13
Schnitzler, Heinrich 50, 92, 113, 115, 131, 132, 159
Schnitzler, Johann 11, 13, 26
Schnitzler, Joseph Emil 11
Schnitzler, Julius 11, 13, 14
Schnitzler, Lili 50, 92, 93, 115, 132

Schnitzler, Louise 11
Schnitzler, Olga 50, 72, 92, 101, 102, 115, 144, 146
Schopenhauer, Arthur 142
Schorske, Carl Emil 20
Schubert, Franz 14
Schumann, Robert 96, 100
Schwarzkopf, Gustav 50, 53, 60, 72, 73, 115
Scott, Walter 142
Simandt, Hermine 159
Singer, Else 43
Sonnenthal, Adolf von 15, 17
Spitteler, Carl 64, 65
Steinhardt, Carl 28

T
Thomas, William Isaac 78
Tolstoi, Lew Nikolajewitsch 17

U
Unruh, Fritz von 52

V
Van-Jung, Leo 146

W
Wagner, Richard 77
Waissnix, Olga 16, 35, 36, 43
Waldenfels, Bernhard 136
Walser, Robert 140
Wassermann, Jakob 17, 24, 93, 147, 171

Z
Zasche, Theodor 24, 44
Zimmermann, Joseph 11
Zimmermann, Rosalie 11
Zola, Émile 17, 22, 29, 30, 38
Zsolnay, Paul 94
Zweig, Stefan 51, 52, 94, 97, 98, 115, 140, 169

Werkregister

A

Abenteurernovelle 131
Amerika 27
Anatol 44, 91
Andreas Thameyers letzter Brief 63, 72

B

Blumen 63
Buch der Sprüche und Bedenken 93

C

Casanovas Heimfahrt 80–88, 118

D

Das Abenteuer seines Lebens 16, 17, 26
Das Märchen 16, 17
Das neue Lied 72
Das Schicksal des Freiherrn von Leisenbohg 72–80
Das Tagebuch der Redegonda 74
Das weite Land 49, 101, 134, 138
Das Wort 126, 130
Daybreak (→ Spiel im Morgengrauen) 125
Der Andere 27
Der blinde Geronimo und sein Bruder 68–72, 74, 81, 82
Der Puppenspieler 79
Der Schleier der Beatrice 105
Der Sekundant 131–139
Der Sohn. Aus den Papieren eines Arztes 35, 36, 158, 164, 170
Der Weg ins Freie 130, 134, 143–158, 160, 161, 163, 165, 171, 174

Die Braut 35
Die drei Elixiere 35
Die dreifache Warnung 74
Die Frau des Richters 82, 94, 102, 158
Die Frau des Weisen 63
Die Fremde 72
Die griechische Tänzerin 135
Die Hirtenflöte 82, 84, 101, 105
Die kleine Komödie 27, 44–48, 56, 63
Die Schwestern oder Casanova in Spa 80
Die Verwandlung des Pierrot 79
Die Weissagung 72, 74
Doktor Gräsler, Badearzt 55, 56, 81

E

Ein Abschied 63
Er wartet auf den vazierenden Gott 27
Eyes wide shut (→ Traumnovelle) 114

F

Flucht in die Finsternis 70, 131
Frau Beate und ihr Sohn 55, 56, 82
Frau Bertha Garlan 53–60, 63, 67, 68, 70, 74, 82, 84, 106, 118
Fräulein Else 55, 91, 93–101, 102, 109, 114, 119, 121, 141

I

Ich 125–131

Werkregister

J
Jugend in Wien 12, 13, 15, 26, 43, 53, 81

L
Liebelei 17, 49, 117
Liebeslied der Ballerine 15, 26
Lieutenant Gustl 51, 53, 54, 56, 60–68, 74, 97, 98, 100, 106, 117–119, 135, 141, 148

P
Professor Bernhardi 51, 93, 155

R
Reichtum 27–35, 37, 38, 44, 56, 63, 66, 71, 74, 117, 119
Reigen 51, 159, 169

S
Spiel im Morgengrauen 91, 93, 114–125, 131, 134, 138, 158
Sterben 17, 35–44, 46, 47, 49, 55, 56, 63, 65, 69, 70, 119, 165

T
Theaterroman 131, 142
Therese. Chronik eines Frauenlebens 55, 84, 93, 143, 158–171
Traumnovelle 93, 94, 101–114, 119, 125, 131, 134, 141, 158

U
Über den Patriotismus 26
Über funktionelle Aphonie und deren Behandlung durch Hypnose und Suggestion 16

Z
Zwischenspiel 105

Sachregister

A
Analepse 31, 75
Analytische Erzählung 39, 165
Antisemitismus 51, 66, 152, 153, 156
Aphorismen 7, 16
Ästhetizismus 22, 23, 25, 29, 30, 112
Autodiegetischer Erzähler 134

B
Bewusstseinsbericht 40, 56, 84, 119
Bewusstseinsdarstellung 41, 46, 168
Bildungsroman 150, 157

D
Décadence 23, 26, 27, 29, 30, 44, 124
Deutscher Krieg 18
Doppelmonarchie 7, 18, 19, 89, 109
Drittes Reich 132
Duell (→ *Zweikampf*) 61–63, 66, 67, 77, 83, 121, 132, 134–139

E
Ehre 60–62, 66–68, 117, 122–124, 134, 137
Empiriokritizismus 24, 128
Entwicklungsroman 150, 151
Erinnerungsarbeit 31, 32
Erkenntnisskeptizismus 24
Erlebendes Ich 46, 135, 138

Erlebte Rede 31–33, 40, 46, 56, 70, 84, 107, 119, 120, 154, 167
Erster Weltkrieg 7, 52, 80, 81, 85, 89, 117, 125, 135, 136, 171
Erzählendes Ich 46, 135, 138
Erzählgeschwindigkeit 75, 127, 163
Expressionismus 140

F
Familie 11–14, 29, 35, 43, 50, 54, 55, 86, 87, 95, 99, 101, 109, 125, 144, 163, 168, 169, 173
Femme fatale 79, 165
Figuralisierung 31, 56, 141, 155, 166
Figurenbewusstsein 40, 167
Fin de Siècle 7, 18, 23, 26, 41, 49, 111
Fokalisierung 39, 40, 166
Friedensvertrag von Versailles 91
Frühe Moderne 18, 23, 24

G
Gedankenrede 32, 40, 41, 64, 96
Gedankenzitat 40, 56, 84, 119, 167
Gedichte 7, 14–16, 26
Geld 28–34, 36, 69, 70, 83, 117, 122, 124, 164
Gulden 98, 116, 117, 120–123

H
Handlungsmuster 47, 98, 137
Heterodiegetischer Erzähler, heterodiegetische Erzählung 46, 75, 107, 118, 134, 154

Sachregister

Historismus 21
Holocaust 7, 51
Homodiegetischer Erzähler 134

I
Ich-Erzähler, Ich-Erzählung 46, 135
Impressionismus, impressionistisches Erzählen 23, 141
Innensicht 32, 40, 47, 63, 64, 67, 69, 75, 100
Innerer Monolog 32, 33, 40, 46, 56, 64–67, 97, 100, 107, 135, 167, 170
Interne Fokalisierung 31, 32, 40, 41, 46, 56, 57, 70, 75, 84, 107, 118, 119, 125
Intertextualität 43, 47, 64, 66, 87, 100, 111, 141, 174

J
Jahrhundertwende 22, 51, 65, 128, 131, 141, 152, 157, 163, 169
Jahrhundertwendegesellschaft 65, 98, 118, 124, 154, 171
Jahrhundertwendezeit 18, 53, 64, 80, 100, 107
Judenfrage 144, 151, 155, 156, 163
Judentum 11, 52, 145, 152, 154, 156, 174
Jugendstil 23
Jung Österreich 24
Jung Wien 24–27, 31, 40, 44, 111, 112

K
Kaiserzeit 7, 117, 121–124, 135, 136, 171
Klassische Moderne 7, 32, 141, 142, 157
Krankheit 21, 37, 38, 42, 43, 49

L
Liberalismus 51, 153

M
Machtergreifung 132
Märchen 30, 74, 141
Marionette 79
Mesaillance 152
Milieu 29, 34, 38, 79, 155, 169
Misogynie 66
Mitsicht 31, 40, 41, 57, 70, 75, 84, 119, 120, 127, 155, 166
Moderne 21, 65, 72, 80, 112, 128, 130, 155
Monologerzählung 64, 141
Monoperspektive 63
Motivierung 77, 118, 141, 170

N
Nachkaiserzeit 106
Narratives Schema 78
Narzissmus 48
Nationalisierung 51, 154
Nationalsozialismus 90
Nationalsozialisten 7, 132
Nationalstaat 18, 89
Naturalismus 22–24, 26, 27, 29, 36, 38–40, 44, 55, 140, 158, 171
Nerven-Kunst 24, 40
Neue Frau 101, 106, 124
Neue Sachlichkeit 113, 165
Nouvelle expérimentale 38, 65
Novellette 63, 125, 126, 128

O
Ödipuskomplex 106

P
Phantastik 74
Plot 37, 140
Poetischer Realismus 29

Positivismus 23, 25
Psychoanalyse 57, 58, 67, 68, 106, 113, 156
Psychogramm 66, 97
Psychologie 64, 66, 106, 120, 169
Psychologische Literatur 131
Psychologischer Realismus 58, 66, 74, 109, 110, 113
Psychologisches Experiment 38, 65, 105

R
Realismus 26, 27, 29, 30, 40
Rolle 16, 29, 34, 45, 47, 50, 80, 86, 100, 105, 108, 122, 123, 137, 145, 168, 169

S
Scham 59, 100
Schicksal 57, 74, 81, 116, 117, 120
Schicksalsnovellen 74
Schlüsselroman 148
Selbst 41, 48, 87, 100, 112
Selbsterfüllende Prophezeiung 78
Selbstmord 66, 100, 132
Sexualität, sexuell 57, 59, 60, 70, 84, 85, 87, 99, 105–107, 109, 168, 169
Sozialdemokratie 90, 153
Spiel 7, 27, 28, 30, 32–34, 44, 45, 48, 56, 83, 84, 86, 118–123, 127, 135
Sprachkritik 76, 128, 130
Sprachskepsis 85, 128
Sujet 7, 16, 101, 111
Summarische Erzählung 75
Süßes Mädel 16, 117, 123, 164
Symbolismus 23
Szenische Erzählung 30, 31, 39, 75, 127, 163

T
Tiefenpsychologie 67, 174
Traum 57, 87, 101, 102, 104, 107, 109–113, 133, 134, 138
Traumdarstellung 87
Traumdeutung 58, 67
Traumsymbolik 106
Triebbefriedigung 107
Trivialliteratur, Trivialroman 58, 161, 171
Typus 54, 65, 68, 86, 87, 97, 117, 122, 123, 134

U
Über-Ich 106
Übersicht 40, 60, 70, 147
Unbewusste, Unbewusstsein 58, 67, 106

V
Verdrängung, verdrängen 66–68, 88, 100, 118, 156, 170
Verfall 38, 41, 86
Verhaltensmuster 78, 107, 121, 123, 163
Verinnerung 31, 32, 69, 142
Veronal 96, 97, 100
Vielvölkerstaat 18, 21, 89, 154, 158
Vorkriegszeit 106, 124, 131, 163
Vormoderne 124

W
Wahrheit 22, 23, 25, 40, 47, 71, 72, 77, 113, 131, 133, 141
Währungsreform 90
Weimarer Republik 52, 89, 101, 115
Weltwirtschaftskrise 90
Wiener Moderne 21, 24, 85, 174

Z
Zionismus 155

Sachregister

Zufall 87, 107, 117, 118, 122
Zweikampf (→ *Duell*) 132, 133, 136, 138

Zweiter Weltkrieg 7, 132